四方华文

协利来
您终生的赢利顾问

杰 ◎ 编著

精益/生/产/现/场/管/理/系/列/丛/书

仅入产出最多的产品，是每个企业的梦想。

企业成本控制的关键终端，决定着成本管理目标的实现。

日常生产管理中将各项浪费控制到最低就可以降低生产成本。

班组长如何控成本

企业经理人的生产实践经验汇编

班组长必备的生产管理实用手册

第2版

★全新**视角**诠释成本真谛
★全新**思维**引领企业走出成本误区

经济管理出版社
ECONOMY & MANAGEMENT PUBLISHING HOUSE

图书在版编目（CIP）数据

班组长如何控成本/黄杰编著. —2 版. —北京：经济管理出版社，2014.10
（精益生产现场管理系列丛书）
ISBN 978-7-5096-3227-7

Ⅰ.①班… Ⅱ.①黄… Ⅲ.①生产小组—工业企业管理—成本管理 Ⅳ.①F406.6

中国版本图书馆 CIP 数据核字（2014）第 155288 号

组稿编辑：胡　茜
责任编辑：勇　生　胡　茜
责任印制：黄章平
责任校对：吴　霞　超　凡

出版发行：经济管理出版社
　　　　　（北京市海淀区北蜂窝 8 号中雅大厦 A 座 11 层　100038）
网　　址：www. E-mp. com. cn
电　　话：(010) 51915602
印　　刷：三河市延风印装厂
经　　销：新华书店
开　　本：710mm×1000mm/16
印　　张：18.5
字　　数：332 千字
版　　次：2014 年 10 月第 2 版　　2014 年 10 月第 1 次印刷
书　　号：ISBN 978-7-5096-3227-7
定　　价：49.00 元

第二版总序

优胜劣汰是自然界亘古不变的铁律，也是企业永远无法逃避的魔咒。然而，在这不变的魔咒下，企业还要承受全球性的金融危机以及数量不断上升的安全事故的侵袭。

利润空间缩小、订单大量缩水、事故率不断攀升、冗员……面对诸多的内忧外患，企业在不良状态中倍受煎熬。对于制造型企业而言，其生存无外乎取决于管理和市场/产品两个要素。

然而，市场/产品离不开有效、科学的管理。一旦管理失衡，市场/产品即将失去生存的空间，更不可能与对手展开竞争角逐。因为产品的设计、生存、销售等一系列生产环节都将在管理中实现，所以生产现场的开发、生产及销售既是整个制造业管理的重心，也是改善的源头。

众所周知，成功的原因可以各不相同，但失败的原因从来都类似。在世界经济的大棋盘中，轰然倒塌的企业都存在一个必然因素——管理漏洞。

2013 年 5 月 31 日，中储粮管理失误引起大火，导致上千万元的损失。

2013 年 6 月 3 日，吉林宝源丰禽业有限公司安全失控导致爆炸，造成百余人遇难。

同年，杭州沃尔玛山姆会员店因供应链监管不力曝出涉嫌销售过期澳洲牛排的消息。

无独有偶，2013 年 6 月 4 日，上海电视台也曝光了卜蜂莲花超市出售假羊肉的消息。

……

管理不当，监管失控，无疑将企业推向生死存亡的边缘。正所谓："千里之堤，溃于蚁穴。"管理是企业生存和发展的根基，而基础的生产管理更是企业持续发展的基本保证。

生产管理是制造加工型企业的核心管理内容，主要源于两个方面：一是制造加工中产品成本的 50%~80% 是在现场生产环节中发生的；二是 90% 的问题源于生产管理。

由于高效的生产管理是决定企业以及班组长竞争力的重要构成因素，所以，强抓生产管理已成为企业的必修课。

然而，做好生产管理并非一件易事。如何抓生产管理？哪些内容属于生产管理范畴？使用何种方法及方式管理？这些都是我们必须解决的头等问题。

笔者结合自己在企业十多年的中高层管理实践及多年国内职业培训师和企业管理顾问经验，并根据制造企业及现场班组长的实际情况与需求，总结出了《班组长如何管现场》、《班组长如何控成本》、《班组长如何保安全》、《班组长如何抓质量》这套系列丛书。

丛书从管现场、控成本、保安全、抓质量四个方面分别将现场生产管理中的现场、成本、安全、质量四个重点问题一一击破。更重要的是，本丛书力求弥补市场上传统生产管理类图书的不足，系统而全面地指出现场生产管理中存在的问题。

丛书注重拓展班组长的视野和培养其解决实际管理问题的能力，为生产型企业提供了全方位的生产管理指导方法，生产管理理念新颖独到，形式清晰明了，语言通俗易懂，讲解方式配以小故事、图片、数据图表、经典案例分析等形式，引人入胜。每小节后附的互动问题能引导读者积极思考，而"笔者箴言"则一语道破相应章节中的知识重点。最后一章相关工具表单可对管理效果进行实际检验，查漏补缺，是制造企业及现场管理者必备的工作指南。

第二版前言

"把成本降低30%是远远不够的，我们要尽一切可能来降低成本。目标是在现有的基础上再降低50%，目的就是确保20%~30%的利润。"这是丰田社长渡边捷昭曾订立的成本减半的改善目标。事实上，获取利润是企业得以生存的铁律。

在经济走势非常复杂的时代中，因资金链断裂、盲目投资导致企业破产的例子比比皆是。那么中国企业快速健康发展的基础又是什么？如何实现开源节流？如何带好队伍？如何控成本、砍浪费？保持稳健而平衡的财务状态，无疑是企业长青发展的前提。

但是，传统成本管理系统的死板性，使得成本管理陷入了单纯的"为降低成本而降低成本"的怪圈。如果成本管理系统不能采用灵活多样的成本管理方法，必然无法为企业提供决策所需的正确信息。另外，致使企业成本管理不善的原因还有一点，即传统成本管理对象仅局限于产品财务方面，从而无法为管理者提供所需的资源、作业、产品、原材料、客户、销售市场以及销售渠道等非财务方面的信息，因此无法为战略管理提供充分信息。

以上两点是中国企业存在的成本管理症结。除此之外，成本问题已上升到战略高度，即成本的高低决定利润的多少。

企业在"刀片利润"大环境的煎熬下，还要承受原材料价格上涨、人民币升值、出口环境恶化以及新《劳动合同法》的实施导致的销售额急剧下滑。

企业不盈利就会夭折，企业家不赚钱就会病入膏肓。这是众多成本控制失利企业都在面临的困境。

值得庆幸的是，随着社会主义市场经济体制的逐步确立，中国企业越来越强烈地意识到成本管理工作的重要性，且部分企业已结合自身实际情况，采取了有助于加强成本管理、提高经济效益的管理方式。

成本管理中的一些误区也被绝大多数企业规避。成本控制牵涉面广、内容多，每一个成本控制环节都纷繁复杂，制造过程中的浪费现象在每个生产制造型企业中都或多或少地存在。这些方方面面的误区已被很多企业重视，并不断被清除。

如果从成本动因的角度考虑，企业的任何一种产品从引进到获利，其成本绝不能仅理解为制造成本，而应是贯穿产品生命周期的全部成本。所以，企业不能只考虑产品的制造成本，否则必然导致企业投资、生产决策的严重失误。

因而，成本控制要从起点开始。不积跬步，无以至千里；不积小流，无以成江海。成本控制不从基点工作做起，成本控制的效果和成功可能性必将受到大大影响。

《班组长如何控成本》是精益生产现场管理系列丛书中的一本，自出版以来受到业界很多同仁的认可及读者的好评。为更好地满足广大读者的需求，笔者在原基础上增添了部分新知识点，且对相应章节进行了精辟的短评，以帮助读者更加深入地掌握每个知识点。

在突破传统成本控制管理类书籍对成本控制划分混乱、观点片面零散的缺点上，本书在"高屋建瓴"、"追根溯源"、"步步追踪"三个篇章后，分别增设了"篇后小结"，以便帮助读者更系统地了解本篇章的内容。

"高屋建瓴"篇介绍了成本的实质和成本控制方法。班组长和班组员工通过这个章节的学习会从总体上把握成本控制，潜移默化地培养其成本控制意识，做好在工作中进行成本控制的热身准备工作。

"追根溯源"篇直指成本控制与削减的核心——企业浪费。在这一篇中，班组长和生产班组员工可以结合讲解中实实在在的浪费现象，进行自我检查。一旦发现任何浪费现象，都能利用文中消除浪费的方法，彻底消除浪费。

"步步追踪"篇从日常管理成本、人员成本、研发成本、采购成本、库存成本、质量成本、营销成本七个方面全面阐述了班组长和班组员工如何全面科学地控制成本。

成本管理工具表单依然是管理者落实工作的重要工具之一。结合文章中的成本控制方法和企业自身情况，操作性和针对性极强的工具表单能帮助企业管理者检测成本控制效果，让文章中的成本控制方法真正落实到企业生产经营活动中的每个细节上。更重要的是，根据工具表单，企业可以查漏补缺，不断提高成本控制水平。

　　本书从生产型企业成本控制的实际工作内容出发，对现场管理者面临的所有成本控制问题进行深入浅出的分析和讲述。成本控制理念新颖独特，形式清晰明了，语言生动活泼，内容具体详尽，浅显易懂，讲解方式配以小故事、图片、经典案例、表格等多种形式，非常适合企业班组长学习和实际运用。

　　省钱即是赚钱。相信企业班组长和班组员工通过阅读《班组长如何控成本》这本书，都会获益匪浅，使企业成本控制管理水平显著提高。

目 录

第二篇　追根溯源

第三篇　步步追踪

第一篇　高屋建瓴

第一章　花出去的钱是什么

——成本及成本管理的内容和实质

本章提要：

▶ 什么是成本

▶ 现代成本控制观念

▶ 成本和利润的关系

▶ 加强成本管理的重要意义

▶ 中日企业成本管理的五大不同

一、什么是成本

我们经常谈论"成本"，但是对"什么是成本"这一问题不同的人有不同的看法。不少人认为看得到的钱是成本，但看不到的钱不是成本。

> **案例**
>
> 听说邻镇的青菜很便宜，有位老太太马上带着菜篮，辛辛苦苦地走到邻镇去买每公斤便宜五角钱的青菜，买了 3 公斤回来。然后拿到公用自来水龙头旁边，用大量的水冲洗。

这位老太太虽然节省了 1.5 元 "看得到" 的钱，却浪费了大量公用自来水，损失了 "看不到" 的钱。

不用说，老太太对跋涉到邻镇去所消耗的时间、精力这些"看不到"的成本损失完全没有察觉。我们周围的人也是一样，大都只认为"看得到"的钱财是成本，却对"看不到"的成本漠不关心。

通常意义上的成本主要是指购入价格、制造成本和薪资。实际上，在企业的活动中，只要是与钱有关的就算是成本。

成本是企业为了取得经济效益而产生的财务或劳务上的支出或耗用。在日本，所谓的"成本"概称为"原价"，因此成本管理就是"原价管理"。原价，顾名思义就是原来的价值，因此每一分钱的支出或耗用，都应该考虑到能否真正实现原来的价值，如果"能"，那就是管理得当；如果"不能"，且耗用或支出超过原来价值，就是浪费。

成本的实质是企业为所得收益发生的支出。

真正的成本 = 固定成本 + 变动成本 = 制造成本 + 研发成本 + 营销成本

企业成本一般可分为：材料采购成本、技术成本、生产成本、质量成本、人力资源成本、资本成本等。

材料采购成本是指装卸费、购买价款、运输费、保险费、相关税费及其他属于存货采购成本的费用。

技术成本是指在一定时期内，企业通过引进、自创、转让技术等活动，使用或取得特定技术要素所产生的劳动耗费的价值。

生产成本是为提供劳务或者生产产品，生产单位发生的各项生产费用，其中包括制造费用和各项直接支出。制造费用是指企业内的分厂、车间为管理和组织生产所发生的各项费用，其中包括分厂、车间管理人员的工资、维修费、折旧费及差旅费、办公费、劳保费等其他制造费用。直接支出包括原材料、备品备件、燃料及动力、辅助材料等直接材料，员工的工资、补贴等直接工资，以及福利费等其他直接支出。

质量成本是指为了保证和提高产品或服务质量，企业所支付的费用。由于产品未达到质量标准，使得消费者和用户的需求没有得到满足而产生的一切损失，都属于质量成本的范畴。

人力资源成本是指企业为了实现企业目标，创造最佳的经济效益和社会效益，而获得、使用、开发、保障相应人力资源所支付的各项费用的总和。

资本成本是指企业为取得资本所支付的费用。这些费用主要包括发行股票和债券的股息，以及向银行类金融机构借贷时所支付的利息及手续费等。

从企业运营目的看，成本是企业为了达到运营目的而不得不进行的一些活动所产生的费用；从发生性质看，成本包括制造成本、三项费用、营业外费用、所得税等；从活动执行人角度看，成本是为了完成企业交付的任务而必须使用的人、财、物等。

成本最简单的定义，是企业取得资产所发生的支出，是总收入与净利润之间的差额。

笔者箴言 → 只有精确地理解成本概念才能在管理中明确成本管理目标。否则，成本管理只能是一句空话。

思考题：

1. 什么是成本？

2. 成本一般分为几类？分别是什么？

二、现代成本控制观念

估计很多人小时候都被问过这样的问题："1 吨棉花和 1 吨铁哪个比较重？"当时我们很多人毫不犹豫地选择了铁。这往往会引起大家的哄堂大笑。自己再仔细想想，原来，在"铁比棉花重"这个固有意识的干扰下，我们在明明被告知二者都是 1 吨的前提下，往往还是选择了铁。

可见错误的固有意识会影响人们对事物的正确判断。实际上，我们在认识成本方面也存在类似的固有意识。

假如生产车间地板上有一张 100 元的人民币，相信所有人都有立刻去捡起来的冲动，几乎没有人会意识不到它的存在。但价值 100 元的生产材料掉在地上，很多人却经常熟视无睹。这是漠视成本的固有意识在起作用。

控制成本是企业增强利润的有效方法。美国管理大师彼得·德鲁克曾说："在企业内部，只有成本"，美国石油大王约翰·洛克菲勒曾说："省钱就是挣钱"，综观世界上知名的企业都非常重视成本的控制，克莱斯勒汽车公司总裁李·艾柯卡曾说："多挣钱的方法只有两个：不是多卖，就是降低管理费。"

香港商人李嘉诚经营的长江实业集团取得的辉煌成绩与他以身作则坚持成本控制的行为分不开。

一次李嘉诚到一家酒店参加会议。在给一位门童付小费时，1 枚硬币从他的钱包里掉了出来并且滚到了很远的地方。当时很多人都注意到了这个细节，以为他会不屑地走开。但是李嘉诚却一路小跑过去，把那枚硬币捡起来，装进了口袋里。在场的人觉得非常奇怪，这个亿万富翁竟然连一枚小硬币也不放过。

窥一斑而知全身，透过一枚小小的硬币我们可以看出李嘉诚在企业管理中的成本意识，而正是他对成本的执着，才使得长江实业集团能够稳步发展。

提高成本观念成为企业在竞争激励的市场中生存的重要手段。在信息技术不断发展的推动下，企业生产和管理的手段更趋科学化，全球经济一体化的进程也不断加快，企业因此面临着巨大的竞争压力。在这样的新形势下，企业传统的成本控制方法已不能满足企业的需求，为了发展企业不得不去寻求新的成本控制方法，以便更准确地计算出产品成品的品种数量，使得成本的控制系统有更强的功能。现代成本控制系统就是在上述背景下产生的。

通过各种手段节约开支、降低费用，是传统成本管理的重要方法之一。虽然这十分重要，但并不是一种积极的控制方式，开源与节流相结合才是积极的管理方法。采用积极的管理方法才能达到好的成本管理效果。因此，应用现代成本控制系统进行管理对企业来说非常重要。

与传统控制系统相比，现代成本控制系统在观念与运用手段方面都有明显不同。

1. 成本概念比以往更宽泛

传统产品成本的含义通常只包含产品的制造成本，即产品的直接人工成本、直接材料成本和应分摊的制造费用，其他费用被列入销售成本和管理成本的范围，全部作为期间费用，视其与产品生产没有任何关系。在企业总成本中其他费用占比重比较小的情况下，这种做法是基本可行的。

但如今企业面临着非常大的压力，若仅仅考察产品的制造成本，会导致企业生产决策和企业投资产生严重失误。从成本动因角度考虑，企业每一种产品从引进到获利，始终贯穿于产品生命周期的全部成本发生，绝对不仅是在产品的制造阶段。通常讲的产品生命周期是指从第一件产品投入生产到最终停止销售的全部过程，这仅仅是对其外在的认识。产品生命周期的严格意义是从企业引入该产品的概念开始，到与该产品相关的一切业务活动全部放弃为止。这个过程不仅包括对该产品所进行的生产过程，还包括对产品的开发和设计的过程，同时，也包括顾客对该产品的整个消费过程，因为消费过程的每种情况都体现了产品的竞争力。可见，广义的成本包括了产品的制造成本、开发设计成本、使用成本、维护保养成本和废弃成本等企业所消耗的与产品有关的所有资源。所以，在控制成本时，务必要控制好产品在这三个环节所发生的所有成本。

2. 产品数量不是唯一的成本动因

引起成本发生变化的原因是成本动因。在了解了成本发生的因素以及发生因素之间有何关系之后，才能对成本进行控制。对于直接人工和直接材料这些直接成本，产品的产量是其成本动因，因此分配时按产量分配是理所当然的。但是对于制造费用就不能这样。在假设制造费用的发生是和产品产量成正比例关系的情况下，传统成本管理对制造费用首先要进行归集，然后再将其按生产工时标准分配到各种产品中。此观念符合大工业时期的生产特点。在大工业时期，产品的生产成本主要用于产品制造方面，其集中体现在人工成本和原材料成本即产品的直接成本上。在总成本中，制造成本特别是直接制造成本占的比例很大，而产品的产量和这部分成本的发生紧密相连，这时选择产品数量作为产品动因就是自然而然的事。

但随着经济形势的不断变化，上面理论的缺陷就显露出来了。我们知道，材料搬运费、生产准备费等费用的发生与投产次数和产品的产量有直接的关系。显然，由于现代企业产品科技含量不断增加，产品的制造成本与产品生产数量已不是直接相关，制造成本还与其他因素有关。若继续按传统的计算方法计算产品成本，会将高科技含量产品成本低估，将低科技含量产品成本高估。成本计算的错误会导致企业生产决策失误，从而对企业产生致命的影响。因此，我们应从成本的多重动因入手，以便准确控制产品的成本。产品成本的发生，既与产品数量因素相关，也与产品非数量因素相关。我们应依据与成本发生相关的其他因素，综合计算成本。

既然成本动因不仅仅是产品数量，那成本动因是什么呢？同样是产品，为何相同的产品在不同企业、不同时间，会有不同的成本呢？其实，生产产品的社会必要劳动时间决定了产品的价值，价值是劳动本身创造的。为了使企业资源得到最大的利用效益，就应该有效控制成本，从作业及企业的各项劳动入手，不断增加有效作业的效率，将无效作业减少甚至消除，这也是现代成本控制方法的基础，其他各种概念都在这一基础上展开，因此这也是本文的立足点。

3. 时间充当重要竞争因素之一

时间在价值链的各个阶段中，都是一个十分重要的因素。由于许多行业各项技术发展变革速度不断加快，产品生命周期比以往短很多。只有以最快的时间抢占市场，企业才能在激烈的竞争中获取更多的市场份额，确保其在同行中的领先地位。如果跟在其他人后面，企业只能得到别人剩下的蝇头小利，有的企业甚至会难以维持生计，为了企业的生存和发展，管理人员一定要及时快速地对市场变化做出反应。企业为缩短设计和研发的时间以便产品尽快上市而承担更多的成本，是十分必要的。与其晚半年上市，还不如加大研发费用投入，让产品尽早占领市场，取得发展先机。

同时，时间的竞争还表现在及时快速的产品服务上，这样才能不断提高客户对产品服务的满意程度。顾客在购买商品时，不仅仅希望得到产品本身质量和性能方面的使用价值，还希望享受产品所附带的服务。顾客现在的购物观是：如果一个企业没有相应的售前售后服务，就说明该企业没有做这笔交易的诚心。企业将产品及时送到客户手中仅仅是第一步，最重要的是要根据客户的建议及时采取行动，以便使客户利益最大化。这样做不但可以获得更大的市场，还能掌握市场的最新动态。

案例

某顾客在购买产品 A 时，感受到很好的售前服务。但是 A 产品毕竟是新上市的新品，顾客担心以后使用过程中会出现问题，就问身边的售前人员：

"你们这产品这么好，售后服务也一定不错吧？"售前人员明显一愣："嗯，这个产品是最好的，在使用时期不会出现任何问题！"

顾客觉得该人员答非所问，于是直接说出自己的疑惑："我是想知道，这个产品的售后服务是怎样的？有没有保修期，多长时间内可以退换？"

售前人员："您放心这个产品质量这么好，您不用担心使用中会有什么问题。如果有问题，我们也不会向您推荐。"

顾客："那这个产品到底有没有售后服务？"

……

4. 从节省成本到避免成本

传统的成本降低主要是通过节省成本来实现的，主要表现是：在企业工作过程中不浪费资源，对工作方式进行改进以达到节约成本的目的。具体方法有防止事故发生、以招标方式采购原材料或设备、节约耗能等，是对企业战术进行的一种改进，是企业降低成本的一种初级形态。但这种成本降低方法实质上治标不治本，仅仅是生产成本管理的一种改良形式。只有找到降低成本的新方法，才能从根本上避免无效成本的发生。

现代的 JIT（Just In Time）模式，即及时生产系统，采用"零库存"的形式，几乎将所有的库存成本都避免了；而 TQC（Total Quality Control）模式，即全面质量控制系统，采用"零缺陷"的形式，几乎将产品不合格带来的其他成本和所有的维修成本全部避免了。

从管理的角度去探索成本降低的潜在能力，坚持事前预防重于事后调整的思想，进而避免不必要的成本发生，是成本避免的核心思想。这是一种高级形态的成本降低，是一种战略上的变革，需要企业在产品的开发阶段，通过对生产流程的重组，将不必要的生产环节去除，从而达到控制成本的根本目的。

5. 整个企业都是成本控制的范围

如今的成本控制，不仅仅是生产部门和会计部门的事。因为现代成本动因是企业战略高度上的，它不只包括生产过程中的所有有形物料及人力的消耗，还包括企业的规模、企业内部结构调整、市场开拓等无形的成本动因。只有在企业各个部门的协调努力下，才能做到对成本的有效控制。

在当今市场经济条件下，瞬息万变的市场需求使竞争变得非常激烈，一个企业能否具有成本优势对企业的生存极其重要。要取得成本优势不但要从成本本身入手，更应从管理的高度去挖掘获取效益的潜力和寻求降低成本的有效途径。对我国来说，成本控制方法的研究和应用的任务更为紧迫，企业管理者一定要尽快转变以往狭隘的成本观念，根据企业自身的实际情况，灵活应用现代成本控制方法，在新的挑战面前不断增强企业的竞争力，使企业不断发展壮大。

笔者箴言　　随着时代的发展，成本控制也变得多元化了。所以，单独了解传统成本控制管理及其方法是无法满足现代成本控制体系的。

思考题：

1. 你认为增强成本意识有什么作用？
2. 现代成本控制观念和传统成本控制观念有什么不同点？

三、成本和利润的关系

管理大师彼得·德鲁克曾这样说过利润的重要性："利润是企业的目标，即使是天使来经营企业，盈利也仍然是行动的首要法则。"可见利润的确决定着企业的生存和发展。

企业家就是做两件事：第一是营销；第二是削减成本。其他的都不要做！

——彼得·德鲁克

我们来看一个浅显易懂的利润公式：利润＝收入－成本。在收入不变的情况下，要想获利，最有效的方法就是不断降低成本。

遗憾的是，在企业生产经营活动中，降低成本的目标却经常被忽略，这是为什么呢？

原来受传统思想的影响，有些人认为降低成本的做法是一种卑劣的企业经营手段，会伤害利益相关者的利益；很多人对于通过耗费较少现金与资产来获得利益的方法不重视；很多决策者不愿意采取措施降低成本的原因是他们不知道执行计划的起点在哪里；也有不少人认为，通过降低成本来提高利润的效果不会立竿见影。

实际上，降低成本是企业获得利润的源泉，成本降低 10% = 利润增加100%。可能有的人读到这里会更疑惑了，但相信看了表 1-1 之后，你就会豁然开朗了。

表 1-1　降低成本前后对比

	降低成本前	降低成本后
销售额	100	100
成本	90	80
利润	10	20
利润率	10%	20%

表 1-1 中利润率的计算公式为：

利润率 = (利润/销售额) × 100%

计算　成本降低率 $= \dfrac{90-80}{90} \times 100\% = 9\% \approx 10\%$

降低成本前利润率 $= \dfrac{10}{100} \times 100\% = 10\%$

降低成本后利润率 $= \dfrac{20}{100} \times 100\% = 20\%$

利润率增加 $= \dfrac{20\%-10\%}{10\%} = 100\%$

由此得出：成本降低 10% = 利润增加 100%

相信很多人对表 1-1 得出的结论会感到吃惊，降低成本竟然能给企业带来双倍的利润！看到这里，我们要尽快打消对成本降低的偏见，牢记下面的话：

企业要想在社会中生存，必须做到以下三点：

（1）必须获得利润，即赚到钱。

（2）必须为社会提供好的产品。

（3）公司发展的同时员工的收益也要跟着增加。

无论如何，企业要想生存，首先必须获得利润，如果没有利润，企业将失去生存的条件。只有获得足够利润，企业才能有赚钱的能力，才能有持续赚钱的资本。

因此，加强成本管理，最大限度地合理降低成本，对企业来说具有非常重要的意义。

案例

小李"空降"到某企业担任车间主任，老总给的第一个任务就是把第一季度的利润率提升10%。小李说，先让我看完车间再来具体说定提升利润率的任务。老总一想也是，小李都不知道现场情况，或许看完之后，小李可以提高更多的利润率呢！

小李在相关人员的带领下，看完了所有车间，并将车间存在的各种浪费都一一记录下来，并对这些浪费进行分类核算。随后，小李对领导说："老总，你是想提升10%的利润率，还是想降低车间总成本的20%？我可以保证在第一季度降低车间总成本的20%。"老总心想：降低成本就是增加利润，而且还是20%，比给出的任务多出了1倍。当然要选择降低成本了！

笔者箴言 清楚成本与利润的关系，才能在成本管理中占据优势。否则，一味地苛求利润而忽略成本管理就是本末倒置。

思考题：

1. 为什么说"成本降低10% = 利润增加100%"？

2. 企业要生存需要做到哪三点？

四、加强成本管理的重要意义

什么是成本管理？

成本管理即企业生产经营过程中，成本分析、成本核算、成本控制和成本决策等一系列管理行为的总称。它的具体职能包括成本预测、成本计划、成本核算、成本决策、成本考核、成本分析等。

成本管理是企业管理中一个至关重要的部分，它对企业增产节支、企业管理的改进、经济核算能力的加强和企业整体成本管理水平的提高都具有非常重要的意义。

企业管理的重要目标是："有效控制成本，实现利润最大化。"而要真正实现这一目标，企业成本管理非常关键。

工厂成本管理是成本管理的重中之重，我们一起来认识一下工厂成本。

工厂成本即在生产过程中发生的生产费用，具体是指在一定时期内企业为生产一定数量和品种的产品所产生的所有耗费和支出。工厂成本的计算公式为：

工厂成本＝燃料动力费用＋原材料费用＋企业管理费用＋生产工人工资＋外协劳动费用＋车间经费

工厂成本能反映企业整体效率及质量和成本管理水平的高低。企业通过对工厂成本的分析，能对生产过程中人力、物力、财力的消耗情况做比较全面的了解，同时能了解企业在一定时期内成本的变动情况，确定引起成本变动的原因是企业管理成本的升降，还是车间成本的升降，从而能明确成本改进的方向，制定出行之有效的改进措施，从而不断降低产品成本，使生产工作效率不断提高。

在进行成本管理之前，企业一定要有很强的"开源节流"意识。何为开源节流？"开源"就是设法去开拓更广的市场，借市场扩大带来的利润，来弥补竞争带来的压力，"开源"，注重技术开发。"节流"，就是用管理的技巧，降低企业内部成本，以应付外在的竞争压力。加强成本管理，就能达到企业"节流"的目的，并为企业"开源"奠定坚实的基础。

加强成本管理对企业的发展有十分重要的意义。

首先，加强成本管理是提高企业经济效益的根本途径。

从"成本降低10%＝利润增加100%"中我们就已看到，降低成本是增加利润的有效手段。任何企业要生存都要盈利，即使不以营利为主要目标的事业单位或国企，若成本很高不断亏损，也很难发挥调控经济、扩大就业等作用，同时还会增加国家财政负担，失去其存在的价值。

其次，成本管理是企业发展的基础。

企业持续发展的基础是将成本至少控制在同行的平均水平上，这样企业才有能力在质量不变的情况下降低售价，销量才能不断增加，企业才能有稳固的经营基础。有了这个基础，企业就有更多的资金来提高产品质量，对原产品进行技术创新，企业就有了新的发展出路。如果企业在成本失控的情况下盲目发展，大力进行产品促销和新产品研发，只能增大企业经营风险，一旦决策失误或市场萎靡，就会很快被彻底打垮。

最后，加强成本管理还能提高企业的经营管理水平，增强员工成本管理意识。

企业成本管理的全面展开是全员参与的过程，是上至厂长，下至每位员工的工作。企业的每位员工都有自己的责任，由于企业利润和个人的经济利益挂钩，每位员工在积极参与的过程中，会形成主人翁意识和自身的成本管理意识。

> **笔者箴言** ➤ 科学合理地控制成本，才能最大化实现利润增加。这也就是企业之所以要加强成本管理的意义所在。

思考题：

1. 什么是成本管理？

2. 加强成本管理对企业发展有什么重要意义？

五、中日企业成本管理的五大不同

日本企业在 20 世纪 80 年代取得的成就已举世瞩目，其独特的成本管理办法现在依然值得中国企业学习和借鉴。日本企业成本管理主要有以下三点独到之处：

首先，目标成本放眼未来市场。

日本企业将目标成本放在未来市场而非眼前市场，是其制定目标成本的最巧妙的地方。NEC 财务预算专家安雄其伊曾说："由于我们深知，所有的竞争对手都想用较低的成本生产出更好的产品，所以我们 NEC 在制定目标成本时，不仅参考了竞争对手同类产品现行的零售价水平，还会考虑到今后半年或一年内竞争对手同类产品的成本变化趋势。"

其次，在产品设计前先制定目标成本。

这是日本企业成本管理的又一特点。日本企业是按"目标成本—产品设计—成本预算—计划成本"的顺序制定成本的。我们就以汽车制造企业为例。汽车每一项功能都是产品成本的一部分，从引擎滑轮、挡风玻璃到引擎箱，每个部件都是在先制定目标成本后才进行产品设计的。强矢弥澄是一个在日本汽车企业工作了 8 年的成本计划员，他说："制定目标成本仅仅是成本核算战役的开始。"企业同外部供应商之间、负责产品不同方面的各部门之间的紧张谈判过程，才是这一"战役"的具体过程。

最后，成本计划由资历高的老成本管理人员负责制定。

刚出校门对具体产品接触较少的财务人员是不能负责制定成本计划和核算成本的，只有在企业享有盛名的成本管理人员才能胜任。只有对采购、设计、工程、生产、销售等部门的实际情况全面了解之后，才能具备发现降低成本新途径的能力。

日本企业之所以在世界上独占鳌头，除了上面的三个特点外，还和企业以全部产品的经营状况作为开发、投资和决策的基础，以及与合作方建有长期稳固的协作关系有很大的关系。

为了能更好地借鉴日本企业成本管理的独到经验，增强我国企业的国际竞争力，我们来看看中日企业成本管理都有哪些不同点。

1. 成本管理着眼点不同

表面分析和行政管理是我国企业成本管理的重点，这导致我国对制造过程中原材料的价格、行政管理的办公费、差旅费等这些看得见的成本管理和控制比较有效，但对于提高设备利用率、提高劳动生产率等不易被看见的成本却考虑得很少。日本则对提高设备和员工的劳动效率这些看不见的成本非常重视。

2. 成本管理的意识和方式不同

日本企业非常重视员工自身的成本意识，每位员工都已形成了"自下而上"的自主成本管理意识。每位员工都能根据自身工作特点，积极主动地去寻找各种降低成本的方法，为企业整体成本降低提出建议。但在我国却是"自上而下"的成本管理模式，虽然人人都知道成本管理的重要性，但它似乎永远都只是企业管理者和财务人员的责任，员工只是为了完成管理者为自己指定的任务而工作，处于被动从属地位。

3. 成本管理手段不同

日本企业成本管理是"管理型、效率型"，企业不但控制制造成本和各项费用支出，而且很重视对员工的培训，提高职工的工作效率。我国很多企业的成本管理工作却是"控制型、任务型"的，上至领导，下到普通职工，都是为完成目标和任务而工作。

4. 更新改造在成本管理中发挥不同的作用

为了保持较高的生产效率，日企通常会采取提高产品技术水平，对设备通过加速折旧，提前报废的方式进行更新换代，有时甚至愿意缴纳设备提前报废税金。但我国许多企业在面对设备老化现象时，为了降低成本不进行设备更新换代，忘记了生产效率，无形中降低了产品的竞争力。即使更新改造，主要资金来源也是国家支持，很少积极自筹资金。而日本企业的设备更新改造全部是自筹资金，政府从不支持。

5. 资金成本管理的基础不同

由于日本企业在不具备支付能力时就会进入破产程序，因此不存在"三角债"问题。日本有很多"零库存"企业，产品资金占用较少，有些企业甚至只定当天的库存。而我国企业的资金占用问题非常严重，"三角债"一直困扰企业的发展，企业生产经营因此受到严重影响。

由中日企业成本管理的五点不同中我们看出，要想解决我国企业成本管理问题，就要从重视"看不见"的成本、培养每位员工的自主成本管理意识、重视效率和提高员工专业素质、加强设备更新改造的力度、实行"零库存"管理五个方面入手。

笔者箴言 借鉴国外企业成功的成本管理方法可有助于我们的企业快速脱离成本管理难、难管理的境地。但是，须谨记所有方法都不能拿来即用。

思考题：

1. 中日企业成本管理的五大不同是什么？

2. 这五大不同对你的企业有什么借鉴意义？

第二章　练好基本功
——成本控制和削减的工具与方法

本章提要：

▶ 降低成本的原则

▶ 成本管理误区及对策

▶ 成本控制的方法、步骤和作用

▶ 作业成本法

▶ 精益成本管理方法

▶ 采用外包策略降低成本

▶ 制造型企业成本控制策略

▶ 成本控制技巧

一、降低成本的原则

竞争战略专家迈克尔·波特有这样的理论：一个企业要想获得成功有三条渠道：一是使自己与竞争对手不同；二是在一个专业性的市场做深做细；三是使自己的成本远远低于其他对手。

其中低成本战略非常重要，适用于所有行业及所有情况，而且其他两种战略要想成功实现也必须以低成本为基础。而成本控制与削减的最终目标是降低成本，提高企业经济效益。

在很多次讲座中，我经常会与大家一起分享这样的观点：

不能做到成本最低，就不能做到价格最低。

不能做到价格最低，就不能做到全球最大。

格兰仕一位高管也曾说：

"只要我们把成本拉到世界第一，这个游戏规则就不是你美国、日本家电大鳄说了算，而是我们格兰仕说了算！"

可见降低成本在企业发展中有着举足轻重的作用。"无规矩不成方圆"，企业降低成本应该遵循什么原则呢？

1. 全员合作原则

即全体员工、班组长及企业领导要共同努力，从各方面降低成本，提高企业生产力。

员工是生产活动的参与者，降低成本过程中每位员工都有责任。全体员工协调一致才能最终实现全面成本降低，所以员工应该有降低成本的意识，养成节约的习惯，同时还要有协作精神，只有这样才能正确理解和实施成本降低策略。

班组长在调动员工积极性时，应注意要实事求是地评价下属的业绩，尽可能减少主观性和个人偏见；鼓励员工参与成本控制标准的制定，让员工对企业的实际情况和困难有比较深入的了解；建立适当的激励措施，因为一旦努力后的业绩未得到肯定，就会大大挫伤员工的工作积极性和热情；另外，班组长还要冷静地对待员工的过失和成本超支问题，在面对与成本控制本意相悖的问题时，心里要明白自己是要寻求解决问题的方法，而不是仅仅寻找员工出现的问题本身。

企业领导者要重视并全力支持成本控制，要有完成成本控制目标的决心和信心，并且以身作则；不能好高骛远，急功近利，而要脚踏实地，实事求是地严格实施成本控制。同时还应建立奖励制度。让员工分享降低成本的成果，以利于降低成本措施的推行。

2. 经济原则

企业的任何活动都要讲究经济效益，不符合经济原则的成本控制不会有持久的生命力。经济原则要求在成本控制过程中贯彻实施"例外管理"，即对正常成本支出可简化控制，但对特例要格外关注。

比如，可对与成本控制目标相悖的生产行为展开调查（包括超支预算支出）并建立审批手续等。经济原则要求将注意力集中于重要事项，对无关大局的事项可以从略考虑，同时成本控制系统还应具有灵活性，以便其在发生不能预知的情况时也能发挥作用。

3. 因地制宜原则

由于不同企业有不同的生产经营情况，不存在适用于所有企业的成本控制模式，因此在控制成本的时候就不能完全照搬其他企业的模式，而要根据自身的发展特点、组织结构、管理特点等制定最符合自身需求的成本控制策略。

既然成本控制对企业生产经营如此重要，这是不是说成本越少越好呢？当然不是，企业降低成本时除了遵循上面的三个原则外，还应注意以下事项：

（1）应该发生的成本是必需成本，已经发生的未必是必需成本，降低成本不能降低生产经营必需的那部分成本。

（2）降低成本要以不影响产品的质量为前提。

（3）降低成本的同时也应加强安全生产管理，不能损害员工的利益。

（4）降低成本的同时要全面加强企业管理，不能影响企业各部门所需物资的供应以及管理工作的顺利进展。

（5）降低成本不能违背相关法律法规，不能影响企业的社会效益。

2008 年北京奥运的成功举办及赛后场馆的合理利用，就是科学的成本降低观念的最好体现。

2002 年底，我国遵循成本降低原则，根据北京地理位置和体育资源分布情况制定了缩小 2008 年北京奥运会场馆规模的方案。

案例

2002 年 12 月 4 日，国际奥委会北京奥运会协调委员会主席维尔布鲁根说："我们不会把奥运会的规模降低到让大家失望的地步。我们说的是降低成本，重要的是奥运会结束后比赛场馆的可利用性。"

北京奥组委副主席蒋效愚也十分赞同维尔布鲁根的看法，他认为北京奥运会应该在每一笔开支上都精打细算。尤其是在场馆规模建设上，场馆不能过于庞大，应将 2008 年奥运比赛和赛后长期使用结合考虑，最大限度地发挥其使用价值，在保证高质量的前提下，努力降低成本，以减轻主办城市的经济负担。

在降低成本原则的支持下，2008 年北京市奥运会后，我国陆续启动奥运场馆赛后利用计划，很多奥运场馆现已成为很有特色的旅游场所和相应大型赛事的专业比赛场馆。很多专家分析，由于场馆建设前遵循了有效利用资源、降低成本的原则，随着时间的推移，北京奥运场馆还会发挥出潜在的利用价值。

笔者箴言　　遵循一定的原则降低成本才能确保成本管理的顺利实施及企业正常发展。

思考题：

1. "不能做到成本最低，就不能做到价格最低"，你同意这个观点吗？
2. 降低成本的三大原则是什么？

二、成本管理误区及对策

目前，成本意识淡化、成本管理弱化、成本行为软化是成本管理存在的三个不良现象，这些现象导致成本失控日益严重，企业成本居高不下，对企业的发展和经济效益的提高产生了非常不利的影响。这究竟是什么引起的？在我看来，这是企业成本管理的"三管"误区造成的。

"三管"误区是指"谁来管"、"管什么"、"怎么管"，如图 2-1 所示。

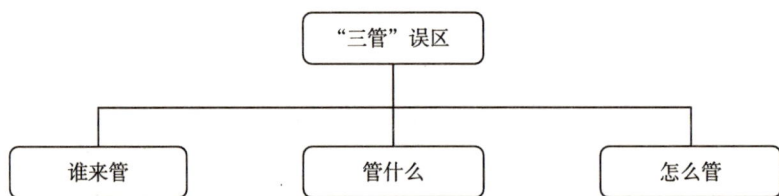

图 2-1　"三管"误区

"谁来管"的误区是由企业内部成本管理主体确立失误造成的。

一直以来，企业管理都被视为少数管理人员的特权，认为企业领导和财务部门应该来负责企业的成本和效益，而各个车间和部门仅仅是生产者而已。员工一般不会考虑哪些成本应该控制、如何控制，成本意识十分淡薄。很多职工感觉不到市场竞争的压力，认为工作做好做不好都一样，没有控制成本的积极性，从而造成了十分严重的企业浪费现象，这样失去群众基础的成本管理自然不会取得好的效果。

"管什么"是指企业不清楚成本管理的对象和内容，认为成本管理仅仅是传统的一张纸、一度电的节约，没有对成本进行全面控制和管理，更没有意识到潜在成本损失给企业带来的巨大损失。很多企业对人力资源理解不够，企业人员配置很不合理，比如二线作业的辅助人员和三线服务性员工富余，但劳动条件较差的一线生产岗位却人员缺乏。同时，企业还缺乏对职工的专业技能培训，导致员工对生产业务不熟悉，人员费用相对过高，并且工作效率很难提高。有的企业还无视企业人力资源的流失与浪费，导致企业人力资源成本的巨大浪费。

"怎么管"是指由于企业没有明确市场经济要求而造成的管理不到位。

首先，企业现有的成本管理不够全面和系统。成本控制只注重事后反馈，而对事前和事中的控制力度太小。成本控制没有贯穿从产品设计到产品产出的全过程。其次，企业缺少实操性很强的成本计划、成本预算和成本管理制度。有些企业不求实效，只讲形式，制度完全起不到监督和考察的作用。有些企业是"无正常审批手续、无收支计划、无领报制度"的"三无"企业。最后，企业的考核制度不完善，力度小。考核仅限于企业内部，和市场关联不大；考核只限于车间以上部门，无法真正落实到个人；考核的奖惩力度太小，不能调动广大员工的参与积极性。

面对以上"三管"误区，企业应该如何走出误区，改变成本居高不下的现状呢？

第一，增强每位员工的成本意识。

树立成本意识是企业实现有效成本管理的前提。因此，企业所有员工都要高度重视成本意识的树立，使其贯穿于成本管理的各个领域，同时还要加强员工培训，让每个员工都明白只有用最少的支出取得最大的利润，企业才能实现增值，员工个人才能增收。

第二，实施成本控制。

制定目标成本是成本控制的关键。目标成本的制定需要经过多次预算才能取得最佳方案。制定过程中要依据市场信息和行情对市场上各类产品的需求和价格进行比较，然后结合本企业的资源情况，测算出最有竞争力的产品价格，接着对产品进行市场调查，制定销售目标利润，最后依据利润公式拟定企业目标成本。但要确定最终目标成本，企业相关人员还要根据企业生产能力、技术水平、设备水平、价格水平和材料供应渠道等具体因素，按照"最优投入"原则对各项消耗进行预算、分析和比较，若所得成本与拟定目标成本不符，则要对其进行重新调整和设定。

第三，实行成本责任制。

由于成本涉及面广，财务部门必须在各部门的配合下对成本形成的每个环节进行控制，成本责任问题就自然产生了。成本责任制的主要任务是将企业整体成本目标分解为不同子目标分配到不同责任中心，责任中心负责控制其可控成本。这样能保证总目标与责任中心的子目标相一致。

第四，实行成本避免。

这一措施是尽可能避免无效成本的发生以实现目标成本和责任成本。为了有效避免无效成本，企业应加强各个部门的监督能力：加强物资管理，定期对各仓库保管工作和车间物资管理工作组织检查和整改，避免物资流失；企业还应通过对库存情况的清查，制定物资调剂计划，根据需要增减人员和固定资产，避免企业资源闲置造成的浪费。

第五，加强对成本的考核和分析。

合理的成本考核与分析能保证成本管理顺利实施并取得最佳效果。只有通过成本考核才能判断成本管理是否达到预期目的。企业首先应根据目标成本对会计提供的信息和成本核算资料与目标成本执行成果进行分析和评价。考核时应注意将成本指标和销售收入情况相结合，同时还应建立奖惩制度。考核完毕后，企业在考核的基础上进行成本分析，找出出现差异的原因。在进行差异分析时，应将企业实际发生成本与企业目标成本、国内外同行平均成本进行分析比较，根据分析结果提出缩小差异的对策，不断降低成本，提高企业效益。

企业成本管理的每个环节、每个阶段、每位员工都会产生企业成本，只有在成本管理的每个细节上都注重企业成本的控制与缩减，才能实现企业成本的全面控制，有效降低企业总成本。

笔者箴言　成本管理成效不佳，关键是管理失误，只有找到病症才能对症下药。因而，管理者必须明确企业成本管理存在的误区，方可有的放矢。

思考题：

1. 你的企业有没有陷入企业管理误区？

2. 走出成本管理误区的对策是什么？

三、成本控制的方法、步骤和作用

中国企业曾经被麦肯锡这样评价过：成本优势的巨人，成本控制的侏儒。可见我国企业的成本控制意识非常淡薄。那么什么是成本控制？

成本控制是企业在产品的制造过程中，依据事先拟定的标准对成本形成的因素进行严格监督，一旦发现出现偏差，就及时采取措施对其进行纠正，从而使生产过程中所有资源的消耗及所有费用开支都在标准规定的范围内的管理活动。

成本控制实质上是一门研究企业应如何花钱的学问，目的是引导企业把每一种资源都花到最有价值的地方。可见，成本控制对企业的发展非常重要。下面我们来看一下成本控制的几种方法（见表2-1）。

表2-1　成本控制方法

成本控制方法	**1. 降低产品的制造成本** 提高生产规模是降低制造成本最有力的方式。在生产设备一定的情况下，扩大生产规模能有效降低单位产品的生产成本。扩大甚至加倍扩大原料采购量是降低制造成本的有效方法。增加采购量，同时以较低的单位价格采购，不但可以保证供应商的总利润持续增长，还大大降低了企业自身的采购成本
	2. 降低企业销售成本 企业为了控制销售渠道成本，可以在销售上坚持只与大经销商交易并依靠大经销商的方式。同时，企业在给经销商供货时降低供应价，能使产品的销售量大幅度上升，从而使企业产量得到提高，促进产品制造成本的降低
	3. 降低资金使用成本 如果在企业内部对资金实行统一管理、统一借贷、统一调度的统筹制度及资金有偿占有制度，能有效改善企业自身控制和管理的效率和能力，同时也为降低制造成本和合理筹资创造了有利条件
	4. 采取目标成本管理 在企业内部模拟市场采用目标成本管理，例如，分公司每月须将其财务处编制的资产负债表和损益表向总部汇报，并将分公司内部利润与收入挂钩，能显著提高材料的有效利用率，缩小产品生产周期，增强分厂自主经营能力，无形中降低了企业管理费用
	5. 科技创新 科技是降低成本的有力途径之一。企业科技创新的具体做法是采用新工艺、新技术和新材料。要实现成本大幅度降低，企业必须进行科技创新

续表

成本控制方法	**6. 不断健全企业管理制度** 企业要对其管理制度不断进行有效监控，使其不断完善，具体做法有：建立诸如《物价管理条例》这样严格规范的管理制度；民主决策、公开购销、杜绝"暗箱操作"；施行封闭式质量检验制度，对于全部采购物品，企业都要对其进行严格的检验和质量检查，对主要生产原材料更要给予特别重视，最好施行"封闭式检验和审查"；要建立健全物价信息网络，并加强信息反馈和沟通；建立企业业务台账，责任具体到个人；对资金收支加强财务监管；对员工实行严格考核，对奖惩措施要严格兑现
	7. 及时引进先进管理信息系统 引进现代管理系统，能使企业的财务管理更趋科学化。例如，以"费用对象化"理论为基础的 ERP 管理系统，通过费用的归集和分配，能在成本计算过程中实现同时对多种成本进行业务处理，将事后核算成本转化为事前管理成本和事中对成本进行控制，使成本的管理和分析体系更加科学。此外，JIT、TQC 系统都侧重于事前预防，能极大地减少不必要成本的发生

表 2-1 中七种成本控制的方法从不同侧面减少了生产成本，使企业朝着健康积极的方向发展。企业在进行成本控制时，同时采用上面的几种方法会事半功倍，使企业的成本控制能力得到显著提高。

成本控制步骤如图 2-2 所示。

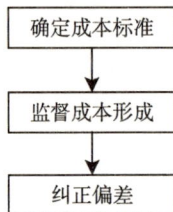

```
┌────────────┐
│ 确定成本标准 │
└────────────┘
      │
      ▼
┌────────────┐
│ 监督成本形成 │
└────────────┘
      │
      ▼
┌────────────┐
│  纠正偏差   │
└────────────┘
```

图 2-2 成本控制步骤

1. 确定成本标准

成本标准是成本控制的准绳，其中重要内容之一是成本规划中的各项指标。由于这些指标都比较综合，不能满足具体控制的要求，因此必须确定具体标准。确定具体标准的方法大致有下面三种。

（1）预算法：采用制定预算的方法制定控制标准。一些企业的短期费用开支预算通常是按照季度销售计划制定的，这个短期计划会成为企业成本控制的标准。采用预算法时一定要根据企业的实际情况。

（2）定额法：建立开支限额和定额费用，并将这二者作为控制指标进行成本控制。在企业里，要尽可能多地建立定额，如工时定额、材料消耗定额等。采用定额控制方法有利于成本控制的经常化和具体化。

（3）计划指标分解法：把大指标分解为若干个小指标。在具体分解时可采用不同的分解办法，既可根据单位、部门分解，也可根据不同产品的零部件及不同工艺阶段进行分解，如果想分解得更细致一些，则可依据不同工序对大指标进行分解。

企业利用上面三种方法制定成本控制标准之前，一定要事先对实际情况进行调研和科学计算，同时应处理好质量、生产效率等其他技术指标和成本指标的关系，综合考虑，以实现企业的总体目标为出发点，对多种方案进行择优选择。

2. 监督成本形成

成本监督主要包括对材料费用、工资费用间接费用的监督控制。其具体操作方法是：按照控制标准，对形成成本的所有项目进行经常性的检查、监督和评比。实施中不仅要对指标本身的执行情况进行检查，还要对影响各个指标的工艺、工具、设备、工作环境、工人技术水平等各项条件进行监督和检查。由上可知，成本日常控制要与生产作业控制等相互结合起来。

3. 纠正偏差

企业在调查成本差异发生的原因时，应分清轻重缓急，依据不同情况提出可行性改进措施，并将其贯彻实施。重大差异项目纠正的程序为：

（1）提出项目。从成本超支的不同原因中提出可降低成本的项目。这些项目应是一些各方关心、成本降低潜力大、可实施性强的项目。提出时要求包括的内容有项目的内容、依据、目的和预期达到的经济效益。

（2）讨论及决策。选定项目后，就应开始发动相关部门和人员对其展开深入的讨论与研究。对特别重大的项目，一般都要提出多种解决方案和策略，之后对各种方案进行分析对比，最后选出最优方案。

（3）对方案的实施步骤和方法及负责执行的部门和人员进行确定。

（4）对确定的方案进行贯彻执行。在执行过程中及时对该方案继续进行检查和监督。在方案执行完毕后，检验其产生的经济效益是否达到预期目标。

成本控制对企业的发展有很大作用，总结起来有如下三点：

（1）成本控制对企业所有控制系统起着综合控制的作用，是企业发展的基础。

企业成本降低后，就可以进行减价扩销，使企业经营基础得到巩固，这时企业就有了不断创新产品设计，提高产品质量和寻求新的发展空间的能力。许多企业在成本失控的情况下进行盲目发展，一味冒险进行开发新产品和促销活动，若决策失误或市场萎缩，企业就会毫无竞争力和抵抗力，从而陷入困境。

（2）成本控制以直接服务于企业为目的，是企业增加盈利、降低成本、提高经济效益的根本途径。

在任何情况下，降低成本都能使企业增加利润。任何企业要长足发展，都要不断提高经济效益。国有企业是不完全以营利为目的的，但如果企业成本过高，导致企业不断亏损，进而威胁到企业生存，其应在扩大就业、调控经济和改善公共事业等方面发挥的作用就得不到真正实现，此外，还会对政府财政造成不良影响，加重纳税人经济负担，也不利于民生，失去其存在的实际意义。

（3）成本控制是企业增强竞争力，抵抗内外压力，求得企业生存和发展的重要保障。

企业在经营过程中会遇到内外双重压力，内部有股东要求分红和职工要求提高工资、改善福利待遇的压力，外部有政府税收、经济环境逆转和同业竞争的压力，企业抵抗压力的有力武器有提高产品质量、创新产品设计、降低成本和增加产品销量等。企业产品售价提高，会导致供应商和经销商的提价要求，增加企业流转税负担。降低成本能有效避免这类压力。

笔者箴言　掌握相应的成本控制方法，并按照一定的步骤来实施，必然有助于企业成本管理。否则，企业成本管理只是一些摆设。

思考题：

1. 成本控制方法是什么？

2. 成本控制的步骤有哪些？

四、作业成本法

作业成本法的英文全称为 Activity Based Costing，简称 ABC 成本法。作业成本法在 20 世纪 80 年代产生，它将生产经营过程分成一系列作业，通过成本动因计算和确认作业量，再通过作业量计算产品成本。

作业成本法的管理重点是作业，它的核心思想是：产品耗费作业，作业会消耗一定的资源，企业生产会产生作业，作业会产生成本。

成本的源泉是资源，人工、材料、后勤、辅助人员等生产维持成本和广告等生产成本以外的成本都是企业的资源。资源按照一定的相关性进入作业，作业将资源作为相应的成本分配到每个产品上。

根据作业成本法的核心思想，作业成本法按照如下步骤进行（见图2-3）：

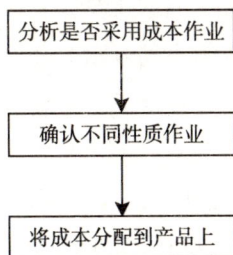

```
┌─────────────────────────┐
│  分析是否采用成本作业      │
└─────────────────────────┘
            │
            ▼
┌─────────────────────────┐
│   确认不同性质作业         │
└─────────────────────────┘
            │
            ▼
┌─────────────────────────┐
│  将成本分配到产品上        │
└─────────────────────────┘
```

图 2-3　作业成本法步骤

第一步，分析是否采用成本作业。

企业实行作业成本法之前，先要判断企业是否适合采用作业成本法。采用作业成本法需要具备的条件有：积极的成本管理意识；企业产品较多；间接费用比较高；各种产品技术服务的程度不尽相同；素质较高的成本会计人员；同时还要有现代化的计算机技术。

第二步，确认不同性质作业。

首先对作业、主要作业、中心作业进行确认，将相同性质的作业设置在同一成本库中，根据资源动因基础将间接费用分配到作业成本库中。

作业是产品生产、服务程序的重要组成部分，它是以人为主体，在生产目的的指导下消耗一定资源的工作。通常企业作业有与产品的产量、批次和类别有关的作业，与客户有关的作业以及和企业维持相关的作业。

一般工作中的作业类型有：启动准备、生产计划、购货订单、设备维修、工程处理、管理协调、存货移动等。资源动因即作业消耗资源的原因或方式，因此不同性质的作业的间接费用应该放到不同的成本库中。

确认作业时应特别留意资源昂贵、资金大的作业，需求形态比较特殊的作业，以及产品的使用程度差异比较大的作业这三类。

需要归集到成本库中的资源可从企业的总分类账目中得到。计算各项作业所消耗的成本可采用直接费用法或估量法。直接费用法是对直接作业所消耗的成本进行衡量，虽然这种方法能得到精确的结果，但衡量过程所消耗的成本比较高。估计法是将每项作业所消耗资源的数量和比例进行分配，每项作业耗费的资源和比例都是通过调查获得的。估计法所得的信息比较可靠，计算过程花费的成本也不是很高，是经常采用的一种方法。

随着企业生产经营范围的不断扩大，产品构成的复杂性提高，产品服务程序的作业量也不断增加，对每项作业都单独设立成本库并不是可行的办法。企业因此将相同性质的作业划分在同质作业成本库中进行成本分配，这样显著提高了作业成本计算的实际操作性，还大大减少了工作量，降低了企业的信息成本。

第三步，将成本分配到产品上。

在这一步，企业会根据作业动因，将作业成本库中的成本分配到具体产品上。

作业动因是最终产品消耗作业的原因和具体方式。产品生产和经营过程会消耗作业，产品的数量、种类、生产批次等决定了消耗作业的多少。检验时间是质量检验作业的成本动因，启动准备次数是启动准备作业的作业动因。明确作业动因之后，企业就能根据最终产品的具体作业动因对各个作业成本库中的间接费用按比例进行分配，进而分别计算出与产品相关的各项作业成本，确定最终产品的总成本。

分配成本的具体步骤如图 2-4 所示。

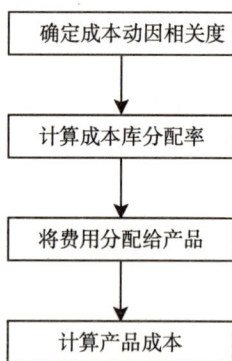

```
┌─────────────────┐
│ 确定成本动因相关度 │
└─────────────────┘
         │
         ▼
┌─────────────────┐
│  计算成本库分配率  │
└─────────────────┘
         │
         ▼
┌─────────────────┐
│  将费用分配给产品  │
└─────────────────┘
         │
         ▼
┌─────────────────┐
│   计算产品成本    │
└─────────────────┘
```

图 2-4　分配成本的具体步骤

1. 确定成本动因相关度

首先要选择合适的成本动因作为计算成本分配率的标准。计算成本前要考虑相关数据是否容易获得。成本动因与消耗资源的相关程度越高，现有成本就越科学。确定成本动因相关度的方法有数量法和经验法。

数量法是运用回归分析，对成本动因和成本之间的相关程度进行分析。经验法是利用相关作业的管理人员经验，评估一项作业中可能动因，确定权数。

2. 计算成本库分配率

成本库分配率的计算公式是：

$$成本库分配率 = \frac{成本库制造费用额}{成本动因消耗量} \times 100\%$$

3. 将费用分配给产品

即将每个作业库中的费用分配到产品上。

将成本库中的制造成本费用分配到相应的产品线上，是计算分配制造费用的最后一步，计算公式是：

产品成本动因成本 = 成本库存分配率 × 成本动因数量

4. 计算产品成本

计算出产品的成本是采用作业成本计算的最终目标。某产品成本的计算公式是：

$$产品成本 = 直接成本 + \sum 成本动因成本$$

其中，我们可将直接成本视为一个独立的作业成本库。

传统成本计算法认为根据产品产量，所有产品都均匀耗费企业的费用或资源。与传统的成本计算方法相比，作业成本法有三个显著特点：成本计算的对象是作业；设置多样化作业成本库对作业进行分类；对成本发生的前因后果重点关注。

下面我们来看一个作业成本法的应用实例。

案例

某一国有性质的农机企业，生产模式是定产、多品种小批量生产。以前采用传统成本法时，成本控制力不强，制造费用超过了人工费用的200%。面对这种情况，企业决定实施作业成本法。

企业根据工艺流程，确定了32个作业及每个作业的动因。企业发现人工工时是主要作业动因，其他作业动因包括运输距离、零件的种类、准备次数、订单数、设备小时、客户数量等。

通过采用作业成本法计算后发现，传统成本法的计算扭曲的最大差异率达46.5%。根据作业成本法的计算结果，企业针对每个作业制定出目标成本，将目标成本细化到班组，加强了成本控制的有效性。

企业通过分析成本信息，发现运输作业、生产协作、设备的检测和修理并不会增加顾客价值。虽然一个分厂负责管理这些作业的执行人员，但他们在各个车间都有分布。经过作业分析后，发现了企业大量人员成本冗余。企业可根据分析结果裁掉50%的作业人员，同时减少相关资源支出。企业从分析结果上还得出，以前各个车间分别进行运输作业，现在若集中管理运输作业，能减少四五台叉车。

正确的成本分析信息对企业销售决策也会产生非常重要的影响。企业根据作业成本法分析得出的成本信息及市场行情，对企业部分产品的价格进行修订。修订后的产品价格与产品的真实成本更接近。

这家农机企业根据作业成本法对企业成本进行全面控制，显著增强了企业的成本控制力度，管理水平不断提高，有效降低了成本，增强了企业市场竞争力。

由此可见，企业实施作业成本法有以下好处：一是为企业提供完善的成本数据，并提高管理人员的管理水平；二是能够追踪产生成本的作业和流程，可及时发现不良财务业绩的根源；三是依据企业经营行为预测财务结果，有助于过程改进；四是可以对客户盈利能力进行分析，并及时辨认出客户价值。

笔者箴言　科学合理地运用作业成本法是实施成本管理必不可少的手段之一。将一种方法用对，就是节约成本。

思考题：

1. 作业成本法的核心思想是什么？

2. 作业成本法的步骤有哪些？

五、精益成本管理方法

在瞬息万变的现代市场竞争环境下，竞争已经从产品或服务的竞争发展到企业整个供应链之间的较量。企业已经从以利润或资产等价值为准绳的传统成本管理，发展成为以"客户满意"为目标，以"为客户创造价值"为前提的精益成本管理。精益成本管理在对企业供应链成本分析的基础上，以客户价值为导向，实现整个供应链成本最小值。

精益成本管理是怎样的成本管理？

追求最小供应链成本是精益成本管理的精髓。供应链成本包括生产成本、设计成本、采购成本、物流成本和服务成本。精益成本管理在各个环节中杜绝浪费，不断消除不会为客户带来增值的作业，从而降低了供应链成本，提高了供应链的效率，使企业的竞争力不断增强。

在企业整个供应链中"杜绝一切浪费"是精益生产的宗旨，它以客户价值为导向，将精益生产、精益设计、精益采购、精益物流和精益服务技术融为一体，形成了精益成本管理这一全新的成本管理理念。

精益成本管理思想内容丰富，每种成本管理方法之间相互联系、相互作用。若将它们孤立起来看，就不能掌握精益成本管理的精髓。每种成本管理方法之间相互密切联系，不同方法之间相互支持、互为保障，只有将供应链上的精益成本管理思想有机地联系起来，才能实现降低成本、提高质量和效率的目标，进一步增强企业竞争力。

下面我们来具体了解几种供应链成本管理方法（见表2-2）。

表 2-2　供应链成本管理方法

精益生产成本管理	1. 改善制造技术降低成本 制造产品有两种技术：一种是生产技术。另一种是管理技术，即能够熟练使用现有设备、人员、零件及材料的技术。管理技术的成功应用是精益成本管理方式超越传统成本管理方式的重要因素之一
	2. 开展价值工程和价值分析 将经济与技术相结合考虑，在确保满足必要功能的前提下，最大限度地降低成本

精益生产成本管理	**3. 采用作业成本管理** 作业成本管理的基础是作业，因此管理重心在作业上。作业成本管理通过产品对作业和资源消耗过程、作业对资源消耗过程的成本动因进行分析，识别增值作业和非增值作业、有效作业和无效作业，从而将非增值作业和无效作业消除掉，真正体现精益成本管理思想
	4. 利用精益生产，将所有浪费彻底消除，达到精益生产成本管理 精益生产方式的最终实现需要全体员工的积极配合和共同努力。精益生产方式很重要的特征之一是团队活动和全体员工活动的自觉化。它对员工有如下要求：思想观念新，要有精益生产方式的集体观念、市场观念和主人翁意识；业务技术精湛，能一人进行多工位操作；团队协作好，精益精神强，将精益思想付诸行动，消除一切无效劳动和浪费
精益设计成本管理	据调查表明，80%的成本起因是在产品设计阶段，因此精益成本管理的重点是产品开发阶段，它决定着企业竞争的成败。精益设计成本管理遵循以下程序： （1）同时确定新产品开发任务和新产品开发成本。 （2）按照产品结构将目标成本分解落实到总成本和各个零件上。 （3）在产品开发的每个阶段预测和对比分析目标成本实际达到的水平情况。 （4）依据对比分析中发现的问题，采用价值工程和价值分析方法，研究如何降低成本，确保实际成本不超过目标成本。 设计成本管理关系到一个企业新产品的命运，因此产品研发人员的业务素质至关重要，设计人员要对产品设计开发和成本业务知识两者都精通，应当是对技术经济分析和产品设计制造都熟练掌握的复合型人才。
精益采购成本管理	国外研究发现，销售收入的 40%~60%来自采购费用。可见，采购成本在企业供应链成本中占有很大的比重。降低采购成本成了降低供应链成本的重点之一。 精益采购成本管理以采购为切入点，在企业需要时，按照所需数量采购物资，杜绝采购中的所有浪费。 精益采购成本管理实行招标采购，使信息公开化，有效杜绝了"暗箱操作"，在确保质量的前提下，争取实现最低价采购；选择供应商时采取公正、公开的原则；对每种所需物料采用定向采购方式，即通过对每种物料在技术、质量、服务、价格等方面的竞争能力的了解来选择供应商，并与之建立长期战略合作伙伴关系，这确保了供应渠道的稳定性和低成本；采用适时采购，有效减少了库存浪费。
精益物流成本管理	存货成本、运输成本、仓储成本和管理费用是物流成本的主要组成部分。精益物流成本管理的根本目标是在满足客户价值需求前提下，实现物流成本最小化。 精益物流是精益物流成本的实现方式，其中心是客户需求。站在客户立场上确定产品价值；对供应链的每个环节进行分析，找出不能产生价值的浪费；制定创造价值流行动方案的原则是：不倒流、不间断、不迂回、不等待和不出废品。 精益物流融会了精益物流成本管理，实现了物流的准确、高效、低耗、快速，达到了物流成本管理的精益化。
精益服务成本管理	服务成本与消费者的购买量成正比，已成为企业供应链成本的重要组成部分之一。这是不是意味着服务成本越多越好呢？不是。投入过高的服务成本若远远超过客户预期的满意水平，会造成资源的浪费，与成本效益原则相悖。 精益服务成本管理的核心思想是既满足客户需求，又不造成成本浪费，即用最小的服务成本实现最大的客户满意程度。

企业如何推进精益成本管理？要想落实精益成本管理，首先要推行精细化管理，如图 2-5 所示。我们以日本丰田汽车管理模式为精细化管理的代表，以此希望国内企业打破传统的经营管理模式，将"精确、深入、细致、规范"的管理精

神引人企业的管理中，并将这种管理精神贯穿于整个企业运营的各个方面。

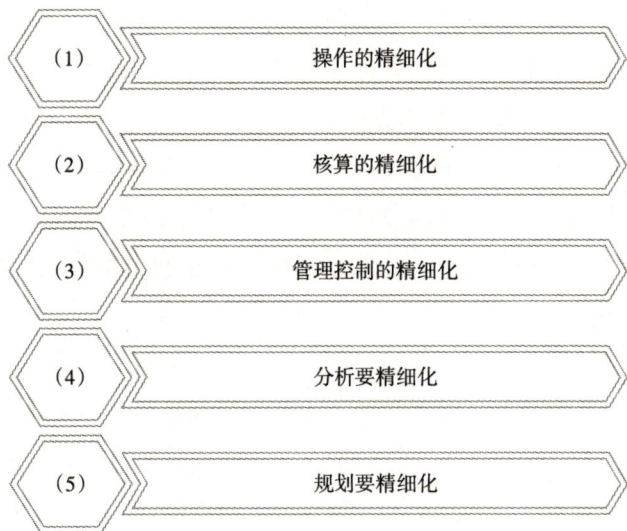

(1)	操作的精细化
(2)	核算的精细化
(3)	管理控制的精细化
(4)	分析要精细化
(5)	规划要精细化

图 2-5　推进精细化管理的内容

（1）操作的精细化。精细化操作是企业管理规范化、标准化的表现，也是精益成本管理的重要内容。所以，要求企业开展的活动以及员工的操作行为要严格地按照企业制定的具体规范和要求来执行，从而提高企业的整体效率。

（2）核算的精细化。精细化核算是企业及时发现潜在问题，降低成本损失的关键。管理者必须清楚地掌握企业的实际运营情况，利用财务监督的方法，将与企业业务活动有关的信息及时地记录下来，并用财务的形式反映出来。通过后期的核算，推出企业的经营成果，总结经营中的不足之处，及时弥补，规避企业的经营风险，如图 2-6 所示。

图 2-6　精细化核算

（3）管理控制的精细化。企业的运作与生产都会形成一定的流程。在精细化控制中，要求对企业的各项业务成本的运作流程进行严格的控制，通过弥补管理上的漏洞和缺失，对业务流程进行反复的审核及完善，来有效地减少业务成本运作失误的情形，从而更好地把控成本运作。

（4）分析要精细化。精细化分析是帮助企业培植和提高核心竞争力的重要手段。精细化分析要求企业通过运用现代化的管理手段和分析技术，从多角度出发，对各个层面的经营问题进行细致的分析，从而准确地找出提高企业竞争力和降低成本的途径。

（5）规划要精细化。企业的规划可划分为两大方面，一是企业高层制定的中长期目标计划，二是企业经营者根据企业的总目标而制定的具体实现计划。规划是推动企业达成最终目标的关键，因此，精细化规划要求企业在制定规划的过程中，通过严格的审查、分析及检验，确保企业规划的合理性、可操作性以及实现的意义，保证企业以最低的成本达成最终的目标。

笔者箴言 ▶ 精益成本法是众多企业获得市场竞争力的成本管理方法，也是我国众多中小型企业都在争相借鉴的好方法。

思考题：

1. 精益成本管理方法的精髓是什么？
2. 精益设计成本管理的主要内容是什么？

六、采用外包策略降低成本

外包即将公司非营利、非核心或非生产性活动通过契约的方式交给其他企业或个人完成。生产外包是指企业将原来由企业内部人员完成的加工方式或非核心技术外包给专业的供应商，充分利用企业外部的优势资源，以提高企业生产效率，降低成本的一种管理策略。

以前，企业要完成产品的生产和销售，必须具备包括研发设计、生产、配送、营销等多方面的能力，并且将这些能力整合才能完成企业的生产营销。而现在，很多企业只需具备上述能力中的一两种像设计和营销这样的核心能力就可以了，其他的工作都可以外包给具有快速规模生产和专业能力的合作伙伴或其他企业去完成。

如今，没有任何一家企业只靠自身的力量去完成所有的事，并且将所有的事都做到最好。但选择产品外包，就能帮助企业在增强竞争力的同时，降低成本。

案例

2000 年，爱立信手机业务方面的亏损达 17 亿美元。虽然亏损并不意味着爱立信手机销量的下降，但在全球手机市场竞争日趋激烈的情况下，亏损使爱立信手机业务的市场地位岌岌可危。

爱立信总裁苏瑞德说，亏损的原因是供应商的供货出现问题，导致产量下降，产品品种也没有以前丰富，低端市场产品品种不够齐全；由于缺货，生产线也出现大量闲置；使生产成本增加；爱立信手机生产厂家发生火灾也是导致亏损的原因之一。

在这种局势下，爱立信将手机生产实行外包和采购外包策略，弥补了爱立信手机生产的不足。由于爱立信选择的外包公司都是手机生产领域的强者，它们对手机成本的控制更专业，使企业的供应、采购和生产组织更有效，而且外包企业可以决定怎样选择零部件、怎样生产、怎样组织物流和下一级供应链等。与外部公司建立外包合作业务关系，使爱立信手机的品种更多、生产成本更低、市场竞争力更强。

生产外包让企业不但会享受到专业服务，还能有效降低成本。生产外包摒弃了传统自给自足的生产经营模式，将大部分非核心技术外包给其他企业，这样就能区别于竞争对手，在核心技术上超越同行。IBM、惠普等全球成功企业都纷纷采用了外包业务。他们只为供应商提供空架子机器，在接到订单后，让销售商为其组装。医药行业现在也开始尝试外包业务，大型制药企业一些合成物的生产和小型制药企业药品的生产研制都开始外包给生物制品生产企业。

企业如何采用外包策略呢？

首先，企业要明确自身的核心竞争优势，将企业的资源投入和精力放在具有竞争优势的项目上，这样企业就能稳固自身的优势。

其次，企业在不会与客户分离的前提下，将核心技术之外自己不擅长的项目外包给比自己做得更好的企业，这样企业就能创造出更大的价值。

围绕上面两个重点实施外包策略，就能有效控制成本，突出企业核心竞争优势。虽已破产的美国宝丽莱公司之前的外包策略很值得我们学习。

案例

1991年，家加蒙·迪卡米络担任宝丽莱首席执行官，开始采用宝丽莱自身生产和外包生产相结合的生产方式，使宝丽莱在消费品市场上游刃有余。

宝丽莱的指导思想是：利用自身核心竞争力，并与比自己能力强的企业实行外包合作。

在这种思想的指导下，宝丽莱每年都会生产出5~6种新产品，企业产品定位是全球用户。宝丽莱以前是"一样单干、一包到底"，现在在外包业务有效合作的基础上，宝丽莱有了更多的精力去发挥自己生产、设计和策划方面的强项，核心竞争力优势得到了更好的发挥。

采用外包策略后，宝丽莱产品的生产质量、数量和成本都得到了显著改善，企业利润不断增加，宝丽莱也因此树立了良好的企业品牌，获得"美国50年来消费者最喜爱的品牌之一"的美誉。

宝丽莱取得巨大成功的重要原因是明确了自身的核心竞争优势，选择了优秀的外包企业。

当然，企业在实施外包业务时，应遵循一定的管理原则。

实施和开展生产外包业务对于企业来说，也可以算作是一项风险与收益并存的业务活动。因此，企业在生产外包业务的制定和实施过程中，应对其进行有效的管理和控制，控制企业的投入成本和业务的潜在风险，积极地提高企业对外部资源的利用率，最终促使企业核心竞争力的形成。企业在外包业务的管理上主要经过三个阶段：生产外包业务的选择阶段、生产外包业务的实施阶段和生产外包业务的总结阶段。各阶段实施的管理原则也各不相同，具体内容如表2-3所示。

表 2-3　生产外包业务实施过程的管理原则

实施阶段	具体原则
生产外包业务选择阶段	1. 选定企业重点培植的核心业务和核心竞争力，明确企业所处的业务范围； 2. 对于企业内部生产效率低、难以形成企业竞争优势且外包风险较低的业务，可作为选择外包的对象； 3. 选择外包商，考核外包商的生产及服务上的成本优势、关键技术能力、专业水平，以及外包商的商誉和资信状况； 4. 企业对开展外包的业务进行成本预算，并分析潜在的风险，根据预测的成本和风险分析，来确定一个实际可行的企业目标，可以是产品的品位提升度、企业成本的降幅，以及内部资源的优化即释放程度等
生产外包业务实施阶段	1. 企业与外包商建立互惠互利的合作伙伴关系，在维护相互利益的基础上，尽快做出适应性调整； 2. 达成一个公认的争议解决方案，以便及时化解双方的矛盾和冲突； 3. 企业在签订外包合同的同时，应建立起一套外包业务的绩效考核体系，选择适当的绩效指标来评估外包业务的开展情况，并依此制定出及时的调整措施； 4. 保持企业内部各部门间的高度协调，以便配合企业外包活动的实施； 5. 外包商的经营理念应与企业的经营理念保持一致，文化、理念匹配程度越高的合作双方，签订的合作项目越容易顺利进行
生产外包业务总结阶段	1. 对外包活动进行及时的总结和分析，对取得成功的地方进行经验总结，作为以后工作的参考；对失误的方面做具体分析，以便在日后进行改进； 2. 对合作的外包商做出评定，评定外包商的合同履行速度、履行质量、技术能力、履约态度以及争议处理情况等，作为以后选择是否继续合作的参考

笔者箴言　　业务外包已经是现代企业发展必不可少的重要环节，也是企业降低成本管理的重要内容之一。

思考题：

1. 你如何理解外包策略？

2. 采用外包策略的重点是什么？

七、制造型企业成本控制策略

如今企业特别是制造型企业之间竞争日趋激烈。在劳动工资上涨、原材料价格暴涨以及国际贸易壁垒多重压力下，我国制造型企业发展速度正在减缓。而作为"中国制造基地"、"经济增长发动机"的珠三角和长三角，最先感受到了这种紧迫形势。

自 2006 年以来，企业的原材料费、水电费、运输费等都不断上涨，但产品的销售价格却几乎没有任何增长，这使企业的利润空间不断减小。

实际上，成本压力最大的是处于产业链下游的加工制造业。我们就以铜为例，空调产品总成本的20%和冰箱产品总成本的10%左右是铜材料，铜价飙升进一步加大了空调、冰箱等家电生产商的成本压力。2006年7月底，五金产品、燃气灶具、电线电缆等使用铜较多的制造企业的产品市场价格已经开始上涨。

珠江三角在铜价格飞涨的影响下，五金市场产品售价涨幅非常明显。2006年7月底，深圳市场平均涨幅达30%以上，2006年初卖188元的洗菜盆龙头在2006年7月已卖到245元。

工人工资上涨是成本上升的另一重要因素。2006年深圳市劳动局大幅提高最低工资标准。东莞市的一项调查表明，仅仅由于工资提高100元，就会导致当地数百家工厂倒闭。

目前，很多制造企业不靠加班根本无法按时完成订单，甚至无法继续生存。港资电子公司刘先生说："若工资基数上涨，最低加班工资是最低工资的两倍，企业会因此增加很多成本负担，如果成本涨幅太大，企业无法承受时，只能选择倒闭。"

受价格传导机制的影响，各种原材料的关联行业也受到原材料价格上涨因素的影响。

2006年以来，珠江三角玩具企业原材料成本不断上涨，特别是塑胶、化纤这些玩具的主要生产原材料的上涨，同时铜线、纸板等辅助材料价格也有所上升。许多玩具企业的总体原材料成本增长了50%。

但最让玩具生产企业苦不堪言的是，由于生产商之间相互压价竞争，它们根本不敢在玩具采购商面前提"涨价"二字，多出来的成本，这些企业只能自己扛。

原材料成本上升对出口型企业也产生了很大的影响。据上海海关2006年前4个月统计，经上海口岸出口到美国和欧盟的服装出现了涨价降量的情形。海关专业人士认为该局面主要是出口成本增加引起的。

"春江水暖鸭先知"，随着原材料价格和生产成本的不断增长，长江三角的制造企业效益显著下降，库存上升，亏损进一步扩大。1996~2006年，长江三角经济首次出现下滑。

案例

2006年上半年，位于长三角地区的上海、江苏、浙江的规模以上制造业企业工业增加值、生产总值、固定资产投资等五大核心经济指标增长速度都纷纷回落，有的甚至低于全国平均水平。此外，长江三角地区的贸易、信贷等增长速度也大幅下滑。

在原材料价格提升的巨大影响下，企业成本控制面临越来越多的问题。面对这些挑战，企业如何才能维持利润空间？

世界上的每把锁都会配有一把钥匙，只要抓住制造型企业成本控制问题的中心点，就一定能够找到解决问题的方法。我国经过长期的经验积累，已经找到了有效控制制造成本的策略。

策略一：联合涨价，让用户埋单。

面对大幅成本增长趋势，同行企业之间的压价竞争行为只能解决企业一时的库存问题，不能为企业带来任何利润，长此以往，将会形成恶性循环，击垮整个行业。联合涨价，保持和提高产品质量，才能为企业创造更多利润空间。

案例

约占卡车重量70%~80%的钢材，是制造卡车的主要原材料。钢材原材料大幅上涨让轻卡企业面临着前所未有的困境。2005年3月底，七家国内大型商用车企业共同建立了轻卡行业联盟。为共同抵御市场风险，它们在法律法规的框架内规范竞争。从2006年4月1日起，福田、江淮等企业集体将高轻产品的售价提高2%~5%，从根本上缓解了原材料上涨给企业造成的不利影响。

策略二：严控企业内部成本。

严控企业内部成本主要包括控制生产成本、控制资产投入、提高生产效率、控制管理费用与营销费用等。降低成本可以使企业获得相对竞争优势，是为企业创造更多利润的制胜法宝。

策略三：争取产业链上游投资，缓解成本增加压力。

原材料上涨的最大受害者是处于产业链下游的制造企业，若企业能够争取到上游投资，就能分享到原材料涨价带来的收益，有利于企业缓解原材料成本增加所带来的压力。

日本企业在这方面有很多值得我们借鉴的经验。

案例

日本的钢铁企业一直对上游投资工作非常重视。新日铁与全球最大的铁矿石供应商巴西淡水河谷公司巴西铁矿实行联营，占有巴西铁矿40%的股份。在面对铁矿石价格上涨71.5%的形势下，新日铁的利润却没有受到影响，因为新日铁在巴西铁矿中的股份使得涨价部分作为利润又补充给了新日铁。

策略四：组成采购联盟，增加采购谈判筹码。

在全球采购市场上，单个企业势单力薄，采购谈判很容易被湮没。因此，我国企业建立采购联盟，争取采购谈判的有利因素，是降低采购成本的有效途径。

案例

2005年以来，中国16家钢铁企业在中国钢铁工业协会的组织下，联合与世界铁砂出口商谈判，在集体的努力下，最终成功使对方放弃运费加价的要求，为每家参与企业降低了采购成本。

策略五：加强出口，以获得超额利润。

在原材料价格不断上涨的大局势下，一些企业通过开拓国际市场，增加产品出口量，使不断增加的成本得以消化。

案例

2006 年以来纺织品行业面临原材料涨价、欧美设限等压力，但广东佛山一家大型纺织品出口企业通过开拓国际新市场，获得了新的发展。

这些出口非设限地区的新兴市场的利润比欧美传统市场还要高。据统计，即便企业受到欧美与中方达成的纺织贸易协议的限制，广东省纺织品及服装的出口额仍达到了 112.8 亿美元，比 2005 年同比增长 52.3%。

策略六：寻找低价材料替代原材料，降低成本。

很多厂家在原材料价格不断上涨的形势下，面临着既要保持利润又要稳定产品价格的"两难"选择。企业可以在不影响产品质量的前提下，找到低价材料替代原材料，消化原材料价格上涨带来的问题。有的替代材料不但能减少成本，还能提高产品质量。

案例

某光电组件生产商要生产一种能在装配线上使用的照明箱。若用金属制作花费成本 30 元，但若用塑料制作只需花费 6 元，并且产品会比金属的轻很多，更便于安装和使用。最重要的是，顾客一致认为塑料照明箱比金属照明箱的质量好。

策略七：转移生产基地。

为了降低供应链成本，一些企业将生产基地转移到资源地、市场地，这样就能显著降低运输费用、库存成本等，缓解原材料价格上涨对企业的冲击。

案例

温州奥康集团面临成本上涨的压力已经有很长一段时间了，但企业利润几乎没有受到影响。原来，为了缓解压力，奥康集团早在 2003 年就实施西部转移措施，在重庆建设奥康的西部鞋都。通过转移生产基地，企业的人员、土地、运输等生产成本都明显下降，即使在同行成本大幅增长的情况下，企业依然取得了良好的效益。

策略八：与供应商建立长期战略合作伙伴关系，储备一定量的原材料。

企业若是与供应商长期合作，有一定量的原材料储备，就不会受到短期价格波动的影响。

案例

伟易达集团（中国）公司在东莞设有电子教育玩具的生产基地，其中有部分原料用到塑料，但在塑料价格大幅增加的情形下公司经济效益并没有受到影响，这是为什么呢？

产品部高级经理刘慧娴表示，这与公司具有前瞻性的长远规划是分不开的。伟易达集团提前数年就做规划，规划时会考虑人民币升值、油价上涨等因素。根据规划，企业会与原材料供货商签订长期的合作计划，储备一定数量原材料，保障产品不受短期价格波动的影响。

策略九：推出新产品，提高产品技术含量和价格。

研发新产品，提高产品技术含量和价格，是应对原材料价格上涨的一种有效途径。

案例

广东很多玩具企业虽然在资金、利润空间方面无法与大型企业相比，但在长远规划方面却能很好地借鉴大企业的经验，对不利因素能提早防备，加强新产品的研发，减少原材料成本。香港玩具业在应对塑料价格上涨、买家压价时，采取避开塑料玩具生产，不断开发电子玩具、高科技玩具和自创玩具的方法，保持了较高的企业利润。

策略十：创新营销手段，减轻涨价压力。

在研发新产品的同时，有些企业还巧妙地应用营销手段来减小原材料上涨风险。

案例

2005 年，澳柯玛商务公司受原材料涨价影响，率先提出"家电成套买"理念，实施"为客户找产品"的营销战略，澳柯玛很多产品因此出现了良好的销售局面。以灶具、消毒柜、热水器等为例，成套购买比零星购买要节省10%~15%的成本，抵销了涨价所造成的影响，受到许多消费者的青睐。澳柯玛 2005 年第一季度厨卫产品销售量增长 1.5 倍，其中消费者成套购买量占销售总量的 80%。

笔者箴言　　了解成本控制策略，并根据企业类型选择合适的策略解决企业的成本管理难题，是管理者有效管控企业成本的重要手段。

思考题：

1. 制造型企业成本控制的十大策略是什么？

2. 你的企业采取了上述策略中的哪几种？

八、成本控制技巧

上面主要针对原材料价格大幅上涨为制造型企业提出了十个应对策略。除此之外，要想最有效地控制成本，还应掌握以下技巧：

技巧一：目标成本控制。

企业在开发设计某件新产品之前，不但要考虑材料成本，还应将成本发生的每个环节都考虑到。例如，利用某种材料后会不会导致其他方面成本的增加，该材料是否易于采购、存储、装配和装运等。若在设计阶段未对成本全面考虑，在后期的整改过程中就要增加物料或装配难度来解决缺陷，这增加了材料成本，还影响了批量生产效率。

技巧二：区分人工工资和人工成本。

生产效率不同是二者的主要区别。杰克·韦尔奇认为支付高工资的同时实现人工成本最低是不矛盾的。在工资增长的同时，若总体生产效率上升幅度高于工资增长幅度，总人工成本与总产值的比例也会下降。

案例

沃尔玛刚进入中国市场时，聘请深圳一家法律事务所作为其常年法律顾问，每年花费 10 万元人民币。但在第二年，沃尔玛就用每年 200 万元人民币聘请当时中国最大的律师事务所——金杜律师事务所代替之前的法律顾问。原来沃尔玛遇到的国际化运作销售的各种难题，包括产品质量问题、侵权、价格欺诈、内部员工福利等问题，是之前的律师事务所所不能解决的，200 万元人民币聘请的律师事务所为沃尔玛带来了更多经济效益。

技巧三：挖掘项目附加值。

很多电影公司电影拍摄完毕后，首先会拿到电影院的票房，接着出版DVD、提供网络在线观看、出版音乐歌碟、举办明星见面会、出版相关书籍、生产卡通人物等，这样，成本均摊后初期成本就相对降低了。如果电影公司只靠电影票房赚钱，不挖掘电影附加价值，就不会获得很大利润。

技巧四：计算现金值时考虑沉没成本。

企业投资时，不能只考虑净现值，还要考虑沉没成本。

一家企业去投资山西煤矿时遇到问题：是自己修铁路还是购买货车？在二者需花费资金相差无几的情况下，企业考虑到：煤矿储存量不够长期挖掘，若修铁路，使用完后无法搬运走，就会成为沉没成本，相反若购买货车则在投资完毕后可继续利用，于是就选择了买货车。

技巧五：做好淡旺季人员裁减。

很多企业采用裁员的方式解决人员闲置问题。淡季裁员时应选择技术含量低、熟练程度要求低的工种。对业务水平和操作技能要求比较高的岗位，企业在淡季可以采用轮流放假的方式节约开支。在旺季可对要求前来上岗的工人实行报销路费、发奖金等鼓励方式，这样可以减少培训时间，提高生产效率。

技巧六：交叉培训。

交叉培训就是一个部门的员工到其他部门去学习，培训上岗，使一位员工获得多种职业技能。沃尔玛通过交叉培训提高了企业工作效率，同时还有利于员工了解不同部门的实际情况，无形中培养了每位员工的成本控制意识。

技巧七：年终返利，鼓励经销商提前打款。

利用年终返利政策来吸引经销商提前打款是空调业的惯例。空调行业对提前打款的经销商在年终给予一次性现金奖励，对提前打款的经销商优先提供货源。这不仅及时收回了企业应收账目，还起到了融资的目的。

技巧八：激励顾客为企业省钱。

顾客就是上帝，是企业的宝贵资源，用很好的鼓励方式，顾客还能为企业节约成本。

零售商沃尔玛每年都会由于购物车丢失损失约 8 亿美元。每辆购物车成本为 100 美元。沃尔玛为此想出了一个办法：若顾客交还一辆购物车，可获得一张可能会赢得一台电视机的奖券。这个办法使停留在商场外的购物车减少了 200 辆，一家沃尔玛分店因此每周少安排 100 小时（1 小时成本 8 美元）的购物车收回时间。而商场一台电视机的费用不到 200 美元。

技巧九：加快资金周转。

采取快速资金周转策略，可加快资金、货物的流通速度，弥补单位利润的不足。快速消费品行业经常采取加快资金周转的策略。以往电脑销售公司由于中间环节多、渠道长，利润很低，若去除中间环节成本，从电脑生产商那里直接订货，就能创造更多利润。

案例

宏图三胞采用专业定制生产、平价销售和直销规模，形成特色连锁经营方式。砍掉中间环节后的市场推广费仅为以前销售渠道的 50%。速度提高、成本降低、终端低价销售使宏图三胞的竞争力不断增强。仅一年时间，宏图三胞实现资金 50 次周转，这就意味着它一年内赚了 50 次钱。

技巧十：防止陷入多功能的成本陷阱。

功能越多的设备价格通常越贵，企业购买多余功能的设备是一种浪费。

案例

一家纺织品公司发现，该公司80%的计算机只做文档处理工作，只有20%的计算机在使用一台计算机的全部功能。为了有效利用资源，公司决定采购配置与功能较少的计算机，节约了企业的大量资金。

企业在新产品研发时，也要防止陷入多功能成本陷阱。

产品功能太多会增加成本，但消费者不一定需要那么多复杂的功能，也不愿为不需要的功能付费。若企业一味认为功能越多越好，不但会增加成本，还会影响销量。日本率先推出只有一种功能的傻瓜相机，成本低、价格低，深受消费者欢迎。

技巧十一：提高产品质量，降低不良产品率。

不良产品造成物料损失，增加了生产成本，同时还会降低生产效率，延迟交货日期，造成人工成本损失。可见，不良成本率的高低会对制造成本产生很大影响，因此企业要不断提高产品生产率，降低不良产品率，进而降低企业生产成本。

技巧十二：将部分保修成本用于提高产品质量。

现在很多品牌产品都对顾客承诺一定的保修期，保修于是成了售后服务不可缺少的一部分。

案例

据调查显示：不同品牌汽车的平均保修费用，福特为650美元，通用为550美元，而丰田只有400美元。

提高产品质量是显性成本，而售后服务是隐性成本。企业能否将多余保修成本用来提高产品质量？一旦产品质量提高，顾客的满意度和销售额就会提升，售后服务的隐性成本也会自然降低。

技巧十三：循环取货。

我国企业流通效率低，全社会的每年流通费用占 GDP 的 20%。

上海通用采用循环取货的方式大大降低了物流成本。上海通用 80% 的供应商在郊区，为了降低成本，对于交货量较大的供应商，通用就将货物直接送到工厂，较小的就在运输途中进行整合。运货车每天早晨从厂家出发，到达第一家供应商后，装上准备的原材料，接着去第二家、第三家，依此类推，将所有的材料装好后返回。通过循环取货，优化了运输线路，提高了运输装载量，减少了运输次数，明显降低了运输成本。

技巧十四：转移库存。

对于季节性产品，旺季需要大量库存以应对销量骤增情况，这就会增加库存量，占用大量流动资金。我国某内衣企业用一个很巧妙的办法解决了旺季库存问题。

该企业的具体解决办法是：若经销商在旺季来临前两个月提货付款，内衣价为原出厂价的 70%；若提前一个月提货付款，内衣价为出厂价的 85%；若旺季提货就要按出厂价全价付款。

由于折扣低于库存成本和资金成本，这种办法降低了库存成本，加快了资金周转，同时还解决了应收账款难问题。

技巧十五：制造外包。

外包使企业扬己所长，避己之短，它给企业带来了新的活力。制造外包的目的是让其他更具成本优势的企业来完成产品生产，这样企业就能专注于自己擅长的领域。

案例

耐克采取生产外包的方式后，有了更多的时间和精力专注于品牌管理和销售。2004 年，耐克实现利润 10 亿美元，销售额达 123 亿美元。这都是生产外包带来的竞争优势。

但是，在生产外包前，应进行严谨的成本分析，同时还要对自己的核心能力有足够把握。

技巧十六：上下游预警。

上海通用采取一条流水线上生产多个不同型号产品的"柔性化生产"方式。这种生产方式要求供应商处于"时刻供货"状态，这会导致供应商产生很高的库存成本。为了克服这个问题，上海通用与供应商时刻保持信息交流和生产预警，采用滚动生产计划，对产量进行随时调整。上下游预警的核心是要求与供应商实现信息资源共享，并且依据通用的生产计划安排自己的库存，降低库存资金的占用。

笔者箴言 ▸　　管理者要想有效控制成本，既要掌握相应的策略，还要掌握必要的成本控制技巧。否则，很难将成本管理落到实处。

思考题：

1. 你对上面十六种技巧中哪种感触最深？

2. 你觉得上面的哪种技巧有不足之处？

篇后小结

第一章	什么是成本	成本管理的好坏直接取决于管理者对成本概念理解的深浅，即正确认知成本概念才能将成本管理落到实处
	现代成本控制观念	控制成本是企业发展不可或缺的重要管理任务，如何理解现代成本控制观念关乎企业领导者能否正确运作成本管理
	成本和利润的关系	成本与利润息息相关，如何在最低成本中获取最大化的利润是企业发展的目标；只有利润最大化，企业发展才能稳固向前
	加强成本管理的重要意义	市场竞争日益激烈的今天，成本管理的意义也不言而喻；如果企业不能在市场中控制好产品的成本，就无法与对手进行有效的竞争
	中日企业成本管理的五大不同	从日企崛起的时候，这类企业就具备了很多特殊的管理方式，恰恰是这些管理方式让日企走向了竞争的顶端，成为很多企业争相学习的榜样，因而，从优秀的企业那里借鉴好的管理方式，也是我们所要做的一项重要工作
第二章	降低成本的原则	降低成本应在一定原则下进行，否则很容易导致管理的混乱，从而影响成本降低的落实
	成本管理误区及对策	很多企业懂得成本管理的重要性，但往往会陷入一些管理误区，因而，企业必须厘清自身成本管理所属的误区类型，再决定采取何种对策，这样才能达到成本管理的目标
	成本控制的方法、步骤和作用	控制成本有很多方法，不同方法的实施方式也存在不同之处，所以，不论企业采取哪些方法都要严格按照其实施步骤才能达到最佳效果

第二章	作业成本法	作业成本法是成本管理中最常见的方法之一，要想将该方法用好，首先应全方位地了解该方法及其使用技巧
	精益成本管理方法	从精益的角度入手，成本降低的可能性就得到了加强，所以精益成本法是成本管理中最受青睐的方法类型
	采用外包策略降低成本	外包既能降低企业成本，又能降低企业风险，是很多企业都在采用的一种降低成本的方式；但是，企业在实施该方法时，也要科学地规避外包业务存在的风险
	制造型企业成本控制策略	制造型企业是成本控制难点最大的企业类型，所以，管理者有必要认真掌控制造型企业成本控制策略的相关知识及其管理经验
	成本控制技巧	任何一家想继续向前发展的企业，都无法忽视对成本控制技巧的探索与应用

第二篇　追根溯源

第三章　清除万恶之源
——认识并清除企业浪费

本章提要:

▶ 认识增值与浪费

▶ 企业常见的七种浪费

▶ 消除物流浪费

▶ 识别真假效率

▶ 消除浪费的 4M 方法

▶ 消除生产成本浪费的手法

一、认识增值与浪费

为顾客提供商品和服务、为社会积累财富、为企业创造利润是企业生产的最终目的。实现企业生产的三个目的的根本保障是创造利润。成功的企业都有各自成功的秘诀，失败的企业各有不同的难处，但企业成功和失败有一个共同的原因：成本。成本是企业成功之本，同时也是失败之源。只有认识增值，同时彻底清除企业浪费现象，企业才能降低成本，取得成功。

1. 企业的三种经营思想

用什么方法使企业实现利润最大化，是企业经营的最重要课题。我们都知道，售价与成本的差额就是利润，因此，要增加利润，就必须提高售价或降低成本。我们将售价、成本和利润的关系用数学公式表示如下：

A 售价 = 成本 + 利润

B 利润 = 售价 – 成本

C 成本 = 售价 – 利润

从数学的角度上说，上面三个式子的意义是完全相同的，但从企业经营的角度来看却有很大差别。上面的三个式子反映出了企业的三种经营思想。下面我们举例说明上面的三个式子（见表3-1）。

表3-1 三式的举例

A 式的例子	B 式的例子	C 式的例子
假设成本为100元，利润为20元，即成本的20%，售价因此就为120元。这种经营思想是"成本主义"。独占性的商品大多采用这种经营思想，消费者往往没有选择的余地。采用这种经营思想的是我们常说的卖方市场。随着企业的不断发展，卖方市场将会越来越小	假设商品的售价为100元，成本为90元，则利润为10元。若售价降为95元成本仍为90元，利润则会随之降低。在此式中，市场售价高低确定了利润大小，这种经营方式被称为"售价主义"	假设企业的目标利润为20元，目前市场售价为100元，则目标成本就为80元。若市场售价降至90元，而目标利润仍为20元，此时就必须将目标成本降低为70元。这种以利润为目标的经营方式被称为"利润主义"。这种经营思想是推动企业改革的原动力

当今市场是自由竞争市场，市场的供求关系对商品售价的影响很大，因此售价高低是由市场决定，而不是由企业自己决定，所以实现目标利润的关键是实现目标成本。简单地说，成本是由材料、设备、人员和管理构成。材料是外购的，因此也有一定的市场行情，同行购买相同的原材料，价格不会有非常大的差异。可见材料价格和商品的价格相类似，企业自己不能决定，受到卖方市场的影响很大。

从上面可以看出，要降低成本，就应该从企业内部设备、人员、管理等企业能掌握的部分入手去降低成本。一句话，企业只有将设备、人员和管理上的浪费彻底清除，才能获得更多的利润。

工作的根本目的，是给产品或服务增加价值。制造型企业为什么能够创造价值？显然，付钱的是客户，客户购买的是产品或服务，产品或服务所提供的使用功能是商品的价值所在。

制造型企业通过满足客户的功能需求而创造价值，正确地认识增值和浪费，是树立正确的工作意识、正确地开展日常业务的基础。

2. 增值：订单执行带来现金流动从而实现增值

制造型企业创造价值的根本途径是通过物理或化学的方法改变物料的性质、尺寸、形状、状态，最终改变产品的功能，使之满足客户的使用需求。

企业通过对客户的功能需求进行调查，开发出满足市场需求的产品，通过销售获取订单，用低于销售价格的总成本，在客户需要的时间内提供客户需要数量的产品，创造产品价值、实现利润。

制造型企业就是以低于销售价格的总成本生产出产品，通过物料大进大出、快进快出实现资金的流动和增值；资金每流动一次就增值一次，资金流动越快，增值能力越高。一切服务于上述目的的工作，就是创造价值的工作。

3. 真的不浪费了吗

消除浪费无论对企业还是对个人来说都是一个老生常谈的话题。我们每个人从小都被父母教育不要浪费，要节俭。所以，企业要赚钱，就必须先消除浪费，可是许多人一听，总是觉得没什么新鲜感，当作耳旁风，因此我们就有必要重新来讨论浪费的概念。

浪费到底是什么？我们来看图 3-1，左图和右图有什么区别？

图 3-1　两头牛

很明显，左边的那头牛，一直绕着圆圈走动，是在白忙活，虽然在劳动，但即使累得气喘吁吁也不会产生任何价值。这种不产生附加价值的动作就是浪费。在生产现场我们常常看到搬运、寻找、取放、翻转等动作，作业人员个个汗流浃背，看起来像是很卖力地做事，但冷静地想想，做这些动作是必要的吗？会赚钱吗？会增值吗？答案是否定的。因此，我们可以说凡是不赚钱的动作就是浪费。

而右边那幅图的那头牛就不一样了，这头牛同样也是一直在走动着，但每走几步就能磨出一些面粉来，提升了产品的价值，获得了利润。这就是有附加价值的动作，我们能明显看到它的劳动产生了附加价值。可见，无附加价值的劳动就是一种浪费。

4. 浪费

传统观念认为，浪费是生产中的材料过期、报废品、退货、废弃物，现代的浪费概念是什么呢？

现代观念将浪费分为显性浪费和隐性浪费两种。显性浪费又称为可见浪费，这种浪费很容易识别，例如流程中的不良品的浪费、等待时间的浪费等。隐性浪费又称为看不见的浪费，这种浪费不易被识别，有些工作看起来非常有价值，实际上却会给企业带来很大的浪费。比如高耗性增值工作、不充分的工作分配等。这两种浪费给企业成本控制带来了很大障碍。

现代的浪费是指：不为产品增加价值的任何事情。指那些不利于生产不符合客户要求的任何事情，顾客不愿付钱由你去做的任何事情。它们尽管是增值活动，但所用的资源超过了"绝对最少"的界限，因此是一种浪费。

什么是浪费？日本丰田公司认为浪费是超出生产产品所绝对必要的最少量的材料、零件、设备和工作时间的部分。

美国专家认为浪费是超出增加产品（或服务）价值所必需的绝对最少的物料、机器和人力资源的部分。

在我看来，一切以低于销售价格的总成本，通过改变物料的形状、尺寸、性质、状况等，对最终实现客户所需要的功能没有帮助的工作就是浪费。因为它消耗了资源、造成损失。

为了更深刻地了解企业浪费，我们下一节来具体看一下企业常见的七种浪费。

笔者箴言　　产品增值就是间接增加企业利润，而浪费则是减少利润。这也是成本管理所要思索的增值与浪费的辩证关系。

思考题：

1. 企业常见的三种经营思想是什么？

2. 你对浪费有什么认识？

二、企业常见的七种浪费

现场混乱，插不进脚；设备故障不断，苟延残喘；物料混放，标识不清；员工仪容不整，两眼无光；人海战术，加班加点但还是要待工待料……这是国内不少企业的现状。

一切不增加对客户和企业价值的活动都是浪费。在此前提下，企业每生产一件产品就在制造一分浪费。伴随企业运营中各业务环节不被察觉或不被重视的浪费，日本企业管理界将之形象地比喻为"地下工厂"。

日本专家通过长期的实践和研究发现，企业内有七种常见的浪费。

这七种浪费全面概括了大多数企业中的常见浪费现象。企业生产现场的七种浪费分别是：制造过多（早）的浪费、等待浪费、搬运浪费、不良浪费、库存浪费、过量加工浪费、动作浪费。下面我们依次看企业的这七种"烧钱"行为。

浪费之一：制造过多（早）的浪费。

生产过多的浪费是指在交货期之前提早完成生产或生产出比订单数量多的产品（见图3-2）。丰田提倡在必要的时间生产出必要数量的产品，将过早或过多生产视为七大浪费之首，是最大的浪费。

图3-2 过多制造的浪费

企业利润从哪里来？真正的利润来自于生产后并卖出的产品，中间工序多生产的产品不但不能给企业带来利润，还会增加库存量。假如一个客户只需要100件产品，你却生产了150个，这时50件没有卖出去的产品就变成了库存，无法产生利润，要是短期内这 50 件产品未及时卖出去，企业还会面临产品更新换代带来的风险。

我们来看最常见的生产过量现象：

只考虑本工序生产方便，不考虑下道特别是装配的实际需要；

只考虑本工序的尽其所能，忽略了上下道工序间的平衡和配套；

多劳多得造成生产者"提前和超额"；

超出下道工序加工需要的数量；

考虑员工工作安排生产以后要用的产品；

计划失误、信息传递失误造成的浪费；

因担心换模而生产超出实际需要、以后需要的产品；

强烈的本位主义，忽视计划的安排和调度。

目前，很多厂家并没有意识到制造过多或过早是一种浪费，反而认为这样能够减少产能的损失，提高企业生产效率。这是不正确的看法。因为利润产生的主要途径是销售，而不是生产。只提高了生产效率但并没有与之相一致的销售量，只能增加库存量，这对企业来说值吗？

制造过多或过早之所以被视为浪费是因为如下 4 点：

（1）它会隐藏"等待浪费"，管理人员也会因此而漠视等待的发生与存在。

（2）它会同时产生堆积、搬运的浪费，并导致先进的作业出现生产困难。

（3）它只是对人工费、材料费的提前利用，企业并未因此而得到更多的利益。

（4）它会造成在制品的积压，无形当中增长了生产周期，同时会增加现场工作的空间，企业因此得增加场地资金投入，无形中吞噬着生产利润。

造成过多或过早生产的原因究竟是什么？是因为企业营销部发货不够畅通。

由于生产制造部门和营销部门信息沟通不顺畅，没有准确的交货确认日期，生产部门因此未按照合同上的交货日期而生产。而未按照实际交货日期生产，导致库存量增加。要解决过多或过早生产的现象，企业事务部门就应重视交货日期的确认工作，最好将信息在合同交货期前一个月准确及时地回馈给生产部门，这样才能有效预防和减少过多过早生产所造成的浪费。

浪费之二：等待浪费。

等待就是不进行任何生产活动，只等下一个动作的到来，这毫无疑问是一种坐以待毙的浪费。等待浪费中的浪费有等待上级指示、等待外部回复、等待下级主动汇报、等待生产现场主动联系等所造成的损失。如图 3-3 所示，生产现场存在大量等待现象。

图 3-3　等待的浪费

生产现场常见等待现象有：物料供应前工序能力不足造成待料；监视设备作业造成员工作业停顿；设备故障造成生产停滞；质量问题造成停工；型号切换造成生产停顿。造成等待的原因有：生产线能力不平衡、计划不合理、设备维护不到位、物料供应不及时等。

那么，如何改善等待浪费现象呢？我们需要对症下药，如表 3-2 所示。

表 3-2　等待造成的浪费及改善

等待造成的浪费	如何改善等待浪费
（1）分工过细的等待——工作分配找调度员；维修找机修工；检验找检验员；换模找调整工…… （2）设备的等待——闲置、空余，时开时停，只停不开； （3）物料的等待——仓库里、现场久放不用的材料、在制品； （4）场地的等待——未能产生使用效果的空地、建筑物； （5）时间的等待——上下道工序没有衔接造成的脱节； （6）人员的等待——有事没人做，有人没事做	1. 去除等待 ①批次作业改为流水作业； ②改善搬运方法，尽量减少搬运次数； ③改变加工与检查的顺序，二者同时进行； ④改善布局。 2. 减少等待时间与数量 ①平衡前后工序； ②制定符合生产能力的生产计划； ③制定日程计划，最大限度减少停滞时间

消极怠工、满足现状，导致生产部门缺乏主动性、责任心和工作热情，会严重危害企业正常运行。以制造部性能试验课对点控盘的等待为例，若点控盘未按

要求及时入厂，可能导致无法按期进行交货；当点控盘入场后，由于要抢进度，则很有可能出现质量问题等。

还有一种自动机器操作中人员的"闲视等待"的浪费，见图3-4。

图3-4　闲视等待

一些工厂订购了价格高、速度快的先进的自动设备，但企业为了补充材料或者排除小故障以确保机器正常运转，一般还会安排其他员工对机器进行监视。这种即使是自动设备但仍需要人员对机器进行监视照顾的现象，称为"闲视"浪费。若人总是围着机器转，一旦机器出现异常人就取代机器，这样机器的异常情况就永远不会消除。"问题能藏一时，但藏不了一世"，材料、机器本身的问题若不能根除，设备什么时候都不会得到改进。在生产现场常可以看到很多调试人员站在设备旁等待的现象，这是对人力资源的无形浪费，因此一定要减少等待浪费。减少等待浪费的"三不原则"为：不袖手旁观、不监视机器、不巡逻救生。

浪费之三：搬运浪费（见图3-5）。

搬运浪费是企业传统机能水平的布置不合理引起的。搬运过程中的移动、堆积、放置、整理等都会造成浪费。很多人视搬运为一种无效动作，但也有人认为搬运是生产过程中必不可少的动作，因为只有进行搬运，企业生产才能执行下一个动作。

正是由于这种想法，绝大多数人都默认搬运动作的存在，但从未想过采取措施将其消除。一些人想出采用输送带的方法来消除搬运，但这种方法往往会为减少体力消耗而浪费大量金钱。实际上这个过程并未消除搬运本身的浪费，只是将其隐藏起来。分解开的搬运浪费包括整理、移动、放置、堆积等动作的浪费。合

图3-5 搬运的浪费

理的搬运方式有使用无人搬运车、输送带搬运，以及减少搬运频率、增加搬运批量。在搬运过程中要遵循不要粗流、不要乱流、不要停留的"三不"原则。

案例

　　某工厂制造部和生产管理部通过对每月总生产工时进行分析之后发现，虽然实际作业时间减少了，但总工时却增加了。经过仔细分析后，才发现是其中的两个工厂间的运输工时不断增加，特别是两个工厂间搬运原材料的工时造成的。

　　如何克服上述的搬运浪费呢？

　　日本三洋是一个很好的典范。

案例

　　三洋公司为了减少搬运，将四个车间压缩成两个，同时在加工一些零件时采用在生产线旁边加工的方式，而不是像以前那样在别处进行加工，大大减少了零件的搬运工作。由此可见，企业在不能将搬运完全消除的情况下，对生产布局进行重新调整，能有效减少搬运浪费。

浪费之四：不良浪费。

不良浪费是由于制造能力不足的技术层问题或管理观念或生产现场管理方式的错误而产生的。任何产品制造过程中的不良生产，都会造成机器、人工、材料等的浪费。常见的不良浪费现象有材料损失、设备折旧、人工损失、能源损失、价格损失、订单损失、信誉损失等。对所有不良浪费的修补都会造成额外成本的支出。如图3-6所示，在生产现场进行扩孔明显的就是不良的浪费。

图3-6 不良浪费

减少不良浪费，就要减少或消除一切生产中的像检验、搬运和等待这样的非增值活动，具体方法是推行"零返修率"和"零缺陷"，在生产源头上杜绝原材料、不合格零件流入生产后道工序，追求"零废品率"。

浪费之五：库存浪费。

几乎所有企业都在喊资金不足。资金不足的原因就在于它全变成库存被"储存"起来了。库存的浪费，指各工序间持有的在制品超过需要的数量，或从订货地购入数量过多的零件而产生的库存（如图3-7所示），库存还占用大量的在制品。

库存浪费是由传统的生产观念造成的。这些传统观念的具体表现包括：成本的采购量增大，单位成本会降低；预测生产与实际的需求不符，导致成品积压在仓库中；不良重修机器出现故障后不及时修理，而是将其搁置起来。

图 3-7 库存浪费

库存浪费也会增加企业额外成本。丰田认为，对企业而言，"库存乃万恶之源"，正是这种理念给丰田带来了很大的利益和不断发展的原动力。可见降低库存浪费的重要性。

库存会造成的浪费包括如下几点：

（1）导致先进先出的作业出现困难。我们就以钢管为例，在库存增加时，若新入库的钢管压在以前入库的钢管上，要想优先使用先入库的钢管，就要将新入库的搬走，增加了额外的搬运。如果生产时为了省事，先用搁置在上面的新入库钢管，则起初入库的钢管可能会因长期放置出现一系列质量问题。

（2）设备能力和人员需求量的判断失误。库存量中的无效库存，导致企业不能准确地判断出能力是否平衡，也无法了解人员是否过剩。若库存量较多，供应部门就会相应地增加人员，制造环节因此需要更多的人员来弥补可能出现的库存量不足现象，企业为保证生产库存所需的设备能力就要增加新的设备，进而导致新一轮浪费开始。

库存是企业的万恶之源，企业应该尽量避免库存浪费的出现。一旦出现就要想尽办法解决，力争实现零库存，即将库存量减到最小的必要限度。

（3）损失信息和管理费用。当工厂的库存量增加时，大量本应用于生产经营的资金会沉淀在库存上，这会造成资金总额不断增加和占用，同时还会导致信息和库房的管理费用增加。这些费用一半包含于公司管理费用中，一旦将其单独列出，企业就会发现库存的严重问题。

（4）产生不必要的堆积、防护处理、寻找、搬运、放置等浪费。一旦库存增加，物品的搬运量就随之增加，同时还需要增加材料防护措施，增加堆积和放置材料的场所等，无形中造成了连锁的整体浪费。

（5）物品价值由于搁置而降低，成为呆滞品。库存量增加时，总库存量超过了使用量，一些不使用的物品甚至会长期被积压，这在产品换型时问题尤为严重。此外由于物品的长时间放置，以前因成本低而买回来的材料，目前的成本可能会更低，从而使得材料的实际价值降低，利润减小。工厂管理者对目前仓库的积压物资现在的价格和最初的订购价做一下对比，就会对此感触更深。

（6）厂房空间被占用，造成多余的仓库建设和投资的浪费。库存量一旦增加，就会增加额外放置物资的场所。这导致很多工厂的库存总量增多，但有效利用率低，虽然工厂新增加了投资和材料置放场所，却不能带来经济效益。

库存会对企业生产产生巨大损失和危害。库存带来的显性损失包括：额外的搬运储存成本增加，造成空间浪费、资金的利息和回报损失的浪费、积压物料价值衰减，进而造成呆料废料，同时还会影响先进先出作业的生产困难。库存还会用假想掩盖问题，给企业造成很多隐性损失：由于库存量的存在，生产管理者就没有管理的紧张感，这阻碍了企业生产改进的速度；库存量增多时，由于不良产品和机器故障所带来的不利后果不能及时显现出来，出现问题时暂时用库存量作为幌子，因而就不会及时制定出相应的生产对策。

浪费之六：过量加工浪费。

过量加工浪费是指由于生产机器设备加工过量导致的浪费。每提高一级加工精度将增加数倍甚至数十倍的费用。如图 3-8 所示。

常见的加工浪费有加工余量、加工精度过高、不必要的加工等，这会造成设备折旧、人工损失、辅助材料损失、能源消耗等加工浪费。

在生产制造过程中，为了达到企业生产作业目的，一些加工程序是可以代替、省略、合并或重组的，但若我们仔细对其进行检查，就会发现其中存在不少有待改进的浪费现象。下面我们看一下日本三洋是如何通过合并和重组消除浪费的。

图 3-8　加工本身的浪费

案例

　　日本三洋以前的热交换器在进行流水线组装时，需要一个员工将穿完管的热交换器装箱后，用手推车运送到涨管设备旁，第二个员工对设备涨管进行操作，最后，第三个员工将涨完管的热交换器运送至另一条悬臂运输线上。现在经过技术革新后，热交换器组装线的传送带可延伸至涨管设备边上，涨管工人直接将热交换器送至悬挂臂上即可。革新后一个员工就能完成以前需要三个人才能完成的工作。从这个例子可以看出，减少加工浪费能为企业生产节约很多资源。

　　浪费之七：动作浪费。

　　在作业过程中的不佳浪费是动作浪费。常见的浪费动作为：移动中变换动作、两手空闲、伸背动作、单手空闲、作业动作停止、动作幅度过大、步行多、左右手交换、重复或不必要动作、转身角度大未掌握作业技巧、弯腰动作。如图 3-9、图 3-10、图 3-11 所示。

　　多余的动作会增加强度降低效率。消除动作浪费要遵循不摇头晃脑、不转身、不插秧的"三不"原则。

图 3-9 操作者需要下蹲取零件

图 3-10 操作者需要走很远取件

图 3-11 料箱高度不合适，造成操作者弯腰取件

（1）不摇头晃脑——零件摆放有规律；操作员在拿取零件时不需要看。

（2）不转身——合理地使用各种放置零件和半成品的箱子或架子，将各种零件放置在正确的地方。

（3）不插秧——逆时针的 U 形生产线排布。

在生产过程中达到同样的目的，也会有不同的动作。其中，哪些动作是不必要的？有没有必要在生产中把加工的对象拿上拿下？一些步行的动作、弯腰的动作、对准的动作、直角转弯的动作、反转的动作等有没有必要进行？如果有些动作没有必要，就大可将其去掉。为了更有效减少生产中的动作浪费，我们一起来看一首动作浪费歌：

动作浪费歌

单手干活效率低，两手空闲不赚钱。

动作太大费时间，步行多了功效减。

高度不当伤身体，转身移动浪费显。

两手交换动作慢，多余动作添混乱。

不明技巧要取缔，伸臂弯腰要精简。

我们可以根据上面的内容对日常工作中的动作进行反思，对其进行合理的改进和精简，这样能有效减少生产活动中不必要的动作浪费。

上面的七种浪费犹如横亘在企业生产现场的敌人，对其了解越多，企业获得的利益就越多。企业只有在竞争中获得更多的利益，才能更好地生存下去。上面的七种浪费只是生产现场问题的大致情况，要想真正清除企业生产中的浪费现象，就要真正从行动上去降低成本，消除浪费，提高效率，增加企业效益。在企业生产过程中，只有所有员工都将自己看到、想到、听到的浪费列举出来，并相互交流提出改善或杜绝浪费的方案，从本职岗位做起，消除目前存在的各种浪费现象，企业才能从根本上消除以上七种浪费。

笔者箴言 浪费是成本管理中最常见问题也是最大的管理难点。如何减少浪费，甚至是杜绝浪费，是降低成本的重要环节。

思考题：

1. 企业常见的七种浪费是什么？

2. 你认为哪种浪费的危害最大，为什么？

三、消除物流浪费

物流过程中的浪费是企业浪费的重点。随着经济的不断发展，物流日益渗透到企业经营的各项活动之中。为了更好地消除物流浪费，我们先来认识物流。

1. 认识物流

什么是物流？对物料的供应、保管、搬运、包装、运输、发送等过程系统全面地安排管理活动即为物流，其目的是为了以最低的费用将物料准时送达目的地。现代物流的分类见图 3-12。

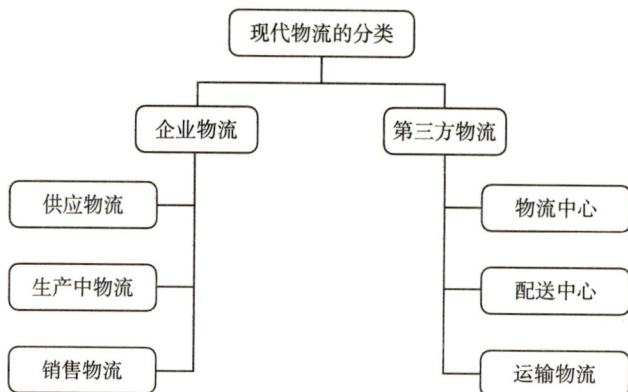

图 3-12　现代物流的分类

第三方物流是 20 世纪 80 年代中期在欧美国家出现的，它是企业和供应商之外的专业承担企业物流活动的第三方企业。第三方通过专业化的物流服务，将以前分散的存储、运输等物流活动系统化、集成化，有效降低了企业和供应商的物流成本。

表 3-3　中国、发达国家物流占 GDP、总成本的比例

	物流占 GDP 比例	物流占总成本比例
中国	20%	40%
发达国家	10%	10%

从表 3-3 的数据可以看出，消除物流过程中的浪费现象是降低总成本的关键。消除物流中的浪费能为企业创造继生产和销售之后的第三利润源。

物流成本是企业在进行与物流相关的采购、销售和生产活动过程中所消耗的全部费用，是企业事务活动中成本最高的项目之一。伴随着物资流动和物流信息传送所发生的费用及物流设施、设备费用，以及物流综合管理费用都属于物流成本。

（1）物流成本的构成（见图3-13）。

图3-13　物流成本的构成

从物流成本的分类我们看出，物流成本涉及企业生产经营的方方面面。本书从生产现场成本管理角度对成本进行分类，对班组长进行成本控制更有指导意义。但在消除企业的浪费现象时，我们要从总体上把握企业浪费现象，因此很有必要对物流成本有一个比较全面的认识，这样才能运筹帷幄，从企业全局考虑，消除企业浪费现象。

（2）物流成本的特点。

物流成本与其他成本有很多不同之处，其中冰山理论和交替损益现象是其最突出的特点（见表3-4）。

企业如果没有掌握物流成本的特点，就不能及时发现很多隐藏的物流浪费现象，会增加消除物流浪费的难度，同时，物流部门也无法获得真实的物流浪费数据，消除物流浪费时无法得到预期的效果。

表 3-4 冰山理论和交替损益现象

1. 物流冰山理论 　　物流冰山理论最早是日本西泽修教授对物流问题的一个形象比喻，现在已经成为物流的最基本理论之一。该理论认为企业的大部分物流费用被淹没在其他费用之中，通常只能将物流成本的很小一部分列入可见成本会计项目，这导致企业误认为被列入的很少的可见物流成本就是物流成本的全部。实际上，会计项目中的物流成本仅仅是物流成本的冰山一角
2. 交替损益现象 　　这是物流成本的又一显著特点。由于物流成本在企业很多部门都有发生源，因此物流成本就会在企业不同领域不同管理部门发生。这导致相关物流活动在不同部门之间不能协调和优化，物流成本因此常常出现彼此损益、此消彼长的情况

2. 消除物流浪费

由于企业物流涉及很多方面的成本，物流过程中的浪费现象会增加库存成本、采购成本等很多与物流相关的成本。因此，只有消除物流浪费才能使企业更好地消除浪费，达到事半功倍的效果。我们看如何消除物流浪费？

消除物料搬运浪费（见表 3-5）。物料搬运浪费是企业物流浪费的核心，它会增加物流成本，降低生产效率。

表 3-5 消除物料搬运浪费的方法

消除物料搬运浪费	（1）遵循物料搬运原则。为了消除搬运浪费，搬运应根据物料的大小和多少、存放的位置等实际情况来进行，应遵的原则有机动性、自动化、避免等待和空搬运作业、缩短物料移动路径四个。 　　机动性原则——搬运时保持物料的通道畅通，物料处于随时可以搬运的状态。 　　自动化原则——根据物资的体积大小和重量采用输送带、油压车、手推车、叉车、机器人等适当的搬运工具。 　　避免等待和空搬运作业原则——空搬运会造成时间和人员的浪费，因此一定要尽量避免空搬运或等待半空现象的出现。 　　缩短物料移动路径原则——缩短搬运路径是消除搬运浪费的重要原则，现场班组长应着重考虑如何缩短物料移动路径
	（2）杜绝粗暴搬运物料。粗暴搬运物料很可能会造成物料的损坏。因此，适时、适量地搬运，避免搬运过程中的碰撞，保证物料的完好无缺，能缩短工时，提高产品生产效率。因此，搬运时要避免物料之间的碰撞，轻拿轻放
	（3）提高搬运效率。生产从开始到结束，物料的搬运很大一部分是搬运作业。搬运除了物料平面转移，还包括排列、堆高和卸低。要提高物料搬运效率，就要看搬运数量、搬运次数、搬运的机动性、搬运花费的成本等指标

降低物料总成本。消除物料搬运浪费只是物料管理的一个环节，要想从根本上消除物流浪费，就要降低物料总成本。为了保证生产的连续性，企业通常都会

有一定的库存，但如何在不影响生产连续性的前提下有效控制物料，降低物料总成本呢？下面我们看如何用 ABC 法降低物料成本。

ABC 法对物料的划分标准见表 3-6。

表 3-6　ABC 法对物料的划分标准

类别	物料数量比例	物料价值比例
A 类	15%~20%	65%~80%
B 类	30%~40%	15%~20%
C 类	5%~15%	40%~50%

物料的 ABC 分类法的实施步骤见图 3-14。

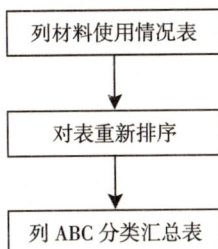

图 3-14　物料的 ABC 分类法的实施步骤

第一，将所有物料的全年使用量列成表格，物料的价值是年使用量与单价的乘积。按照价值大小对物料排序，价值越大的物料的序号越靠前。如表 3-7 的材料使用情况表（假设该企业的物料品种为 A1、A2、A3、A4）所示。

第二，按表 3-7 中的序号大小对材料重新排序，如表 3-8 所示。

表 3-7　材料使用情况

材料代码	单价（元）	年使用量（个）	年总费用（元）	序号
A1	0.06	500000	30000	3
A2	0.12	350000	42000	2
A3	0.07	7500	5250	4
A4	0.08	53500000	280000	1

表 3-8　重新排序

材料代码	单价（元）	年使用量（个）	年总费用（元）	序号
A4	0.08	53500000	280000	1
A2	0.12	350000	42000	2
A1	0.06	500000	30000	3
A3	0.07	7500	5250	4

第三，按照 ABC 法的划分标准整理上表，得到物料的 ABC 分类汇总表（如表 3-9 所示）。

表3-9　分类汇总

类别	材料代码	各类材比例	各类年费用总额	年费用比例
A 类				
B 类				
C 类				

下面我们要做的，就是对 ABC 材料汇总表中的三类材料进行分类管理，这样能够有选择性地对物料进行分类控制，实现有效降低物料成本的目的。

A 类物料虽然数量上只占总数量的 15%~20%，却占物料总价值的 60%~80%。因此，减少 A 类物料的浪费，就能去除物料的大部分浪费现象。为了创造更多的利润，企业在降低 A 类物料浪费的同时，也要勤进货、勤发料、了解物料的需求动向，同时与供应商保持密切联系，更好地发挥 A 类物料的价值，提高企业经济效益。

C 类物料的数量比例和价值比例和 A 类恰好相反：数量多，但占的资金数目较小。若采取和 A 类同样的成本管理方法，即使费很大精力也不会带来很好的经济效益。因此，企业不宜对 C 类物料投入太多的精力，这样才有更多的精力管理好 A 类产品。多年几乎不发生消耗的物料，不属于 C 类。对这些物料除由于特殊原因需要保存外，其余的都应进行清仓处理，避免因积压造成的库存成本浪费。

B 类物料的年使用数量和年价值介于 A 类和 C 类之间，对它的管理方法也介于这两者之间。

综上所述，采用 ABC 法控制材料成本，能抓住重点来实现物料成本的有力控制。只有这样，才能从全局上消除物流成本浪费，为企业带来更好的经济效益。

笔者箴言 物流是现代企业的重要组成部分，由于物流贯穿在企业管理的各个阶段，且占据了重要位置，所以在冗长的管理线必然存在诸多浪费。如何有效消除物流上的浪费已成为降低成本不可忽视的环节。

思考题：

1. 你对企业物流成本有哪些认识？

2. 消除物流成本主要有哪些方法？

四、识别真假效率

为了深入了解和消除浪费，我们在这节认识一下效率。

什么是生产效率？生产效率是指在一定时间内，经过培训后的员工按照规定作业的方法，将原材料利用机器、工具进行组合成为产品的效率。

生产效率是企业利润的生命线。提高生产效率对企业有很重要的意义。提高生产效率可以降低成本、提高产品质量，节约能源，鼓舞员工士气，同时还能增强企业竞争力。

我们看下面的生产效率计算公式：

$$生产效率 = \frac{单台标准生产工时 \times 产量}{实际工作时间 \times 人数} \times 100\%$$

从上面的公式可看出决定生产效率的因素有四个：产量、实际工作时间、单台标准生产工时和人数。

产量是指实物产品产出的数量，不包括损失的产量及报废品的数量；实际工作时间即考勤时间，包括了实际生产时间和停线等损失时间；单台标准生产工时对于生产效率的计算是有影响的，但影响很小，我们此处假设单台标准生产工时为常量，不作为变量考虑；人数即生产作业中的一线生产人员数量。

由于单台标准生产工时为常量，所以我们从公式中得到影响生产效率的因素有三个：产量、实际工作时间和人数。在实际工作中，其他不确定因素也会对生产效率产生影响。

下面具体来看影响生产效率的因素、表现、对策（见表3-10）。

表 3-10　影响生产效率的因素、表现和对策

因素	表现	对策
时间因素	（1）等材料停线； （2）换线损失，铺线损失； （3）设备故障等的停线（包括工治具不良影响速度）	主要是减少停线损失，具体做法为： （1）提前确认材料的供应情况，提前准备工具； （2）减少工作时间，缺料及时下班； （3）提高换线速度，减少清线、铺线； （4）做好机器、设备和工具保养，减少设备故障

续表

因素	表　现	对　策
产量因素	（1）原材料不良； （2）不良品返工； （3）产品报废（包括半成品）	主要是减少产量损失，具体做法为： （1）减少材料损耗，提前准备材料； （2）减少收尾造成的产量损失； （3）减少不良品——避免返工； （4）减少报废——避免重复生产
人员因素	（1）作业人员熟练度不够（新员工或者新岗位）； （2）员工士气低落，认知不足	主要是提高人员水平，具体做法为： （1）提高员工作业技能，要做到"一站三人会，一人会三站"； （2）关注员工作业情绪，提高员工思想认知，做到工作思想常交流，产线状况天天讲； （3）认真确实做好损失原因记录
其他因素	（1）制造工艺影响（包括工治具不合理）； （2）生产线不平衡的损失（流程不合理或减员影响）	（1）改善制造工艺，减少工艺损失； （2）工程主导； （3）提高生产线平衡度； （4）提高设备性能

在了解效率之后，我们来识别真假效率。我们先看一个关于生产效率的例子。

案例

市场 1 天需要 100 件产品，有三种生产方式：10 个人 1 天生产 100 件产品；10 个人 1 天生产 120 件产品；8 个人 1 天生产 100 件产品。

大家觉得哪种生产方式的效率最高？哪种生产方式是真效率？哪种是假效率？

很显然，第三种相比第一种生产方式节省了两个人员成本，效率较高。如果第二种和第三种相比，虽然比第三种多用了两个人，却多生产了 20 件产品，是不是效率就是最高的呢？不是，因为市场每天只需要 100 件产品，第二种生产方式多生产的 20 件产品对企业而言是人员成本和库存成本的双重增加。

认识真假效率时，我们要问"有帮助吗？有损害吗？"在考虑这两个问题时，一定要从市场需求（提高顾客满意度）和企业利润（提高企业效益）两方面出发，否则就有可能被假效率的表面现象所迷惑。

综合考虑之后，我们得出：效率最高的是第三种，它是真正的效率，而第二种生产方式没有考虑到市场需求，会造成成本的浪费，是假效率。

从上面的简单例子我们看到，假效率是用固定的人员生产出更多的产品，而真效率是用最少的人员生产出市场最需要的产品。效率的基础是能力提升，只有建立在市场有效需求的基础上，以"是否能为企业创造利润"为标准的效率，才能成为真效率。像上面的第二种生产方式那样，不考虑市场需求，只会减少企业效益，对库存和人员造成浪费，只是表面上的假效率。所以"省人化"——减少人员的浪费，是效率的关键。以下两种人员使用方式能有效减少人员的浪费。

（1）正式工 + 季节工 / 临时工（变动用工）。

（2）固定人员 + 公用人员（弹性作业人员）。

笔者箴言 效率的高低直接关乎企业利润的高低，同时也影响着成本支出的多寡。所以，能够正确辨别效率的真伪亦关乎成本管理的优劣。

思考题：

1. 生产效率公式是什么？

2. 看完这节后，你如何辨别真假效率？

五、消除浪费的 4M 方法

上面我们对企业常见的七种浪费现象有了比较全面的了解，但要消除浪费应该从哪里入手呢？下面我们来看消除浪费的 4M 方法。

什么是 4M？4M 是指 Man（人员）、Machine（设备）、Material（材料）、Methods（工艺）。在具体了解"4M"之前，我们先来看如何判断浪费。

判断作业是不是存在浪费的标准是看它能不能增加附加值，若不能，就是一种浪费。

我们以一个订单为例。拿到订单后，我们应该追问：这个作业是否必要？增加这个活动顾客会付多少钱？这项作业是否符合买方的需要？如果是，这项作业就有附加价值，就是必要的活动。

员工培训、团队建设、企业发展战略这些活动，虽然不能产生直接价值，但对企业未来发展有十分重要的作用，因此也是有意义的活动。

如果一项活动既不能带来直接附加价值，也不能为企业的长远发展带来好处，就是一种浪费，就要尽量避免（见图 3-15），下面我们就分别从这四个方面来看如何消除浪费。

图 3-15　无论金额大小，能改善的地方一定要改善

1. 从人员角度消除浪费

Man（人员）

我们先看企业如下五类人员浪费。

第一类——生产作业人员。他们是直接参与加工和作业的一线员工，为企业直接创造附加价值。但若生产作业人员多于生产所需，就会造成人员的浪费。

第二类——搬运人员。他们是从事搬运的人员。由于搬运过程不会产生任何附加价值，因此搬运是一种浪费，企业要尽量避免搬运浪费。

第三类——维修人员。他们从事企业设备的修理工作。我们都知道，产品是通过制造产生的，而不是通过修理产生的。因此，修理作业不会直接产生附加价值，应该尽量减少。

第四类——检查人员。检查并不能生产出产品，但由于企业对制造工艺和产品质量不放心，所以设立了检查岗位。检查工作本身并不能给企业创造附加价值，是一种无形浪费。

第五类——现场管理人员。班组长、科长、库管等这些现场管理人员在企业生产过程中并不直接参与现场一线操作。从精益生产角度看，现场管理人员也没有为企业创造直接价值，也是一种间接的浪费。

企业消除人员浪费现象，就要针对上述人员回答下面的问题：作业效率如何？员工有解决问题意识吗？是否适合于该工作？是否遵循标准？责任心怎样？还需要培训吗？有足够经验吗？有改进意识吗？人际关系怎样？身体健康吗？

为什么判断人员成本浪费时要考虑这些问题？

因为若员工没有经过标准化的培训，现场主管就要花费很长时间对其进行纠正，而他此前的工作也会因此而白费。若员工与他人的关系不好，就会影响工作效率，他遇到问题也就不会主动去请教其他同事，不借助其他资料，会浪费很多时间和精力。员工的身体不好，就会隔三岔五地请假，这样会使以前的工作不断重复，不但没有任何工作效率，还会白白浪费资源。

2. 从设备角度消除浪费

现场制造中主要有如下五类设备：

Machine（设备）

第一类——正在加工合格品的设备。这些设备是为企业创造直接价值的设备，是生产的必需品。

第二类——正在加工不良产品的设备。这些设备虽然在生产产品，但由于生产的产品不合格，是对生产资源的浪费。

第三类——空转设备。这些设备消耗了厂房和电费但不会创造出任何附加价值，是一种很明显的浪费。

第四类——报废设备。这些设备无法继续进行产品加工，它们的存在会占用企业的生产面积，给企业管理带来不必要的麻烦，是一种很大的浪费。

第五类——闲置设备。这些设备由于订单少没有处于运转状态，是对设备资源的极大浪费。

面对企业设备浪费，我们可以通过下面几个问题来进行检查设备能力足够吗？能按工艺要求加工吗？是否正确润滑了？是否经常出故障？工作准确度如何？噪声如何？设备布置正确吗？设备数量够吗？保养情况如何？运转是否正常？

3. 从物料角度消除浪费

Material（物料）

企业有如下三种物料：

第一种——生产必需物料。与客户需求量相符合的成品及生产所需的原材料、辅助材料、工装夹具等都属于这类物料。如果有一份 100 件的订单，生产的良品率为99%，那么生产所必需的原材料为 101 件。由此我们看出，生产必需材料不属于浪费。

第二种——过剩材料或成品。这种物料是指成品或超出订单所需的材料。如果有一份 1000 件的订单，良品率是 99%，企业有 1300 件原料，那么过剩材料就为 289 件（1300 - 1000 ÷ 0.99 = 289），这些原材料就是浪费。

第三种——废品或不良品。这些产品是由于作业或设备不符合生产要求而产生的。它们没有任何附加价值，只会增加企业成本，因此是一种浪费。

为了更好地判断上面三种物料是否属于浪费，我们可以考虑如下问题：数量是否足够或太多？加工过程正确吗？材料设计是否正确？质量标准合理吗？是否符合质量要求？有杂质吗？标牌是否正确？进货周期是否适当？材料浪费情况如何？材料运输有差错吗？

4. 从方法角度消除浪费

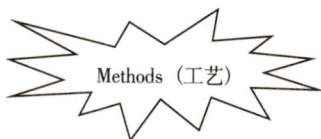

Methods（工艺）

任何方法都不是十全十美的，因此，企业在方法实施前一定要先检验该方法的正确性。因为错误的方法不但不会给企业创造附加价值，还会造成企业成本的增加。要检查一种方法是否正确，可以考虑如下几个问题：

作业方法、测量方法是否正确？作业有无标准化？作业动作是否合理、经济、省力、快速？检查方法、手段、模式是否合理？设备的转速、切削量等加工方法是否最佳？换模方法是否最优？管理方法是否恰当、合理？物料的摆放、存储方法是否合理？物流流向、传递方法、作业顺序是否合理？信息的沟通、传递方法是否最佳？培训教育方法与方式是否最有效？

通过"4M"方法，我们能够避免很多浪费。在消除浪费时，我们还应从总体上把握如下精神：

（1）舍弃做法上的固定观念。

（2）提出不能做的理由，还不如去思考做的方法。

（3）不可辩解，首先要否定现状。

（4）不要太要求完美，只要有50分就可以开始了。

（5）有错误就在当场立刻改正。

（6）改善不要多花金钱。

（7）没有遇到困难就不会产生智慧。

（8）问5次"为什么"后再考虑方法。

（9）一个人的灵感抵不过10个人的智慧。

（10）改善是永无止境的。

笔者箴言

不论是人员、设备，或是材料和生产工艺，都或多或少存在着浪费现象。只是有时，管理人员会忽略这些方面的浪费。所以，我们有必要通过"4M"方法改善甚至消除浪费。

思考题：

1. 什么是消除浪费的"4M"方法？

2. 你的企业在消除浪费的四个方面哪方面最薄弱？

六、消除生产成本浪费的手法

企业只有不断降低成本才能永续生存，但在降低成本的过程中，很多企业会出现半途而废，或者员工不配合的状况，导致企业降低成本事倍功半。为了有效降低成本，企业在降低成本过程中，一定要将副作用降到最小。企业降低成本浪费的工具有很多，如目视管理、提案管理、价值分析等。制造业最主要的运作行为就是生产，它几乎涵盖了工厂工作的所有方面，由于比重大，因此浪费也比较多。下面我们就为企业提供一些实际的做法，希望能帮助企业解决在成本控制上的困扰。

手法一：用颜色管理快速识别材料。

工厂常常有很多外观比较相似的材料，若用肉眼判断，常常会浪费很多时间，而且还会出错。如何才能解决这个问题呢？

颜色管理可以帮助我们。例如在几种相似的钢材上涂上不同的颜色，我们就能通过颜色来识别不同的钢材。

手法二：消除自动化带来的困扰。

企业为降低成本常常会选择自动化生产。自动化虽然能提高生产效率，但也有缺点。我们常常会发现已经生产好的大堆产品存在瑕疵。这是很大的浪费，如何解决这个问题呢？

首先，我们可以检查首件产品，一旦发现首件产品不符合要求，就马上停机检查设备。其次，可在设备上装上自动检测装置，生产过程中，一旦有任何产品不符合要求，机器便会自动停止生产。

手法三：有效利用厂房。

很多企业常抱怨自己的厂房空间不够，其实他们将有限的空间用来存储空气了，没有有效利用空间。厂房有六度空间可以使用：天花板下面、屋顶上面、天花板下与屋顶上面之间、伸手可及的地方、地面、地底下。那些没有有效利用这些空间的企业，不是"捧着金饭碗喊穷"吗？

手法四：准时开工。

"时间就是金钱，效率就是生命"，但企业在生产过程中，却常会延误时间，不能准时开工。在工厂中，虽然 8 点上班，但常常会有人 8 点 10 分才正式开始工作。虽然只有 10 分钟，却会给企业造成很大的损失。假如这家工厂有 200 人，这相当于损耗了 2000 分钟，每天的工作时间按 8 小时算，相当于企业每天多付了 4.17 个人的工资。

企业要杜绝无形之中的时间浪费，可采用事前派工的方法，具体就是在工厂设置一个派工看板，每天负责安排每位员工第二天要执行的工作，将需要的材料、工具放到指定的位置。员工第二天上班，只要根据看板上的指示去做，就可以节约很多热身运动时间。

手法五：弹性订单。

很多厂家都希望订单符合"三同"原则，即合乎订单数量，据此订单而采购原材料数量，同时生产出与订单要求相同的产品数量。假如我们接了 1000 个 A 产品订单，为此只购买 1000 份原材料，也只生产出 1000 份 A 产品。

但是在目前条件下，一般工厂没有实现订单"三同"原则的信心。万一少了几个产品怎么办？这时工厂就会选择用追加采购的方式来弥补短缺量，但为了再次订购和生产，企业会投入很大的成本。如果多出几个产品怎么处理？这时企业就会将其放进仓库，等待下一次订单来解决这些过剩产品。但若这些产品的订单迟迟不来，或它们是特殊产品，这些产品就将变成呆滞品。

企业采用弹性订单可以解决上面的问题。弹性订单是指和客户谈订单时，要求对方适当放宽订购量。比如，订单是 1000 个，我们可以在谈订单时请求客户放宽 1% 的订购量，这样订购产品量就在 990~1010 个，这样企业的损失就能降到最低。

手法六：保证生产线劳逸均衡。

在工厂中，经常会发现同一条生产线上有的工人很忙碌，而有的工人却很悠闲的现象。他们二者谁的工作效率高？这很难说。由于工作安排不均，有些人执行工作的时间比较长，有的比较短，于是出现了同一条生产线上劳逸不均的现象。

生产线上劳逸不均现象会影响到企业成本。如何才能知道企业生产线安排是否平衡呢？我们可以用"平衡闲置率"来判断。平衡闲置率大于15%时就表明生产线安排不均匀，需要改进。

手法七：余力管理削减等待浪费。

除了工作安排会出现不平衡现象外，其他独立的工作也会出现人机不平衡现象。由于这种不平衡的时间十分短暂，作业人员一般都采取等待的方式应对这种不平衡。等待是一种慢性自杀，会提高企业的整体成本。

如何减小这种等待造成的成本损失呢？我们可以借助余力管理来解决。余力管理就是对剩余时间进行充分管理安排，让空闲时间降到最低。我们举例看工厂应如何进行余力管理。

案例

在冲床的标准加工动作过程中，作业人员和冲床之间有一段时间在相互等待对方。由于这种等待十分短暂，再加上不可避免，很多人都不会在意这种等待。但这种等待在每天工作中都在循环，因此累积起来将会是很大的损失。面对这种状况，企业可借用余力管理来降低企业成本。

为确保产品质量，企业通常在生产完毕后，安排产品检验活动。如果企业将其中部分产品的检验工作，交给冲床的作业人员利用冲床加工的等待空当完成，不但能减少产品检验人员的工作，还能减少冲床作业人员等待造成的时间浪费，可谓一举两得。

笔者箴言 ▷ 降低生产成本是企业的重要目标，也是企业得以永续发展的必要保障，所以借鉴一定的削减成本方法是必然的。

思考题：

1. 降低生产成本浪费的手法有哪些？

2. 你认为哪种手法最值得你借鉴？

篇后小结

<table>
<tr><td rowspan="6">第三章</td><td>认识增值与浪费</td><td>增值可以为企业带来利益，而浪费恰恰相反，所以，管理者在实施成本降低的过程中，必须正确区别增值与浪费两种类型的本质</td></tr>
<tr><td>企业常见的七种浪费</td><td>不管浪费的种类有多少，企业在生产过程中都会或多或少占据其中一种，甚至多种；不管企业中有几种浪费类型，关键在于管理者看在眼里、记在心里，并积极采取对策消除该浪费</td></tr>
<tr><td>消除物流浪费</td><td>企业发展中离不开物流，但是物流操作不当就会给企业增加成本支出，所以，如何有效控制物流浪费也就成为成本管理中不可或缺的部分</td></tr>
<tr><td>识别真假效率</td><td>效率的真伪直接影响成本削减实施的好坏，作为管理者必须能够在第一时间判断出真假效率，否则，只能增加成本支出</td></tr>
<tr><td>消除浪费的 4M 方法</td><td>4M 方法主要是从人员、设备、物料和工艺四个方面入手削减成本，但是各企业所属情况不同，削减成本的方法也应根据具体情况而定</td></tr>
<tr><td>消除生产成本浪费的手法</td><td>对于生产中的成本浪费管理，需要管理从细处理，不能忽视任何浪费的细节；只有这样，才能将生产中存在的浪费彻底消除，否则，很难消除生产成本浪费给企业带来的不良影响</td></tr>
</table>

第二篇　　步步追踪

第四章 日常管理成本的控制与削减

本章提要：

▶ 日常管理中的"跑、冒、滴、漏"

▶ 改变企业日常管理陋习

▶ 高效时间与低效时间

▶ 重视制度成本

▶ 消除日常成本管理中的"三座冰山"

一、日常管理中的"跑、冒、滴、漏"

成本有三个最亲密的盟友：形象、理由、金额。企业在降低成本时，常常会遇到如下三种回答：

经典的回答："这样会影响公司的形象！"

疑惑的回答："这样控制成本没有理由！"

豪气的回答："这么一点小钱也这么抠！"

第一种回答会以影响公司的形象为借口竭力阻挠降低成本，杀伤力很大。

第二种回答会以找不到合适的理由为借口让你打消降低成本的念头。

第三种回答会以支出太小为挡箭牌让降低成本者无功而返。

要降低成本就要首先消灭成本的盟友，只有消灭了这三大敌人才能真正降低成本。要降低成本，就要认识并消除日常成本管理中的"跑、冒、滴、漏"现象。

"跑、冒、滴、漏"本是化工原料中的现象，巧借该现象，我们发现企业管理中"跑、冒、滴、漏"现象也常常发生。

跑：原指化工原料、中间品和成品液体或气体从容器里流出来。企业管理中的"跑"是指由于管理不到位，有的人不按管理制度要求办事，不按规范程序操作，有的人甚至故意破坏制度，"跑"出了制度控制范围。

冒：原指液体从容器里冒出来。企业日常管理中的"冒"是指企业管理人员没有及时随人员、环境的变化而变化，导致该严格的未严格，该调整的没调整，管理过头或者管得过严。

滴：原指化工生产中管道与容器之间、管道与管道、管道与阀门之间密闭性不好，出现"滴"的现象。在企业管理中是指由于执行力不佳，部门与部门之间或前后工序之间，相互推诿、责任不明、控制不佳、奖罚不明的现象。

漏：原指由于容器密闭性差或开关处没有关好，导致液体或气体从缝隙流出的现象。在企业管理中，由于管理制度不健全，存在管理盲点和漏洞，导致有些事没有人管，有些事没有人去做，最后体系中个别内容无人操作、实施，也没有人去检查监督，企业活动出现了漏洞。

化工原料中的"跑、冒、滴、漏"现象的解决措施是反复检查、逐步完善、坚持改正。同样，企业日常成本管理中要消除"跑、冒、滴、漏"现象，就要做到查、记、改、勤，如图4-1所示。

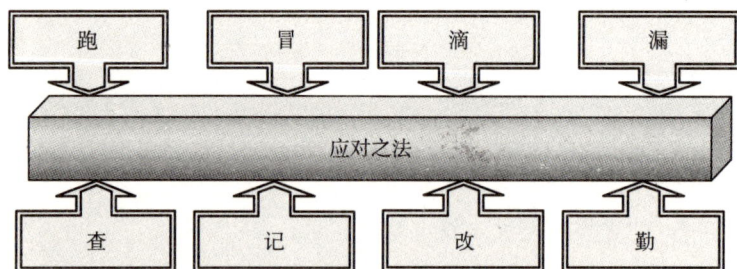

图 4-1 消除"跑、冒、滴、漏"的应对之法

1. "查"——重视检查

具体做法是对照管理制度和企业文件，进行自我检查和相互检查，发现问题时既可以警示别人又可以提高自己。

2. "记"——查了要记

只检查但没有记下来，分析原因时就找不到原始记录材料，无根无据。在必要时对记录进行通告和总结，让全体员工都来关注检查结果，这样人人都会重新审视自身的工作，查漏补缺。

3. "改"——记了要改

持续改进是企业管理进步的灵魂。企业面对形形色色的"跑、冒、滴、漏"问题，不能视而不见，一定要积极地去改正，这样才能激浊扬清。

4. "勤"——全程勤快

企业生产经营中出了偏差是正常的事，只要及时检查，勤记勤改，步步为营，就能步步到位。面对"跑"出制度之外的行为，要匡正扶之；面对"冒"出来的新变化，要及时判断，进行疏导控制，堵住漏洞；面对企业执行力欠佳导致的"滴"现象，要时时防范；面对"漏"，企业要时时检查，及时修补。这样就能有效防范企业日常管理中的"跑、冒、滴、漏"现象，使企业成本的控制和削减得到有力保障，确保企业稳步发展。

> **笔者箴言**　企业中"跑、冒、滴、漏"如果不加以防范及改善，势必影响企业成本控制和削减。所以，管理者必须采取有效措施予以应对。

思考题：

1. 什么是"跑、冒、滴、漏"？

2. 如何消除"跑、冒、滴、漏"现象？

二、改变企业日常管理陋习

节俭是企业赢得利润的源泉。"涓涓细流，汇成江河"，如果企业不重视日常管理中的陋习，就会因小失大，给企业造成巨大损失。通过下面这则小故事，我们就能看出日常陋习带来的严重后果。

案例

有一个富家公子非常喜欢吃饺子，他每天都吃。他比较挑，只吃饺子馅，为了不被人发现，他把两头的皮尖扔到屋子后面的小河里。

"月有阴晴圆缺，人有旦夕祸福"，他十六岁时的某一天，一场大火将他家的大宅化为灰烬，父母由于过度悲痛相继病逝。他从此身无分文，但由于爱面子，又不好意思去要饭。好心的邻居大婶每天都会给他一碗面糊糊喝。他从此发奋苦读，心里暗自发誓：三年后考取官位，定要好好感谢邻居大婶。功夫不负有心人，他终于高中了。

当他去感谢大婶的时候，大婶很平静地对他说："你不用感谢我，我其实也没有给你什么。每天给你喝的面糊糊，其实是你之前丢掉的饺子皮尖。我在小河边将你丢弃的饺子皮尖收集好晒干后装了十几麻袋，本打算以备不时之需，正好你当时需要，我就还给你了。"

他沉默不语，思考了很久很久……

在大婶没说出真相之前，估计没有人相信他几年来用来维持生计的面糊糊是之前的饺子皮尖，可就是这些他之前丢弃的东西，成了他最艰难时的"救命稻草"。在企业的日常成本管理中，成千上万看起来不起眼的小细节，汇集起来就会对企业发展产生不可估量的作用。因此，企业的开源节流要从点滴做起。

案例

日本某一机器制造厂的老板发现生产车间在生产过程中存在这样的浪费现象：装配工人不爱惜一些剩余的小零件，总是将其随手丢弃，尽管多次提醒，但他们依然如故。

老板终于想到一个教育员工的好办法。

有一天，老板来到工厂装配区厂房中间，突然向空中抛撒了一筒硬币，接着一言不发地回到自己的办公室。工人们看到这种情形，感到不可思议，一边捡起撒落在各个角落的硬币，一边小声对老板的古怪行为议论纷纷。

次日，老板将配套工人召集起来开会，他说："当你们看到我将硬币撒得到处都是时，虽然感觉很奇怪，还是一一捡起，因为你们认为这是一种浪费。但平时生产过程中，你们却对丢弃在地上的螺栓、螺帽等零件熟视无睹，从来不捡起来。大家有没有想过，其实在企业成本费用不断增加的今天，硬币是越来越不值钱了，而常常被我们忽视的零件却越来越值钱了。"

　　老板入情入理的话，让大家恍然大悟。至此之后，装配车间丢弃零件的现象就销声匿迹了。

　　改变企业日常管理的陋习，会给企业节约很多成本，对企业发展产生不可估量的作用。可企业很多员工认为，节约日常成本和自己没有太大的关系，那是大家的事。其实，节约日常管理成本，节约在点滴之间，利润在毫厘之中，日积月累的点滴节约就能创造大利润。我们一起来看如何改变企业日常管理陋习。

　　1. 珍惜每张办公用纸

　　复印和打印纸是企业必不可少的，其费用也是一笔不小的开支，因此企业要减少用纸量，提高办公纸的使用率。企业可以将办公纸的使用制度化，比如每张纸必须双面使用，停止不必要的打印，在打印之前将打印文字的格式字号进行适当调整以节约纸张，卖掉废弃纸张等。

　　2. 审查报销单

　　企业对员工出差、采购人员订购材料、办公用品购买等活动的报销单要进行严格审查，这样才能让企业花出去的每一分钱都明明白白。这种阳光财政，能有效堵住各种报销单的"黑洞"，让企业花出去的每分钱都为企业带来实实在在的利润。

　　3. 节约企业的每一度电

　　我国已经进入了资源短缺时代，节约一度电，就为企业节约了一份成本。企业通过采用高效节能的新电动机或改善电动机的运行方式等方式实施电动机节电；通过使用钠灯等高效光源、推广节电开关、养成顺手关灯的习惯等方式节约照明用电；通过调整电脑运行速度和显示器亮度、选择合适的电脑配置和外接设备、设置电脑省电模式等方式实行电脑节电措施等。

　　4. 节约水资源

　　企业是水资源的最大用户，也是水资源的浪费大户。据调查，我国很多企业浪费水的生产方式和工作方式普遍存在，水资源利用率不到发达国家企业的50%。"勿以恶小而为之，勿以善小而不为"，企业可采取低流量水龙头、加装阻止水滴漏的有弹性的装置等措施节约企业水资源。

除了上面四点内容外，关于改变企业日常管理陋习的措施还有很多。在具体实施过程中企业要对日常成本进行制度化管理，将节约意识渗透到日常管理的每个细节。古语说："聚沙成塔，集腋成裘。"当一个企业中人人都有了节约的意识，自然会使成本大大降低，节约的成本就会成为企业发展的有力支柱。

笔者箴言　管理中的陋习往往被管理者忽视，恰恰是这些不足挂齿的不良习惯及行为，在某些时刻颠覆了企业的正常发展。所以我们必须摒弃管理中的陋习，为成本管理奠定坚实基础。

思考题：

1. 企业管理陋习有哪些危害？

2. 如何改变企业管理陋习？

三、高效时间与低效时间

时间是所有工作的载体，任何工作都会耗费时间。"一日无二晨，时间不重临"，企业只有学会区分高效时间和低效时间，才能创造出更多的利润。

企业的有效时间越少，得到的财富越少。班组长在考虑时间问题时，有没有想过：车间工人工作的有效时间是多少？开几个小时的会议，有必要吗？

到底什么是高效时间和低效时间？用于增加利润的工作时间是高效时间，按程序要求忙碌生产却不产生利润的时间是低效时间。

企业做的事情无非有三类：

第一类，能带来利润或者削减成本的事。

第二类，使现有系统保持正常运转的事。

第三类，对利润毫无帮助，但也需要完成的事。

这三类中，只有第一类是高效时间，第二类和第三类是不可避免的低效时间，其余的都是时间的浪费。企业管理过程中必须坚决杜绝那些极为浪费时间的会议、表格和根本不产生利润的其他活动，而这些活动很多仅仅出自于习惯，源于缺乏严格的时间管理。企业只有管理好时间，才能减少不必要的时间浪费，缩短低效时间，才有更多的时间去做能给企业带来利润或削减成本的事，这样总时间中高效时间占的比重自然就提高了。这时企业生产经营活动的效率就会大大提高，从而创造更多的经济效益。

企业要减少不必要的时间浪费，首先要从改革会议制度，有效利用会议时间开始。开会是企业必不可少的一项活动。开会的目的是为了解决存在的问题，但会议也占用了工作时间、耗费了企业资源、增加了企业的开支。特别是耗时多、效率低的会议，是一种巨大浪费。因此，企业要改革会议制度，开会之前一定要列出会议成本清单和要解决的问题。要开短而有效的会议，每次会议力争在30分钟内开完。开会主要是用来解决问题，决定下一步怎么做，而不是单纯地为了集体讨论。

开会前要准确估算会议经费开支。会议开支分为固定开支、可变开支和应急开支三项。会议的固定开支大约占会议总费用的35%。会议的可变开支是与参会人员人数相关的费用开支，是会议预算的又一重要开支。由于参会人员的多少对每一项可变支出都有增加或减少的作用，因此开会前一定要准确估计参会人员的人数。会议应急开支是会议中的一些意外情况所花费的费用，通常占会议可变开支的10%。

除了预算会议经费外，会议期间还应尽可能地节约会议时间，提高会议效率，因为无效会议和低效会议都是对企业时间的最大浪费。企业会议时间浪费的原因很多，主要有以下几点：

①无目的的座谈会。这种会议虽然花费了大量时间，但实质上和聊天没有什么两样，不能解决企业中的实质问题。

②因为平时惯例而开会。这种会议即通常所说的"例会"，是为开会而开会，开会时间长短和会议效率没有关系。

③"东施效颦"式的会议。很多部门因为"其他部门每周就举行一两次会议，我们部门怎么能不跟进"的心理而开会，这种会议是由于部门之间相互比较而开的会议，而不是根据自身存在的问题而开的会议。

上面几种原因造成了企业时间的严重浪费。因此，企业要不断节约会议时间，提高会议效率，开会要对症下药，可开可不开的会议尽量不开，开会前确定开会的主题和目的，并限定开会时间。

企业要减少不必要的时间浪费，还应在日常管理中对员工实行考勤制度。这样可以有效避免迟到造成的时间浪费，同时对员工在生产线上的非生产时间进行合理安排，使一切可以利用的时间都发挥它的最大价值。

时间是不可再生资源，日常管理中有效地利用时间，企业就能拥有更多的高效时间，创造出更多的利润。

笔者箴言 　时间的浪费就是在增加成本，只有把握好高效时间，才能为企业创造利润，减少成本支出。

思考题：

1. 你的企业员工是否有时间意识？
2. 如何区分高效时间和低效时间？

四、重视制度成本

企业制度会影响企业发展全局。科学的制度能用最小的投入获得最大的产出，而不切实际的制度会给企业造成无法弥补的损失。只有在大事上不糊涂，才能"运筹帷幄，决胜千里"。可遗憾的是，很多人没有意识到这一点。

大事情别糊涂！

人们在购买房子时，极度关注的是房间的朝向、门窗是否完好、墙壁粉刷质量好坏等问题，却将房屋的使用面积和建筑面积的比例这些最重要的问题忽略了。

企业在减少成本时也会出现这样的问题。企业日常成本管理中只关注资金支出的细节问题，但在制定制度这些大事上却往往把不好关。由于不重视制度成本，企业不合理制度成本居高不下，增加了企业的总体成本。

"无规矩不成方圆"，任何企业都要有科学的管理制度才能维持正常运转。制度在企业日常成本管理中有十分重要的作用。

好的管理制度能提高企业运作效率、有效控制成本，但是不是制度越多越好呢？当然不是，制度是由成本包裹起来的，制度越多，成本就越多。制度的制定、执行、检查都要付出相应的成本。制度是水，企业就是船，制度能使企业成功也能使企业翻船。一个企业失败的原因，或许是日常成本管理制度不够健全，也可能是制度太多。为了让企业屹立不败，就要关注制度成本。

在推行制度前，管理者要知道哪些制度是不合理的制度。不合理的制度有下面四个特点：

（1）员工虽然知道制度的具体内容，但在实际生产活动中从不按照制度办事，因为大家都知道经验比制度规定更有效。

（2）制度虽然比经验有效，但由于种种原因，执行的难度过大。

（3）制度虽然有借鉴意义，但由于执行流程不合理或关键流程模糊，没有办法实现。

（4）形同虚设、没有任何价值的制度。这些制度因为和实际相差很远，执行部门只是简单传达，有的甚至不传达。

一项制度，上面的特点只要具备其一，就是不合理的制度。这样的制度只是一个摆设，对企业管理没有任何意义，必须废除。

"请神容易送神难"，企业在决定制定某项制度前，不但要考虑制度建立的成本，还要考虑制度从建立到最终贯彻实施的成本。因为制度在从开始建立到完全发挥作用，需要一段较长的时间，在这段时间里，制度的推行还会产生新的成本。有时，由于制度成本太高，再好的制度最终也无法落实。

任何制度的建立或废除，都涉及管理格局的重新调整，利益受到损害的一方必定会阻挠制度的推行，这增加了制度的隐性成本。企业的管理者要做的就是，如何用最小的制度成本成功推行一项新制度。

笔者箴言　　合理的制度不但可以推动管理有效性，而且可以降低管理成本。所以，一家企业运作是否正常，与其制度的科学性及合理性密不可分。

思考题：

1. 不合理制度有什么特点？

2. 你意识到你们企业存在的不合理制度了吗？

五、消除日常成本管理中的"三座冰山"

不良产品、坏账、库存过量是企业成本管理中的"三座冰山"。

不良产品是巨大浪费，它抵消了企业的部分利润，损害了企业的品牌形象。企业若不及时终止不良产品的生产，不仅会浪费企业资金，还会增加企业的机会成本。坏账是销售中的最大浪费，有的坏账甚至会给企业造成致命打击，因此企业要缩短货款回收期限，防止出现坏账。库存过量是最容易被忽略的"冰山"，它会占用企业大量资金、无效搬运等浪费，消融这座冰山会为企业带来很大的利润空间。

下面我们来具体了解这"三座冰山"。

第一座"冰山"——不良产品。

不良产品对企业产生的不利影响有：增加产品成本、造成物料损失、降低生产效率、交货延迟等。由于不合格产品承担了不良产品的损失，企业的产品成本就增加了；生产不良产品的物料没有发挥其本身的价值，造成了物料损失；不良产品会降低生产效率，延迟交货日期；由于不良产品的返工，还会造成人工损失。

产品不良率越高，企业的制造成本就越高。要减少企业不良产品，就要降低产品不良率或终止不良产品的生产。

企业消除不良产品的方法有：

（1）合理安排生产制造流程，通过改善制造工艺降低不合理工艺造成的不良产品率。

（2）对生产作业人员进行专业化培训，提高员工技术水平。

（3）建立完善的机器保养制度，防止由于机器故障产生不良产品。

通过以上三种管理方法能大大降低不良产品率，有效降低生产材料、人力、时间等成本损失。如果某种不良产品使企业发生亏损，最好的解决办法就是舍弃这一产品，终止其生产。

第二座"冰山"——坏账。

坏账是销售部门最担心的事。一笔坏账就有可能将企业数月或一年的利润吞噬，严重的会危及企业生存。一般情况下，企业的信用政策过宽会造成大量的长期应收账款，最终产生坏账。

假如一家公司利润率为 10%，发生 100 万元的坏账，企业要将坏账的损失弥补回来，就必须额外销售 1000 万元的产品并且不出任何差错，这无形中增加了企业经营的难度。可见坏账会给企业造成很大的危害，直接损失的是企业利润，坏账还会给企业带来很多间接损失，例如企业股价下跌、企业内部财务困难、企业机会成本的损失等。

防止坏账发生有两种方法：一种是加强信用调查；另一种是客户 ABC 分析。

第三座"冰山"——过量库存。

库存虽然是企业生产必需的，但库存不是越多越好。过量库存会占用大量存储空间、占用资金、导致生产周转过慢，同时还会养成管理上的惰性。因此我们在日常管理中要防止库存过量现象的出现。

案例

某一企业平均库存为 5000 万元，如果降低 10%，库存为 4500 万元，即降低了 500 万元。企业将 500 万元用来偿还银行贷款，若当时利率为 15%，企业一年内就可以少支付 75 万元的利息，而这 75 万元，也就无形中成为企业的利润。

这仅仅是降低库存给企业带来的看得见的利益，降低成本还会给企业带来更多隐性的利润。在库存成本的控制与削减一章，我们将具体讲述如何降低库存成本。

上面我们从消除不良产品、消除坏账、削减库存三方面来讲述了消除企业管理"三座冰山"的方法。企业只有在日常管理中同时兼顾这三方面，才能提高管理效率，将"三座冰山"全部消融，为企业创造更多的财富和价值。

笔者箴言　成本管理困难的时候，都与坏账、库存积压以及次品等沾边，不是占据其一，就是三者兼具。因而，做好成本管理的前提就是消除这"三座冰山"。

思考题：

1. 日常成本管理中的"三座冰山"指的是什么？

2. 你认为这"三座冰山"中哪个对企业危害最大？如何消除？

第五章　物料成本的控制与削减

本章提要：

▶ 认识物料成本

▶ 确定物料消耗定额

▶ 控制物料库存

▶ 发放物料及管理副料

▶ 防止出现缺料、断料

▶ 重视废料的利用

▶ 掌握物料管理的 5R 原则

一、认识物料成本

企业的物料成本就像是海绵里的水，只要你挤，总可以挤掉一些。如果你对物料成本置之不理，它就会像海绵吸水一样吞噬大量的资金，使企业的总成本越来越高（见图 5-1）。

物料成本是总成本的重要组成部分。在企业的成本中，物料成本占到了50%左右，可见，降低物料成本是降低生产成本最有效的途径。

物料是产品生产的第一道门槛，很多工厂常因为断料而改变生产计划；因为缺料而延迟出货期；因为积压货物而浪费成本；因为物料质量不合格而失去客户。可见物料在生产中起着举足轻重的作用，它不仅牵动着生产，而且影响着企业的运营。

降低物料成本是降低企业成本、增加利润的必要环节。但是，很多企业干部

图 5-1　物料成本

虽然知道要控制成本，却在降低物料成本的过程中盲目行动，最突出的问题是不知道生产中的物料具体是什么。

试问，做一碗面条需要什么？很多人会回答面粉、油、盐、调料。确实，这些是制作面条的原材料，但是面粉、调料是制作面条的材料，难道燃料、水、锅就不是制作一碗面条的材料吗？当然是，因为这些材料也是为做面条服务的。

这与大多数人对物料的认识类似，他们认为生产中的物料只是原材料，其实不然，这仅仅是对物料的狭义解释。物料还有一个广义的解释，即与生产相关的一切材料，如原材料、辅助用品、燃料、零部件、半成品、生产过程中产生的边角料、废料等，都称为物料。

物料是我国生产领域中的一个专门概念，也有其专门的分类。企业为了对物料进行有效的管理，习惯将其分为以下几类：

（1）按成本管制分类——直接材料和间接材料。直接材料是指在生产过程中直接用于产品制造的原材料或各种辅助材料；间接材料是指间接为产品生产服务的材料。

（2）按功能分类——主要材料和辅助材料。主要材料是指构成产品实体主要部分的材料；辅助材料是指配合主要材料进行产品加工的附属材料。

（3）按准备方法分类——常备材料和非常备材料。常备材料是指经常使用，需要定期购买来供应生产需要的材料，这种材料应设定合理存量来加以管理；非常备材料是指不易估计用量，不能事先购买存备，只能视使用情况来随时决定购买的材料。

（4）按形态分类——素材和成型材。

（5）按物料的自然属性分类——金属材料、非金属材料和机电产品。

（6）按调度方法分类——公司外部调度的第一次材料和公司内部调度的第二次材料。

（7）按使用范围分类——生产产品用料、基本建设用料、经营维修用料、科研试制用料、技术措施用料、工艺装备和非标准设备用料。

清楚地认识物料，确切地了解物料的分类一定会让降低物料成本变得更简单。

笔者箴言　　物料是生产的必备要素，占据总成本的比例也非常大。所以，物料成本的控制是降低成本管理中非常重要的环节。

思考题：

1. 生产中的物料具体指哪些？

2. 物料可以分为哪几类呢？

二、确定物料消耗定额

物料成本是企业流动资金的主要部分，同时也是产品成本的主要部分，对物料成本做好严密的控制，能够在很大程度上使总成本得到控制。在生产中都会伴随着一定的物料消耗，那么减少物料的消耗必然会降低产品的生产成本，而物料消耗量的多少，是节约还是浪费，在很大程度上取决于物料消耗定额。

可见，确定好物料消耗定额是物料消耗管理最主要的方法，是控制成本最直接、最有效的途径。

1. 认识物料消耗定额

物料消耗定额是指生产单位合格产品或完成单位工作量所要消耗的一定品种规格的物料、配件、半成品等的数量标准。

物料消耗定额的确定分为主要原材料消耗定额的确定、辅助材料消耗定额的确定、电力消耗定额的确定、零件材料以及其他各类用途材料消耗定额的确定。

下面就一一介绍这几种主要物料消耗定额的确定。

（1）主要原材料消耗定额的确定。主要原材料消耗有三大部分，即有效的消耗、工艺性损耗、非工艺性损耗。

其中，有效的消耗和工艺性损耗都属于物料消耗定额，而非工艺性损耗，一般都不属于物料消耗定额，这是因为有些损耗与生产损耗没有直接的关系，仅仅是为了提高物料管理水平，但对非工艺性损耗却不加考虑。说到这你肯定会问：既然这样，为什么还要将非工艺性损耗算在物料消耗内呢？

看了下面的公式你就明白了：

物料供应定额 = (1 + 非工艺性损耗系数) × 物料消耗定额

原来在生产中，非工艺性损耗是不可避免的情况，而为了将这部分物料的消耗补上，就要在物料消耗定额的基础上，加入一定比例的损耗量，才能组成物料供应定额。物料供应定额是企业向厂外有关部门进行采购的依据，物料消耗定额则是企业内部物料管理部门向车间发料和核算的依据。

（2）辅助材料定额的确定。由于辅助材料种类多，用途比较广，所以它不像主要原材料消耗定额一样能用简单的计算法来确定，而是采用间接的方法，主要有以下几种：

①按照产品面积或重量来确定。这种确定方法适用于油漆、电镀等生产工艺中的辅助材料。

②按单位产品来确定。这种制定方法适用于产品消耗量与产量成比例的辅助材料。

③按设备开动时间来确定。这种制定方法适用于消耗数量与设备开动时间成比例的辅助材料，如磨料、润滑油、冷却液等。

④按工种来确定。如按工种发放的劳动保护用品（工作服、手套等）。

⑤按主要原材料消耗定额的比例来确定。这种确定方法适用于与主要原材料成比例的辅助材料。

（3）电力消耗定额的确定。即根据电力在企业生产中的作用来确定的，它的制定可以根据电动机的电力、机械设备的用电量来确定电力消耗定额。

其他用途材料的消耗定额可用类似的方法进行确定，如工具消耗定额就可根据工具的使用期限和使用寿命来确定。

2. 物料消耗定额的确定方法

通常情况下，确定物料消耗定额的方法有以下 4 种：

（1）技术法。即根据对设计图纸、生产工艺等各种相关技术资料的研究和分析，来确定物料消耗定额的一种方法。此方法技术性强，计算比较精确，适用于产量大、技术资料齐全的产品生产，同时，它的使用范围也在不断地扩大。

（2）实验法。即运用专业的仪器、设备，通过实验的方法来确定物料消耗定额。此方法能更详细地分析出影响物料消耗的因素，从而得到更加准确的数据，适用于能在实验室条件下进行测定的产品物料消耗。

（3）统计法。即根据某一产品在以往生产过程中的统计数据来分析确定出该产品物料消耗定额的方法。如以过去的物料消耗统计资料、产品图纸、仓库发料记录等为依据。

计算公式为：

$$每个产品的平均物料消耗量 = \frac{一定时期内该产品总的物料消耗量}{该时期内此产品的产量}$$

（4）经验法。即将生产工人、技术人员、实行干部的生产实践经验，与同类产品的物料消耗定额结合起来确定物料消耗定额的方法。

3. 物料消耗定额的实施

在制定好物料消耗定额的基础上，要使其能够更有效地实施，就要从以下几个方面进行管理：

（1）既然制定了物料消耗定额，就要按照规定发放物料，不能私自改变发料数量。如果有特殊情况，一定要经过领导的批准。

（2）管理需要制度，物料消耗定额的管理同样需要规章制度。要给物料消耗定额的管理制定一套严格的制度，以确保能制定出更有效的物料消耗定额。

（3）根据制定好的物料需要量，及时组织物料供应，这样既能保证生产顺利进行又能防止物料闲置积压。

（4）定期考核物料消耗定额的执行情况，掌握生产的进度。

（5）根据制定出来的消耗定额编制一套成本计划，严格按照这套成本计划来控制各生产部门下达的月、季、年物料成本指标。

（6）管理人员要让物料消耗量尽可能地接近规定标准。

（7）管理人员要把物料消耗实际情况与定额计划进行对比分析，找出问题，并报送上级部门，以求尽快解决。

4. 制定物料消耗定额计划应注意的问题

制定物料消耗定额计划时，一般有三个需要注意的问题：

（1）计划的制定要按程序进行审核，确保不出现任何漏洞；

（2）制定计划切忌急躁冒进，否则欲速而不达，要实事求是，一步一步有规律地进行；

（3）要认真考虑各种问题，尤其要注意细节，把计划做得详细周密。

合理的物料消耗定额不仅是确定物料供需量的基础，而且还能使企业更加有效合理地使用和节约物料，降低物料成本。

笔者箴言 ➤ 对控制物料成本而言，确定物料消耗定额是第一件应做好的工作。否则，物料成本控制亦无从谈起。

思考题：

1. 你的企业制定物料消耗定额了吗？

2. 如何制定物料消耗定额？

三、控制物料库存

生产活动在不间断地进行着，物料也在不间断地消耗着，但是，物料的采购却不可能每天都进行，而是需要对其进行一定的储备，即物料库存。如果企业在配合生产进度，满足企业的各类生产需要的前提下对物料库存成本进行有效控制，就能降低企业成本，实现企业内部生产作业要求的最优供应量。

1. 控制物料库存的原因

库存中经常使用的物料、需求计划之内的物料、多种产品生产都会用到的物料等都需要进行物料库存控制。企业进行库存物料控制的原因如表 5-1 所示。

2. 控制物料库存的方法

断料、缺料情况的频繁发生，物料积压既浪费又占用大量的流动资金，大量储备物料占据仓储空间等这些现象都会影响企业生产给企业造成高额的成本。而这些不良情况的发生归根结底是物料库存控制不当引起的。对物料库存进行有效控制的方法主要有以下几种：

表 5-1　控制物料库存的原因

控制物料库存的原因	1. 减小市场预测误差 市场预测和企业原料实际需求之间总会有一定的误差，为了减少二者之间的差异，企业应当保持一定的库存量
	2. 淡旺季对库存量的需求不一致 很多企业的生产都有淡旺季。淡季生产订单很少，而旺季产品常常会供不应求。为了减轻旺季生产强度和压力，企业淡季应提前储备一定量的产品，迎接旺季产品的大量需求
	3. 保持企业稳定生产 为了消除淡旺季差异，不在淡季裁员、旺季招员，企业有必要在淡季时继续生产，保持一定的原物料库存
	4. 享受原料价格折扣 批量订购原物料会给企业带来一定量的价格折扣。为了降低单位原物料价格，企业可适度加大订购量
	5. 根据预期增加存货 根据企业调研人员的科学预测，预计某种物料的价格会大幅度上涨，这时企业可以存储较多的该物料，以免受之后价格暴涨的影响
	6. 由于不可抗拒因素加大库存量 若预见暴雨、战争、交通不便等因素，将给物料采购造成很大的困难，应提前准备一定的存货
	7. 随时满足客户订单 很多客户不愿一次性订购大量产品，而是随用随取。因此企业要保证一定数量的存货，以便能随时满足客户需求
	8. 因采购时间过长而储备 采购部门从下订单到生产物料入库需要一定的时间，因此适当储备原料库存有助于消除企业因缺乏原物料造成的等待浪费

（1）制定物料储备定额法。

①物料储备定额及其分类（见表 5-2）。企业的物料储备定额，是指在一定的生产管理条件下，在确保企业生产活动正常进行的前提下，对物料储备确定的数量标准。

表 5-2　物料储备定额的种类

物料储备定额的种类	1. 经常储备定额 经常储备定额是指企业用于经常周转以保证生产活动正常进行所必需的物料储备数量。这种储备是经常变动的。一批物料进厂后会达到最高储备量，随着生产中的消耗，它的储备量会逐渐减少，在下一批物料进厂之前，降到最低储备量，之后再达到最高储备量，以此循环，形成经常储备
	2. 保险储备定额 保险储备定额是指为了保证物料在供应过程中不会因为某些意外因素，如拖期、质量、规格不合标准等，影响企业活动所必需储备的物料数量； 不是每种物料都需建立保险储备定额，对于那些对生产影响不大，供应条件较好的物料就不必建立保险储备定额
	3. 季节储备定额 季节储备定额是指企业为了适应某些物料供应和使用的季节性要求，在一定期限内建立的物料储备量； 一般情况下，建立了季节储备定额，则不再建立经常储备定额与保险储备定额

②物料储备定额的制定如表 5-3 所示。

表 5-3 物料储备定额的制定

经常储备定额的制定	以期定量法	以期定量法又称供应期法，是一种以物料的供货间隔天数，来确定物料经常储备定额的方法。 经常储备定额 = 平均每日的需要量 × (供应间隔的天数 + 使用前的准备天数 + 验收入库的天数) （1）使用前的准备天数是指物料在投入生产前进行化验、整理或加工的天数； （2）供应间隔的天数是指前后两批物料到货的间隔时间； （3）经常储备定额的多少，主要取决于供应间隔日数，供应货间隔时间长，储备量就多；反之，储备量就少
	经济订购批量法	经济订购批量是指把采购费用和保管费用两者相加得出的费用所对应的订购批量。 经济订购批量 = $\sqrt{\dfrac{物料的年需用量 \times 每次订购的费用 \times 2}{单位物料年的保管费用}}$ （1）订购费用主要与物料订购批次成正比，而与订购数量没有太大关系，所以要减少订购费用，就应该减少订购的次数，而增加每次订购的数量； （2）保管费用主要包括运输工具的维修折旧费用；物资存储损耗等费用，它受订购数量的影响，与其成正比，而与订购次数没有太大关系，所以要减少物料的保管费用，就应该减少订购的数量，而增加订购的批次； （3）对企业来说，经济订购批量法是一种比较理想的确定方法
保险储备定额的制定		保险储备定额 = 保险储备的天数 × 平均的日需用量 保险储备天数，可以按照实际情况或以往的统计资料中平均误期天数来决定
季节储备定额的制定		季节储备定额 = 季节储备的天数 × 平均的日需用量 季节储备天数，主要由实际生产需要和供应中断天数或历史统计资料来决定

（2）定量控制法。定量库存控制法，是指根据订货点和订货批量来控制的一种库存控制方法。

它的计算公式是：

订货点 = 最低安全储备量 + 平均日需用量 × 备用天数

（3）定期控制法。定期控制法，是指根据定期盘点和订购周期来控制的一种库存控制方法。它是按照固定检查时间检查库存量，并根据盘点的实际库存量和需要量来补充至库存储备定额的方法。

它的计算公式如下：

订购批量 = 平均日需要量 × (订购周期天数 + 订购间隔天数) + 最低安全储备量 - 现有库存量 - 已订未交量

（4）ABC 分类控制法。ABC 分类控制法是指根据生产中所需物料的品种、规格、耗用量等将所有物料分为 ABC 三类，分别对其进行管理的一种库存控制方法。

A 类物料最重要，应采用定期控制法对其进行严加控制；采用定量控制法对

B类物料进行适当控制；由于C类物料不是很重要，对它的控制可适当放宽，这样根据工作性质的重要性进行了分类控制，就简化了物料的管理工作。

通过上述几种控制方法，企业可以轻松控制好物料库存，掌握物料的供求情况，既不会造成物料积压也不会使物料供应脱节，发生缺料现象。

笔者箴言　科学合理地控制物料库存可有效促进成本管理，并可以推动降低成本措施的实施。一旦物料库存管理失调，企业的总成本必然增加。

思考题：

1. 你知道为什么要控制物料库存吗？

2. 控制物料库存有哪几种方法呢？

四、发放物料及管理副料

在企业物料成本的日常管理中，副料及物料发放的控制管理对降低企业生产成本也起着重要的作用。下面我们就这两个方面来看如何有效管理生产物料，降低成本。

1. 控制发放物料

企业通常会根据生产计划将生产过程中需要的物料及时发放到生产线。企业控制发放物料的核心是控制物料出仓的数量，确保生产顺利有效进行。

发放物料的一般步骤见图5-2。

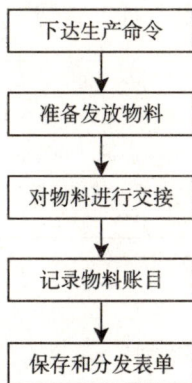

下达生产命令

↓

准备发放物料

↓

对物料进行交接

↓

记录物料账目

↓

保存和分发表单

图5-2　发放物料的步骤

第一步，下达生产命令。上级根据生产计划，首先会对各个部门下达生产命令。

第二步，准备发放物料。库房管理人员接到领料单后，首先会将其与物料清单进行核对。一旦发现错误会立即通知开领料单的相关人员，核对无误后将发放单交与物料员发放物料。

将物料清点装好后，物料员应立即在物料卡上将信息记录下来。另外还要核查物料卡的记录是否正确，最后在物料卡上签名。

第三步，对物料进行交接。物料被送往备料区后，物料员和备料员将办理交接手续。双方确认后在发料单上签字，各自将相应联单取回。

第四步，记录物料账目。库存管理人员根据发料单将发放物料的实际数目记入物料账目。

第五步，保存和分发表单。库存管理人员保存好每天发放物料的所有单据，将其分类整理后存档或集中将其分送到相关部门。

2. 发放物料注意事项

管理人员在发放物料时应注意以下几点（见表5-4）。

表5-4 发放物料注意事项

发放物料注意事项	（1）领料单上应标明物料名称、型号、规格、数量、用途等，另外还要有核算员和领料人的签字。若物料在计划之内，要附上物料计划；若物料是限额供料，要与企业限额供料制度相一致；若物料是审批物料，要有审批人的签字；若领料人没有超额物料的相关手续，则不得发料
	（2）发料时应遵循先进先出、发放旧料、储备新料的原则进行发放。发料时还应坚持盘点、核对的原则
	（3）库存管理人员在调拨物料时，要有物料需求部门的审查单位证明、货款总额和财务公章。若发现物料价格不符或货款短缺，要尽快通知开票人核对
	（4）专项申请物料超过计划采购的部分，申请单位必须亲自领取。可以分割处理的常备用料申请单位要本着节约的原则，拆零供应
	（5）发料必须在领料人和接料车之间办理交接手续，当面交接清楚，防止出现差错
	（6）库存管理人员负责保管所有发料凭证，不能丢失
	（7）物料账目记录要日清月结，及时汇报，同时还要字迹清晰
	（8）每月都应上报允许范围内的误差、合理的自然消耗，做到账目、发料卡、实际发放物料和资金四者相一致

3. 管理好副料

副料就是我们所说的"次要物料"或"辅助物料"，它只占总成本的一小部分，不是生产物料的主体，但它是生产中不可缺少的一部分，缺少副料生产就不能进行。副料的好坏和产品质量息息相关。

　　副料在生产过程中起着辅助作用，副料包括油脂、胶水、油漆、防护物料等。管理副料注意事项有以下几点（见表5-5）。

表5-5　管理副料注意事项

管理副料注意事项	1. 专人负责管理副料 传统的副料管理通常是生产现场人员去仓库领取副料，这消耗了不必要的人员成本，同时还造成了副料管理人员时间的浪费。专人负责管理副料就是指定专职人员对副料进行订购、保管、派发、统计等工作，专人负责能避免副料在生产线上的库存，同时能使副料管理人员对副料的用途有比较多的了解，起到对副料的监督和检查作用，减少了副料浪费，使副料管理更有效率
	2. 计算副料使用额度 企业应精确计算出每件产品需要多少副料，生产线一个月使用多少副料。副料虽然只是总成本的一部分，但如果不注意节约，日积月累，也会给企业造成很大的浪费。因此企业应现场统计单件产品副料的实际消耗量，将数据交给生产管理部门作为订购副料的参考数据
	3. 分类保管副料 企业应根据副料的用途分门别类对其进行保管。比如胶水应放置在阴凉处，对危险品务必进行隔离，易燃易爆物品要放在没有明火的地方。只有将物料分类保管，才能减少物料变质、发霉，减少呆料和缺料引起的损失
	4. 明确记录副料的进库和出库 企业应对每种副料进行账目管理，对副料的每次进出库进行记录，这样才能随时掌握企业的副料库存情况。如果每月都对副料的进出情况进行登记，就能发现副料需求变化规律，有利于管理好副料，进一步降低成本
	5. 确定副料领取手续 管理者可以将副料领取手续分为领取新料和以旧换新两类。新领副料要有所属部门上级的确认，以旧换新只需要有旧副料的包装盒、袋、套等即可
	6. 报废副料必须手续齐全 员工不能将用完副料的外壳随意丢弃，应按照相关规定对废品妥善保管，因为在更换新副料时，要出示旧副料的外包装。此外，这样做还可以防止重复冒领副料，有效监督副料的使用情况；副料一旦损坏，管理人员可以根据报废副料的参考标准，避免报废物料的判断误差；保留报废物料包装壳能避免环境污染，将报废物料包装卖出还可变废为宝。 在处理副料时，必须认真填写副料废弃表，应将废弃副料的型号、数量、日期、废弃原因、经办人员等填写清楚

笔者箴言　　不论是副料还是主料，其管理与发放是否合理都直接影响了物料成本管理的优劣。只有恰到好处地发放物料、管理好副料，才能有效促进物料成本的管理。

思考题：

1. 你的企业在发放物料时是按照正确步骤进行的吗？

2. 我们在管理副料时应注意哪些问题？

五、防止出现缺料、断料

物料需求是连续的，企业生产一旦发生断料、缺料，必然会大大增加企业的成本，给企业造成很大的损失，所以，企业一定不能缺料。

1. 缺料原因分析

在产品生产过程中，很多因素会导致企业断料、缺料，主要归纳为以下几点：

（1）供应商延迟交货期。按照企业订货的日期，只要供应商能按时供货，企业就不会断料停产，但是供应商不按期交货的情况时有发生，这就会导致企业停工待料。

（2）超出企业计划的物料损耗。企业按照物料消耗定额订购了适量的物料，但在生产中会由于各种原因出现实际物料消耗远远超出物料消耗定额计划量的情况，这就致使企业不得不停工，等待供货。

（3）客户订单紧急。仓库没有产品生产所需的物料，此时供货商又不能立即供货，客户又急需订货，很多企业对此束手无策，焦头烂额。

（4）资金周转出现问题。企业急需订货，可资金却周转不开，这时就只能停工，等待资金订货。

（5）产品设计临时发生改变。生产即将开始，产品设计却突然改变，在没有合适物料的情况下，缺料就成了自然而然的事。

（6）人为疏忽因素。如库存管理人员记录失误；计划部门对物料使用量预测不准确等。

（7）其他因素。如企业发生火灾将准备投入生产的物料烧毁；待用物料被盗等。

2. 断料、缺料责任分析（见图5-3）

（1）采购部门的失职。如采购渠道不畅，价格太低造成供应商服务差，供应商延误交货造成物料供应不力等。

（2）物料控制部门的失误。如物料计划不合理，安全存量的设定不合理，对物料进度的控制不合理等。

（3）生产计划部门的责任。如生产计划制定不合理，频繁变更生产计划等。

图5-3　断料、缺料责任分析

（4）货仓部门的疏忽。如盘点不准确，账物不一致，财务工作效率低等。

（5）品质检验部门的大意。如进货检验不仔细，检验标准不规范等。

3.应对物料短缺的措施（见图5-4）

图5-4　应对缺料

（1）对供应商的供货能力和服务的质量加强管理，了解其备料情况和备料进度。

（2）清楚地了解现在和将来的物料需求情况，做到"一切"尽在掌握之中。

（3）根据物料的储备情况、消耗情况等来进行计划生产，防止储备不足导致断货。

（4）加强对库管人员的管理，保证及时记录物料存储情况，且库存记录要正确，还要经常检查核对。

（5）对每种物料的供求情况进行定期审查，这样可以保证在断料前及时发现，防止缺货。

（6）企业内部各个部门之间要加强联系，及时了解计划的变动，以应对各种突发情况。

如果缺料现象还在你的企业频繁出现，就请从它产生的原因出发来防止它再次发生。相信各部门的通力合作一定能让缺料远离您的企业。

笔者箴言

> 缺料与断料是企业生产过程最忌讳的事情，但是只要任何一个关键部门执行不当，缺料情况必然发生。因而，凡是与物料相关的部门，都要设定必要的责任措施，防止生产中出现缺料，从而确保物料成本管理的顺利实施。

思考题：

1. 断料、缺料的原因有哪些？
2. 应对缺料的措施有哪些？

六、重视废料的利用

在很多生产企业中，生产成本控制做得不到位主要是因为报废物料的种类多、价格贵、频率高、边角料利用率不高甚至不利用等。还有些大企业有这样一种潜意识："家大业大，浪费不怕"，这些行为和思想势必会在无形中增加企业的成本。妥善处理废料就是企业控制好成本的重中之重（见图5-5）。

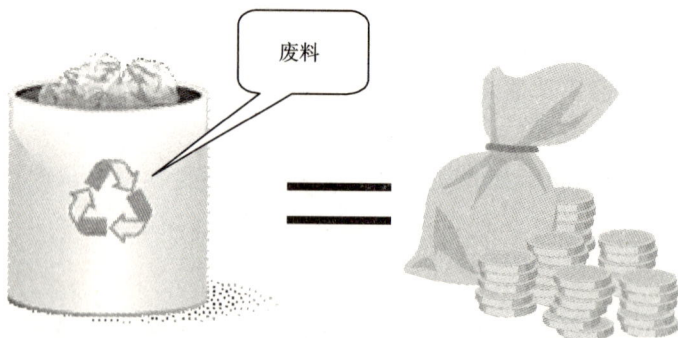

图5-5 妥善处理废料

许多发达国家，已经把废料的回收利用作为一个十分重要的产业，目前全世界钢产量的43%、铜产量的64%、纸产量的32%均来自于可再生废物的回收利用。

案例

一条资料显示，100 吨的废弃罐头瓶可以提炼出 1 吨锡，这相当于开采冶炼 350 吨矿石；一吨塑料废弃物的再利用制品比新原料制品能节约树脂能量 80%~90%；120 万吨的废弃食物加工成饲料，可节省谷物 40 万吨；一吨碎玻璃回炉制品比原料制品节约纯碱 50 斤，减少 260 元的费用。

看了上面的资料，你认为废料是不是"金"呢？当然是，而且是一座金山！

废料回收再利用的潜力是巨大的，如果我们能对生产中的废料稍加关注，就一定能从中淘到金。

现在，相信已经有很多企业意识到"废料是放错了地方的资源"，上海某家电镀厂就是值得学习的典范。

案例

在电镀厂排放出的电镀液中，有很多金、银等贵重金属，但是很多企业通常会让这些电镀液白白流走，随便将其处理掉。但是，上海的一家电镀厂却利用了一种吸附性很强的树脂，将这些贵重金属从电镀液中回收，重新利用到了生产中，从而大大降低了企业的成本。电镀液的回收再利用使这家电镀厂迅速发展成了当地规模最大的企业，企业的老板在接受采访时说："废料就是财富，就是发展！"

看了上面的例子，相信作为企业领导、班组长的你一定也想从中找到财富，那就开始着手利用起身边的废料吧！

那么，什么是废料呢（见图 5-6）？

顾名思义，废料就是报废的物料，这里讲的报废的物料既包括没有价值的物料，也包括还存在利用价值的物料。

生产中产生废料是必然的，但是产生废料的多与少、废物回收再利用率的高

图 5-6　什么是废料

与低却是可以控制的。美国的石油大王洛克菲勒说过："省钱就是挣钱。"如果我们能减少废料的产生、提高废料的再利用率，那我们就是在帮企业省钱，替企业挣钱。下面我们一起来认识废料。

1. 废料的产生

（1）拆解产品。很多企业在产品拆解的过程中都会产生很多没有利用价值的零件或包装物料，这些无利用价值的物料此时就成为了废料。

（2）陈腐、锈蚀。很多生产物料由于长时间的搁置，常会因为潮湿、氧化而变得陈腐不堪，失去了本身的使用价值；生产中的机械设备都有一定的使用期限，一旦过了耐用期，无论我们再怎么保养，使用价值也会降低，最终拆解报废，变为废料。

（3）剩余边角料。物料在生产中不可能被完全利用，必然会产生边角料，如板材的冲压加工，钢材、布匹的裁剪等都会产生边角料。

（4）制成品。生产中不符合规定的制成品也是产生废料的原因之一。

（5）呆料。即长期积压在仓库几乎不利用的物料。

2. 废料的预防

（1）剪裁得当，提高物料的使用率。大家肯定都剪过纸，不同的人剪纸的方法不相同，会导致纸的利用率也不尽相同，在生产中也存在着相同的情况，所以，在物料剪裁时，我们要让物料的使用率达到最大。

从图 5-7 中可以看出，图（b）比图（a）的剪裁方法更合理，更有效地利用了钢板，减少了废料的产生。

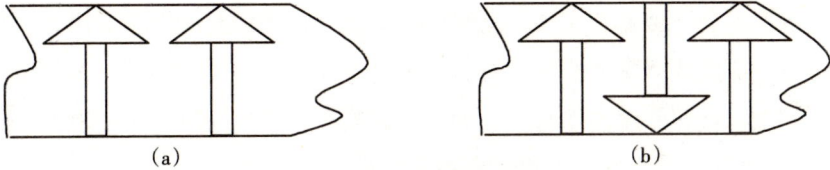

(a)　　　　　　　　　　　　　　　　　　(b)

图 5-7　钢板剪裁图

（2）减少物料锈蚀、陈腐。对于容易受到酸碱、潮湿等侵蚀的物料，要对其加强保管，尽量避免物料与酸碱等的接触，减少物料的锈蚀程度。

如果在产品生产允许的情况下，可以选用不易被锈蚀的物料来做替代品，以防止物料被侵蚀。

减少物料的闲置，对其进行有效的利用，是防止物料陈腐的最好方法。企业也可以与供应商商谈，用旧料换取新料，防止物料陈腐。

（3）定期对机械设备进行保养。企业生产中所用的机械设备，一定要定期维护和保养，这样不但能延长机械设备的寿命，同时还可以减少由于机械运行不正常产生的废料。

对于废弃的机械设备，我们可以对其进行拼修，即将各个零件进行拼凑制成可以利用的物品。

（4）合理利用边角料。下面就是一个企业利用边角料的案例。

案例

某服装厂是生产皮制服装的企业，服装的生产中难免会出现碎皮子，小块儿皮子，这家企业对这些边角料的处理方法是，将碎皮子制成工艺品或装饰物，面积大一点的可以制作成帽子和手套，这样不仅没有浪费这些小块皮子，还给企业带来了利润。在企业没有制作时间或能力情况下，企业就将其出售给其他需要这些边角料的加工厂。

3. 呆料产生的原因和处理

呆料是指没有丧失原有的功能和价值，只是因为存量多、耗用量少，导致库存周转率低而呆置在仓库中，很少使用甚至根本不用的物料。

呆料的产生会导致资金积压，既浪费人力，又会增加仓库管理费用、占据仓储空间，给企业造成严重的资源浪费，这也是企业亟待解决的问题。要解决问题就要找出问题，就要从源头抓起，下面我们看看产生呆料的原因（见表5-6）。

表5-6　产生呆料的原因

产生呆料的原因	1. 计划与生产部门 ①产销衔接不好，使生产计划频繁变更，造成备料错误； ②生产线对物料的发放、领取及退料管理不善，从而产生呆料； ③在新旧产品更替时，由于计划不周密，导致旧物料变成呆料
	2. 销售部门 ①客户订货没有确实的把握，订单频繁变更，致使原本已备好的物料变为了呆料； ②市场预测不准确，造成销售计划不稳定，进而使生产计划频繁变更，使购进的物料变成了呆料
	3. 采购部门 ①不适当的请示采购会导致采购不当，致使大量物料闲置； ②在供应物料的品质、交期、数量、规格等条件上，供应商不予配合，导致呆料现象的发生
	4. 物控和仓库部门 ①仓储管理不善，存量控制不当，必然会产生呆料； ②账物不符，导致呆料产生； ③物料计划不当，导致备料失常，引发物料呆置
	5. 品质管理部门 ①物料检验疏忽，订购了很多不合格物料，这些物料最终会变为呆料； ②检验设备不够优良，无法正确检测出不良物料，从而增加了闲置的物料； ③很多企业采取抽样检验法，不合格的物料自然就会增加，呆料的增加也就成为必然

对上述几个部门进行严格的控制管理，相信一定能大大降低呆料的数量。

通过我们的控制和管理，呆料减少了，但并不会完全消除，一个企业产生呆料是不可避免的，那么，对于这些已经成为呆料的物料，我们要怎样处理才能让呆料带来的损失降到最低呢？

处理呆料的途径主要包括：

（1）调拨。将呆料调拨给其他部门或其他企业，设法利用。

（2）再利用。很多呆料在规格上修改一下就可以再运用到生产中。

（3）新产品设计时推出。

（4）打折卖给原来的供应商。

（5）与其他企业进行物物交换。

（6）在较短的时间内寻找与呆料相符的订单。

妥善处理废料就是控制企业成本，对企业来说，废料就是利润，就是财富。如果你的企业想降低成本，就请合理利用废料吧！

笔者箴言

废料是生产过程中必然存在的现象，如何从这些废料上"掘金"则需要管理者认真思考、正确对待。有效地利用废料就为企业节约成本、增加收益。

思考题：

1. 你有没有从废料中淘到"金"呢？

2. 读完本节内容，你认为应如何处理呆料、废料？

七、掌握物料管理的 5R 原则

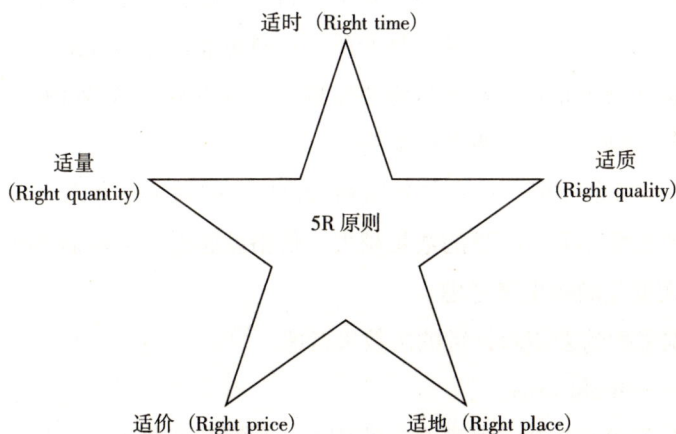

图 5-8　物料管理的 5R 原则

图 5-8 是管理物料应该遵守的五项原则，这五项原则非常实用，每个企业都应遵循。下面我们来看一下这五项原则具体是什么。

1. 适时——Right time

即供应商要在企业需要物料时及时供应，避免断料、提早送料、积压物料等情况的出现。

延迟物料供应会使车间工序发生空等或停工，既降低了生产效率，浪费了生产时间，也会造成客户的延期交货，致使企业的信誉受到影响。很多企业为了恢复正常的生产计划，员工需要加班或在法定节假日上班，这导致了工时费用的增加，给企业造成了损失。

提前交货也会增加企业成本。因为提前交货会造成库存加大，既浪费了货仓储存空间，又增加了库存维持费用，而且很多物料是不能积压的，容易损坏，还有一些特殊的物料容易变质，一旦发生这些情况，企业的损失是不可估量的。提前交货还会占用企业大量的流动资金，导致公司资金运转不灵，出现经济危机。

所以，企业要适时订购物料，在订料之前，要对订货过程所需的时间进行详细的分析，如供应商需要多长时间才能准备好货，多长时间能将货送到，验货需要多长时间等，这样才能将企业的生产成本降到最低。

2. 适量——Right quantity

即要根据企业自身对物料的需求量来确定采购数量，同时也要考虑到供应商的供货数量。

如果采购物料不足，会导致生产停工待料，严重影响生产效率；如果采购物料过量，就会出现物料积压，遇到易变质的物料可能还会造成浪费。

所以，除非预先知道供给物料将要短缺，否则不要把物料订购得太多。

订购适量的物料要考虑哪些因素呢？

（1）根据仓库的空间，库存的费用和库存投资的利息来考虑。

（2）大多数情况下，订货的数量越大，价格就越低，此时就要根据价格随订货数量大小而变化的幅度来考虑。

（3）根据采购的费用和订货的次数来考虑。

3. 适价——Right price

物料的采购价格直接关系着企业的成本、利润和竞争力。可见，确定适当的采购价格是一项非常重要的工作。

采购价格太低，很可能会导致物料质量的降低、供应商服务的不到位；而价格太高，就会使产品成本过高，影响企业的整体效益。所以，采购人员要在保证满足质量的前提下争取到最低的采购价格。

4. 适地——Right place

很多企业选择的物料供应地离使用地很远，这无疑会加大运输成本，运输成本高了就必然会导致产品价格的上涨，进而影响了企业的效益。而且，在长途运输过程中物料的安全也不能保障，很多外在因素会影响到交货期。采购商和供应商距离太远，会给相互之间的沟通协调造成不便，影响订货和供货的效率和质量。所以，在选择物料供应地时，要尽量选择离使用地较近的供应商。

5. 适质——Right quality

即所购物料和货仓发到生产现场的物料，质量都应该是符合技术要求的。如果所购物料不符合规定的要求，用其生产出来的产品就不会达到客户的要求，从而给企业的声誉造成不良的影响。

下面介绍几种保证物料适质的方法：

（1）努力开发合格的物料供应源。

（2）企业要与供货商签订质量保证协议，保障自己的利益不受损失。

（3）对物料进行核准、检查，做好物料质量的确认和控制工作，以确保物料的品质。

（4）在必要的时候，可以对供货商质量体系进行定期的审查，或派检验员驻供货商工厂，对其进行监督。

（5）在必要的时候，也可邀请权威机构做质量检验。

（6）对于那些供货质量水平低的供应商要给予质量扶持帮助。

做到适时、适量、适价、适地、适质，才能轻松控制企业的物料成本。

笔者箴言　　5R原则在物料管理中已被众多企业所青睐。但是，如何将5R原则用到实处、执行到位则需要管理者与员工共同努力。

思考题：

1. 你知道5R原则吗？

2. 5R原则的具体内容是什么？

第六章 人员成本的控制与削减

本章提要：

▶ 人员成本浪费的危害

▶ 如何降低人员成本

▶ 发掘剩余人员

▶ 削减不必要的间接人员

▶ 消除多余作业

▶ 培养员工多种技能

▶ 扩大职责范围

一、人员成本浪费的危害

人是企业中最活跃、最有创造力的因素。良好的人员成本控制会为企业带来巨大财富，而人员成本浪费则会给企业带来很大的损失。

人员成本包括人员使用成本、人员报酬成本、人员维护成本等 9 方面的内容，如图 6-1 所示。

我们一起来看下面的例子：

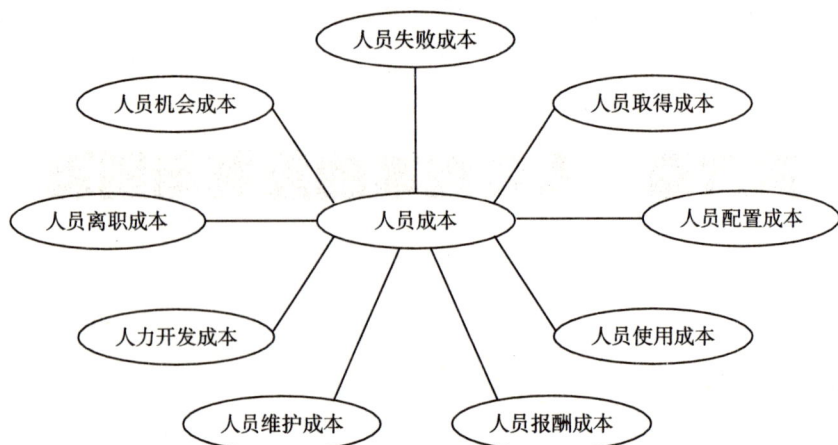

图 6-1　人员成本的构成

> ### 案例
>
> 　　去印度旅行时，我们常常会看到这样令人吃惊的画面：途中会有很多小孩靠近马车，手伸进车窗向客人要钱；进旅馆后会有半裸露着身体、光着大脚污秽不堪的侍应生过来帮忙拿行李；在大堂办理完入住手续后，又会出现一位装扮整齐的侍应生将你带进房间；在房间门口会出现一位专职侍应生询问你是否需要第二天早上的茶点。随后你还会发现，换床单和打扫床铺也会有不同的侍应生，而整理床铺的侍应生，是绝对不会去帮你打扫床铺的。
>
> 　　在印度，每位驻加尔各答的日本商社的年轻职员至少拥有三位仆人：一位是负责伙食的；一位是负责清洗的；还有一位是负责打扫卫生的。他们不允许去兼做其他工作。为什么？因为这样会剥夺他人的工作。

　　这就是在印度传统等级社会下隐藏的人员过剩现象，这是对过剩人员的保护，将过剩人员浪费现象合理化。我国企业中人员任用制度中这种现象也大量存在。殊不知，这是对企业成本的巨大浪费。

　　台塑董事长王永庆曾说过："一个只需要 5 个人就能完成的工作却聘用10个人，所造成的影响，不光是这个单位多养了 5 个人而已，而且造成这10个人都有可能失业！"可见员工过剩对企业和员工个人都会造成损失。

　　假如 3 个人的工作由 6 个人去做，企业就会产生 1/2 的过剩人员，这会造成人事管理费用和人员成本的浪费。若一个人的能力是 100，这样这个员工 50% 的能力就没有得到充分发挥。因此，企业在聘用人员之前，要先自问：是否真的需要这个职位？如果答案是否定的，这个职位就没有存在的价值。

图 6-2 是某一企业的人员配置、每个职位人数及相应工资额度结构图。

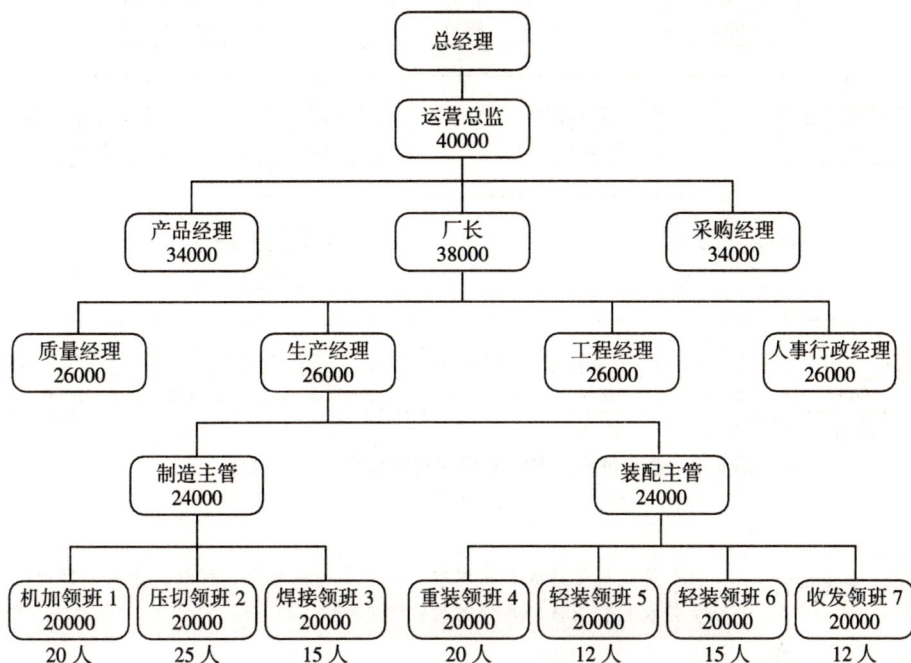

图 6-2　某一企业的人员配置、每个职位人数及相应工资额度结构（单位：元）

企业进行人员成本控制与削减后，图 6-2 变为图 6-3。

从图 6-3 看出，企业将运营总监、制造主管、装配主管裁减后，每月节约了人员报酬成本 10.8 万元，除了这项看得见的成本外，由此连带的其他人员管理成本也无形中消失了。可见，控制与削减人员成本对降低企业整体成本具有深远的意义。

```
                          总经理

                          运营总监
        省得：108000        40000

      产品经理            厂长            采购经理
      34000             38000            34000

   质量经理       生产经理        工程经理      人事行政经理
   26000         26000          26000         26000

            制造主管                    装配主管
            24000                      24000

  机加领班1  压切领班2  焊接领班3   重装领班4  轻装领班5  轻装领班6  收发领班7
  20000     20000     20000      20000     20000     20000     20000
   20人      25人      15人       20人      12人      15人      12人
```

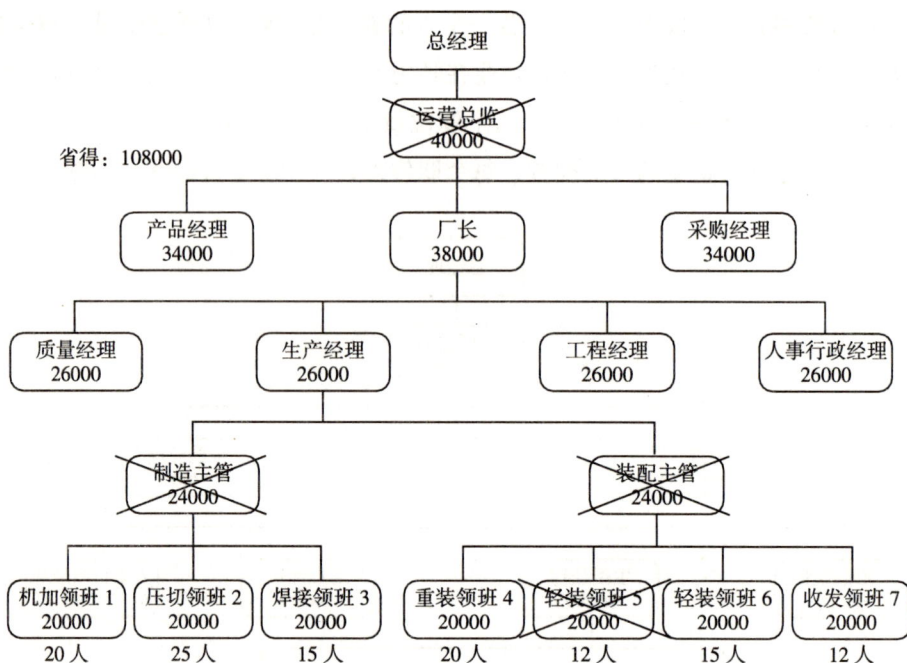

图6-3 企业进行人员成本控制与削减后结构（单位：元）

| 笔者箴言 | 人员成本是总成本管理中又一重要构成部分。所以，企业一旦出现人员成本浪费，势必导致成本管理失衡。 |

思考题：

1. 你的企业是否存在大量人员成本浪费现象？

2. 看完本节后你对人员成本有什么新的认识？

二、如何降低人员成本

人员成本又称劳动成本或人工成本，指在一定时期内企业生产经营中投入劳动力要素造成的所有直接费用和间接费用的总和，是企业总成本的组成部分。

我国劳动部规定，人员成本构成为：职工工资总额、职工福利费、社会保险费、职工劳动保护费、职工教育经费、职工住房费、工会费、职工招聘会费用等其他人工成本支出。人员成本的主要组成部分是职工工资总额。职工工资总额是指企业以货币或实物形式向企业全部职工直接支付的劳动报酬总额，其中包括计件或计时工资、加班费、特殊情况下支付的工资、补贴和津贴、奖金等。

作为企业劳动工资管理的一项重要指标，人员成本是降低劳动消耗，平衡投入与产出，处理企业、国家和个人三者利益关系的重要课题，直接影响着企业的生存和发展。企业的劳动成本在企业发展中发挥着重要作用。企业人工成本是企业对现有劳动一般和特殊消耗的一种有效补偿，能很好地维护劳动力再生。下面我们以酒钢1996~1997年人工成本为例来看其在企业发展中的重要作用（见表6-1）。

表 6-1　人工成本案例

项　　目	1996 年	1997 年	1997 年增加额	
人员成本总额（万元）	46381.3	49741.7		
企业增加值（万元）	70944.5	98960.5		
工资总额	85.5%	70%	从业人员平均人数减少	2.34%
社会保险费用	9%	13.1%	实现利税	20.53%
职工福利费用	7.5%	10.7%	成本费用总额	15.36%
职工教育经费	1.3%	1.1%	企业增加值	39.49%
劳动保护费	3.8%	3.8%	产品销售收入	17.40%
职工住房费	1.6%	0	人工成本总额	7.25%
其他人工成本	1.4%	1.3%		

从表6-1可以看出，虽然1997年比1996年人员总成本增加了3360.4万元，但由于从业人员平均人数降低了2.34%，企业实现利税、成本费用总额、企业增加值仍分别提高了20.53%、15.36%、39.49%。企业增加值增加了28016万元。由此可见，企业降低人工成本和企业发展之间有很大关系。

那么，企业降低人员成本有哪些具体途径呢？

1. 减少冗余人员，增加效益，将生产要素与劳动力要素进行最佳组合

减员的目的不仅仅是减少几名员工，其最终目的是增加企业效益。通过减员，可以克服企业中效率低下、人员冗余的现象，实现员工的择优上岗、优胜劣汰和人尽其才，实现人力资源的真正价值。通过裁员减低人工成本，能用最少的投入实现最大产出。酒钢公司的状况就是一个很好的证明。

2. 不断提高劳动生产率，实现最佳投入产出效益

由于我国人口较多，"低工资，多就业"的思想非常普遍。其实这种做法并

不能从根本上解决就业问题，反而增加了隐性失业现象，同时还牺牲了经济效益，导致劳动生产率降低，对经济发展非常不利。1997年劳动生产率比1996年增加3.7%，工资却比1996年上升8.1%，可见工资增长水平高于劳动生产率水平，这就造成了人工成本增加，这也是国有大中型企业亏损甚至倒闭的重要原因之一。

3. 对工资总量进行严格控制，灵活处理企业内部分配问题

企业在市场经济下的分配原则是效率优先，兼顾公平。企业要想提高投入与产出的效益，就应充分发挥工资的激励、控制和约束机制。工资是企业的一种积极的投入，不是社会福利，其目的是为了提高工资效益。企业若是相互攀比工资水平而忽略工资效益，就会导致企业人工成本上升。只有在符合功效挂钩的原则下对工资总量进行控制，同时充分发挥工资的激励、调控作用，灵活对其进行分配，建立能升能降的工资约束机制，才能对人工成本进行有效合理的控制。

企业要想在不增加人工成本的前提下，将有限的工资投入转化成较大的企业产出，就应有一套灵活的内部分配机制。在引导职工合理流动的同时，不断激发职工的工作热情，按有效劳动对职工进行工资分配。企业只有将资金科学管理和分配，才能创造出更大的价值，形成"降低企业成本—经济效益不断提高—员工收入不断增加—促进成本继续降低"的良性循环模式，为企业下一步的发展奠定良好的基础。

4. 不断提高员工素质，发挥人才的最大效益

智力、技能、身体、情趣、品行等素质是劳动者素质的具体内容。技能素质和智力素质是其中最重要的素质。拥有人才优势的企业才有机会占领更高的企业制高点。企业激烈的竞争实质上是人才的竞争，不断提高企业员工整体素质，最大限度地发掘员工的潜在素质，对企业精减人员、降低成本有很大的促进作用。

5. 优化企业劳动组织，科学管理人力资源

企业为了实现双优化，减少劳动投入，提高产出，实现降低人工成本的目的，实行定员定额管理。双优化首先要考虑如何提高企业效益。企业首先要增加有效劳动时间，减少或者消除无效劳动时间，达到提高工时利用率的目的。同时，通过研究工作流程和工作方法，来提高劳动生产率。此外，企业还要有一个高效灵活的劳动组织，进行机构精简、撤岗并岗的专业化管理，这样可有效解决管理不善、效率低下等问题。

企业降低人员成本的最终目的是用较少的人工成本换来最大的经济效益，它是企业效益的源泉，是生产经营过程中对企业劳动力全方位的投入与补偿。加强人员成本管理是企业在日益激烈的竞争面前生存发展的必由之路。

笔者箴言　在人员成本管理中最需要管理者做的，就是确认企业人员浪费的类型，从而有针对性地采取控制措施，降低人员成本。

思考题：

1. 你的企业以前是如何降低人员成本的？
2. 你对本节方法中的哪种感触最深，为什么？

三、发掘剩余人员

企业中的剩余人员，如同军队中"不拉马的士兵"。部队寻找并剔除队伍中"不拉马的士兵"，就会更有战斗力；企业发掘并削减剩余人员，就会有更高的生产效率。

企业中之所以会存在"不拉马的士兵"，主要原因有两点：首先，在最初设计组织结构时，企业没有坚持因事设岗原则，导致部分岗位没有实质性的工作；其次，随着企业所处的外部环境不断发生变化，企业的工作流程和工作方式发生很大变化，但企业自身并未意识到这一点，仍然遵循以前的运作模式，结果企业中产生了众多的"不拉马的士兵"。

"不拉马的士兵"会对企业产生严重危害。

第一，直接占用企业大量资源，大大降低企业运作效率。企业价值管理的本质是通过优化核心业务，降低企业组织成本和经营成本，不断提升企业竞争力。而"不拉马的士兵"现象的存在，却和企业价值链本质背道而行。

第二，"不拉马的士兵"会影响企业员工内部公平竞争的氛围，会对企业产生潜在危害，直接影响企业内部的士气和凝聚力。企业一旦失去了士气和人气，就失去了最宝贵的资源，失去了实现企业利润的基础。

下面我们通过学习业务分析法和业务改进法，来发掘企业的剩余人员。

1. 业务分析法

通过业务分析法可以算出人员过剩率，即过剩人员在全体员工中所占的比率。业务分析法的操作步骤如图 6-4 所示。

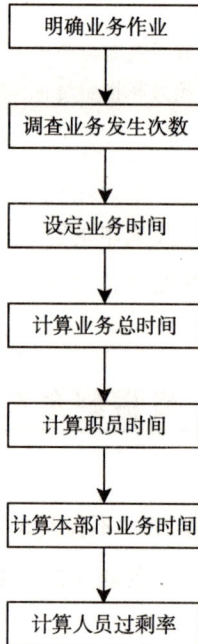

图 6-4 业务分析法的步骤

第一步：对各项业务流程进行分析，将业务作业明确化；

第二步：以天或周为单位，对各项业务发生次数进行调查；

第三步：设定各项业务所需的时间；

第四步：计算出每日或每周所有业务的总时间，具体包括休息、上洗手间、其他人为耽误的时间等；

第五步：计算每位职员负责业务所需的时间；

第六步：计算本部门所有业务所需时间，求出本部门所需人数；

第七步：将本部门所需人数与实际人数相比，计算人员过剩率。

我们举个简单的例子来看如何应用业务分析法。

案例

　　某企业一部门有20名员工，已知该部门每周工作时间为44小时。企业通过调查计算得出，该部门业务总时间为600小时。请问：该部门员工过剩率为多少？

　　由于该部门有20位员工，每位员工每周工作时间为44小时，那么部门总时间就为880小时（44小时×20＝880小时），又由于部门业务所需时间只有600小时。根据以上数据得到：

$$该部门人员过剩率 = (1 - \frac{所需总时间}{部门总工作时间}) \times 100\% = (1 - 600/800) \times 100\% = 31.8\%$$

2. 业务改进法

　　对于企业中所需时间较长、工作量较大的业务，在经过业务分析之后，还有必要用业务改进法对其进行进一步研究。

　　业务改进法主要通过考虑如下四方面的问题对业务进行改进。

　　（1）该业务是否必要？能否省略？

　　（2）若不能省略，是否有其他更好的办法？

　　（3）若改变各项业务的执行顺序，能否节省时间？

　　（4）对原有日程计划、办公室布局、工作分配等进行修订，能否节省时间？

　　围绕上面四个问题对原有业务进行改进，就能去掉不必要的业务或环节，改变业务流程，改变办公室布局或工作分配，大大降低业务所需时间。下面我们来举例说明。

案例

　　某一企业以往每周的实际业务量为100小时，通过业务改进节省了20%的时间。这样企业以后就能每周减少200小时的工作量。

通过业务分析法和业务改进法一般可以减少10%左右的业务时间，发掘出过剩人员这块"暗礁"，实现企业人员成本的有效控制和削减。

笔者箴言 ⟩ 冗员是企业人员成本最大的隐患，最可怕的问题是，我们没有及时发现企业中存在的剩余人员。所以，发掘冗员是管理者又一重任。

思考题：

1. 为什么说剩余人员是"不拉马的士兵"？

2. 如何发掘企业剩余人员？

四、削减不必要的间接人员

上面讲的两种方法只能用来发掘看得见的剩余人员，在剩余人员的"暗礁"下，还隐藏着许多间接人员引起的间接剩余人员。

间接人员是指文员、技术员、销售人员、维修人员、管理人员、搬运人员等辅助直接生产人员工作的人员，他们是使用制造费用、销售费用或管理费用的员工。

间接人员消耗的费用包括人事费用、福利费用、交通费、差旅费、电话费等，这些都是"人的费用"。据统计，间接人员费用占企业总间接费用的70%，可见间接人员的浪费会导致企业间接成本的增加。

既然这样，为什么间接人员还会继续增加？间接人员增加的原因是什么呢？综合工厂自动化、办公自动化、经济环境变化、间接人员的地位高于生产现场员工、管理者增加员工的冲动等因素，造成了企业间接人员的浪费。

管理者增加员工的冲动是间接人员增加的主要因素。

原来，很多管理者为了提高身价，总是有一种增加下属的冲动，他们认为间接部门主管的部下越多，其身份也就越高。因此，他们不断招聘新的间接人员。

下面我来教你如何发现间接人员过剩。

企业间接人员过剩的表现有：员工经常在上班时间喝茶，看报纸；装作很忙的样子；经常随意分配工作，不让下属闲着；不断地加班。

图 6-5　间接人员为何会增加

间接人员过剩是企业人员浪费的罪魁祸首，它会导致企业工作效率降低，更重要的是这种低效率会像瘟疫一样"传染"其他员工，长此以往，这会对企业产生致命的影响。

企业评价间接人员是否过剩的一般标准是直接间接比率，即直接劳动员工人数和间接劳动员工人数的比例。直接间接比率越低，表明对生产没有直接贡献的员工越多。直接间接比率低的企业，即使花大力气缩减直接生产成本，但由于庞大的间接费用支出，总体成本并不能得到显著降低。

不同行业的直接间接比率差别很大。

例如，如果一个企业是制造大众商品的，就需要比较多的销售人员，直接间接率就比较低，而对于汽车零件制造企业来说，几乎不需要销售人员，因此直接间接率就比较高。

生产同种产品的企业，若销售策略不同，直接间接比率也会有很大的差别。如果企业采取直销，就需要很多销售人员，而要是采取特约店、经销店的销售方式，需要的销售人员就会少很多。

因此，企业通过直接间接比率高低评价企业间接人员是否剩余时，一定要在行业、销售策略、规模等因素相同的前提下去评价，才能得到最有参考价值的评价结果。

根据成功案例中的数据得到的直接间接比率为：大型企业为 6：4，一般中小型企业为 7∶3。管理者可以根据这两个数据对企业直接劳动人员和间接劳动人员进行适当调整。

| 笔者箴言 | 间接人员从某种程度上占据了人员成本的很大比例，因而企业应先确认间接人员是否有必要，才能合理地削减间接人员。 |

思考题：

1. 你认为什么是间接人员？

2. 什么是直接间接比率？

五、消除多余作业

企业人员浪费除了剩余人员浪费外，还存在大量多余动作浪费。发掘这些不会产生价值的多余动作并将其消除，可以消除多余的工作岗位，减少人员浪费。

要发掘多余作业动作，需要进行作业划分和作业评价。

首先来看作业划分。

根据企业作业获得的成果和花费的成本，将作业分为中间作业、衍生作业和创造性作业三种。中间作业是指作业成本和作业成果相当的作业；衍生作业是成果小于工作成本的作业，它的净成果是负数；创造性作业是指作业成果大于作业成本的作业，这类作业的净成果是正数，能为企业创造利润。

我们接着来看作业评价。

作业评价的目的是为了评价一份作业是不是有益，有没有必要保留。

我们对中间作业、衍生作业和创造性作业三种作业使用"不必要"、"可选择"、"必要"三种评价标准，如表 6-2 所示。

表 6-2　三种评价标准

评价要素	不必要	可选择	必要
中间作业	4	5	6
衍生作业	1	2	3
创造性作业	7	8	9

评价方法为：

对于中间作业，如果不必要就打 4 分，如果可选择就打 5 分，如果必要就打 6 分。

对于衍生作业，如果不必要就打 1 分，如果可选择就打 2 分，如果必要就打 3 分。

对于创造性作业，如果不必要就打 7 分，如果可选择就打 8 分，如果必要就打 9 分。

通过分数的形式进行工作价值评价，能非常有效地确定企业各部门的业务范围。对于评价分数在 5 分以下（包括 5 分）的作业，要坚决取缔，果断去除。

在这里我们要注意，即使是创造性的工作，若是重复进行，也会成为多余的工作。我们一起来看下面的案例。

案例

某公司的销售部和事业部在同一处。这两个部的事业部门每次都要出差去外地招聘员工，都要对员工进行初试、复试、录用。这两个部的招聘工作其实完全可以合并。

近年来，很多企业由于工作需要，大都采用事业部制。这导致不同部之间常常会出现职能重叠的现象，几乎每个部都有自己的仓库管理人员和营业人员，但这些员工的职能相互重叠，是多余的作业动作，产生了相当多的人员浪费。因此企业一定要善于发掘多余动作浪费，并进一步消除多余动作的人员浪费。

笔者箴言 多余作业是人员成本管理中最容易被忽视的部分，因而需要管理者从细观察，严禁员工在工作中出现这些负价值的作业行为。

思考题：

1. 如何发掘多余作业？

2. 如何消除企业中的多余作业？

六、培养员工多种技能

现在很多企业为了提高效率，往往设置专门化的作业。但由于作业太过于细化，员工通常只负责具体的工程或作业，甚至只负责设备某个小齿轮的维修。对企业来说，过分细化的分工会增加企业人员成本；对员工来说，过分具体化的工作不需要判断力，会导致员工缺乏责任感，也不利于员工潜能的发挥。

为了改善这种不良局面，企业就有必要扩大职权范围，将细化的职责加以合并，让每位员工根据自己的判断力去进行工作，可以达到人尽其才的效果，有效降低企业的人员成本。

培养员工多种技能，员工就能胜任不同的岗位，企业就能发挥成本的潜能，提高生产效率。

案例

肯德基为了减少人员成本，采用多能工制度，即要求员工要有多种技能。一般每天早上 10 点钟左右，是肯德基客人比较少的时候。这时服务员也很少，但他们都必须是多能工，在餐厅里迎宾、接受顾客点餐、给客人送餐、收费等每件事情他们都要会做，甚至还要会炸薯条。这就是肯德基的多能工制度。

下面我们看企业如何培养员工多种技能。企业培养员工多种技能时应注意以下四个方面：

第一，整体推广。企业最好在全企业内整体推广，培养员工多种技能。厂长或总经理可以发布通告，让全体员工都了解企业政策方针，都参与多种技能的培训。

第二，标准作业。企业在培养新员工时，一定要注重作业内容和顺序，根据作业的有关标准和作业指导书指导标准作业，实现所有作业的标准化。

第三，适当指导。培养员工多种技能的过程中，各个部门的班组长对员工的适当指导是十分重要的，这样能提高培养效率。

第四，制定计划。培养员工多种技能是一项长期性的工作，要持之以恒才会有实效。为了达到预期效果，企业务必要事先制定培训计划表、培训进度表等，对培训做定期追踪考核，对培训进度和效果进行全面了解。

培养员工多种技能的简要实施步骤见图6-6。

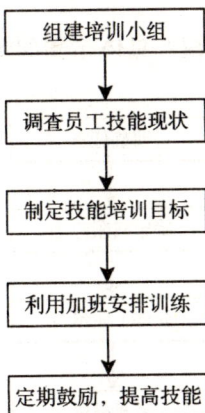

图6-6　培养员工多种技能的简要实施步骤

笔者箴言　多能工是企业有效降低人员成本的必要举措。但是，管理者应从企业的实际出发，只有这样才能达到降低人员成本的目标。

思考题：

1. 肯德基的多能工制度对你有什么启示？

2. 如何培养员工多种技能？

七、扩大职责范围

扩大职责范围有利于增强员工的责任心，为员工发挥才华和潜能提供平台。充分授权和加大管理幅度是扩大职责范围的两种方式。

1. 充分授权

管理者将适当的职权授予员工，会显著提高组织运转效率，因为任何管理者都无法凭一己之力将企业中的所有事务处理好。

充分授权的好处具体体现在以下两方面：一方面，由于生产一线的员工对生产现状有最直接和更清晰的观察，授权能使企业的决策切实可行，更加合理。另一方面，充分授权能提高决策速度。在未授权之前，员工的任何决定都要向其上级汇报，而其上级又要将决定向他的上级汇报，这会浪费很多时间，而充分授权之后，员工在所授予的权限范围内在生产现场就能直接做出很多决定，节约了很多时间。

一名企业主管如何给下属授权？具体步骤如图6-7所示。

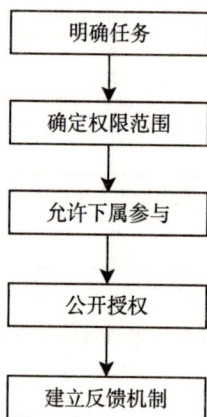

图6-7 企业主管授权步骤

（1）明确任务。

企业主管在充分授权之前务必要清楚要授予的是什么权利、给谁授权、授予的具体权利是什么。因此企业主管要物色合适的人选，并考虑他是否有时间和精力胜任授权，完成预期目标。

（2）确定权限范围。

任何权利都有其适用的范围，在授权时主管应准确无误地告诉下属权限的适用范围。只有下属知道权利的限制条件，处理问题时才会有更明确的目标。

（3）允许下属参与。

主管授权过程中，如果下属可以参与决定授权的范围、权利内容、目标完成的标准等具体内容的制定，就能提高员工的工作积极性、工作满意感和责任心。

（4）公开授权。

在授权过程中，让所有受到授权影响的员工都知道谁授予了这个权利及该权利的大小，这有助于权利顺畅执行。

（5）建立反馈机制。

建立反馈机制能及时督察下属任务的完成情况，一旦出现重大问题，就能及早发现，尽快寻找解决问题的最好办法，将损失降到最低。有了反馈机制，还可以防止下属滥用职权，保证正常的企业运营，实现预期目标。

2. 加大管理幅度

一名企业主管能管理多少员工？这是一个关于控制跨度的问题，这个问题对于企业人员成本管理非常重要，因为它决定着企业要设置多少层次，需要配备多少员工。若其他条件相同，管理控制的跨度越宽，主旨效率就会越高。下面我们举例验证这个结论。

假如有两个组织的基层操作员工均为4096名。一个组织的控制跨度为4，另一个为8。那么，控制跨度为8的组织就比控制跨度为4的组织少两层，就可以少配备管理人员8人左右。如果每位管理人员的人均年薪为15万元，则控制跨度宽的组织每年就能节省120万元。很显然，增加控制幅度可以减少人员成本，提高组织效率。

加大管理幅度是企业发展的趋势。近几年，雷击金属公司和通用电气公司这些大型知名企业的控制跨度已经达到10~12人，是15年前的两倍多。加大管理幅度与充分授权都能有效扩大职责范围，是行之有效的人员成本控制与削减的方法。

笔者箴言　让每位员工都尽可能多地承担责任，才能不断提高其责任心，才能使其尽心尽力地为企业发展做贡献。

思考题：

1. 扩大职权范围的方法有哪些？

2. 充分授权有什么好处？

第七章 研发成本的控制与削减

本章提要：

▶ 研发成本控制的重要性

▶ 防止陷入研发设计误区

▶ 防止内建无效作业

▶ 研发成本控制的原则

▶ 设计阶段如何降低成本

▶ 推行标准化设计

▶ 研发成本控制的措施

一、研发成本控制的重要性

一提到成本控制，我们最容易想到的就是生产现场管理、提高生产率、降低原材料消费等，但我们却忽略了一个重要的问题：广义的成本由研发（设计）成本、制造成本和销售成本三部分组成，但人们往往忽略了研发成本控制。其实研发成本是整个成本控制的起点，是成本控制的关键。

研发是一个企业的生命之源，企业只有在具有较高的研发水平时才能从根本上保持竞争优势。

我们都知道下面的等式：

利润 = 收入 – 成本 ———→ 成本 = 收入 – 利润

当等式左边是利润时，我们希望它越大越好；但当等式左边是成本时，则越小越好。如果利润是天使，成本就是魔鬼。魔鬼多一个，天使就少一个。你要想赚更多的利润，就要把成本当作魔鬼，能杀死一个算一个。

这个公式转换还包含一层隐含的意思：公式的左边一般是结果，右边是过程。如果我们将成本当作一种结果，若进程没有得到有效控制，成本一般都会远远超出我们的预期。而日本企业的管理，充分体现了右边的等式。

日本企业成本管理最显著的特点是：在进行新产品设计之前，就根据市场上有竞争力的价格，制定出目标成本。将期望获得的利润从预测售价中扣除后，剩下的就是企业总成本，成本设计人员根据总成本，预测出构成成本的所有因素。

据调查发现，研发设计阶段决定了企业产品成本的 80%（如图 7-1 所示），可见研发成本是决定企业新产品在市场中能否胜出的决定性因素。研发成本的成本控制水平，对企业成本控制的整体水平起着决定性作用。

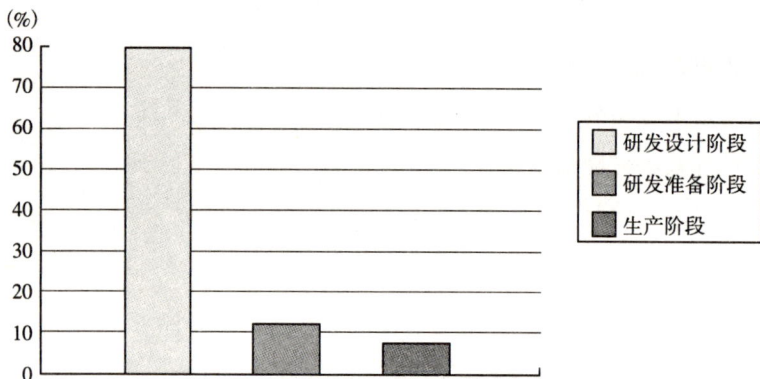

图 7-1　不同阶段决定产品成本的对比

成本是企业永远的"痛"。当今，企业竞争激烈，高新技术日新月异，创新成为企业有效降低成本的根本途径，日益显现出其独特的魅力。

案例

2007 年 5 月 10 日，同济大学嘉定校区举行了隆重的 PACE 揭牌仪式。在仪式上，飞昂软件中国区总经理蒋辉国对 CFD 软件做了形象的介绍，他说："CFD 是个'虚拟实验室'，采用这个神奇实验室后，能显著降低我国大飞机项目的研发成本。CFD 在现代计算机技术基础上将传统实物化的试验实现完全数字化，能得到试验的精确模拟结果。它主要有降低研发成本，弥补实物试验的局限性，加快研发速度三方面的作用。"

CFD应用前景非常广泛，例如在进行大飞机研制项目中，它能显著减少风动试验次数，有效降低研发成本，减少研发的人力耗费，缩短研发时间，从而大大降低生产的综合成本。

快速创新和降低成本是当代企业制胜的法宝。被称为"虚拟实验室"的CFD软件的应用，对提高我国企业创新能力有十分重要的战略意义。美国波音生产的P-8A多任务海上飞机在设计之初，设计者采用了CFD树脂模拟方法，风洞试验从原来的4000小时减少到了1300小时。

研发在现代企业中扮演着越来越重要的角色，企业因此投入的研发资金也越来越多。如何才能有效控制与削减企业研发成本？

在传统观念的影响下，很多企业忽视研发成本，将其视为管理成本，导致研发成本与产品成本脱节，企业决策因此会产生失误，使成本控制事倍功半，严重影响企业竞争力的提高。

针对这一问题，我们将从防止陷入研发成本误区、防止产生无效作业、控制研发成本的原则和措施等方面进行论述，以便对研发成本进行有效的控制与削减，使企业的成本降低达到事半功倍的效果。

笔者箴言　　研发是产品生产的起始点，但是忽视研发成本是很多企业的通病。但从成本控制上来讲，研发成本是成本控制的起点。

思考题：

1. 研发成本在总成本中扮演着怎样的角色？

2. 日本企业成本管理的显著特点是什么？

二、防止陷入研发设计误区

研发阶段是决定产品成本的关键环节，决定着产品80%的成本。研发设计失误会对产品成本产生非常重要的影响。首先我们来看一个小例子。

案例

二代身份证和一代身份证除了制作材料不同外，最显著的区别是二代身份证将发证机关和有效期限这两项重要内容单独放在一面，而将其他个人信息放在另一面，这种设计不利于阅读信息，最重要的是会提高复印成本。为什么这么说呢？

我们在办理户口登记、婚姻登记、产权登记、入职登记、社会保险等很多社会活动中都要用到身份证复印件。第一代身份证复印一面就能包括所有内容，而现在必须复印两面才可以。

我们来简单算一下这笔账：如果我们按照每人每年出于各种需要复印身份证10次，每张身份证复印件每一面的复印费按0.3元计算，每人每年要多花费3元复印费。我国13亿人口中大约有10亿16岁以上人口，就是说我国大约有10亿张身份证，假如有1/2的人有复印身份证的需求，那么每年全国就要为复印身份证多花费15亿元。

小小的身份证设计失误，竟然每年会浪费数亿元复印费。

研发失误是指研发行为与研发目标及成本控制的原则相违背，企业在研发设计阶段最容易陷入下面三个误区。

误区一：过度关注产品性能，忽略产品成本。

"为了产品的性能而进行研发设计"是设计工程师的一个"通病"。在设计产品时一定要避免走进这个误区，不能只注重产品的性能而忽略了产品的经济性。

由于职业习惯，设计师往往会将产品当作艺术品来对待，他们追求产品的性能和外观的尽善尽美，却将产品的生产成本忽略了。事实证明，由于受到消费者的经济能力和认识水平的制约，功能最齐全、性能最好的产品通常不是市场上最畅销的产品。

调查显示，研发设计工程师之所以忽略了产品成本的另一个原因，是研发团队与生产、采购等相关职能部门之间缺乏必要的信息沟通。调查的另一个结果也显示，很多企业在产品研发过程中实施了采购早期参与后，研发成本降低了很多。

误区二：急于开发新产品，忽略原产品再设计。

　　急于开发新产品，忽略了对原产品的替代功能的再设计会导致设计不合理，使产品的价格超出顾客的购买能力范围。有的设计工程师在没有作业成本引导的情况下就进行产品设计，这会使他们忽略了生产成本是由一个多部件、多样性和复杂的生产过程构成的。企业是为了达到让生产成本进一步削减的目的才对产品进行再设计的，但研发部门往往只注重新款的研发速度而未注意削减成本，这对企业降低成本非常不利。

　　误区三：只关注表面成本，忽视隐含成本。

　　这是研发设计的又一误区，企业一定要注意产品设计带来的隐含成本。陷入这个误区会出现下面的问题。

案例

　　一家企业曾经推出了一款新产品，这款新产品固定外壳用了 12 枚螺钉，但同行只用 3 颗螺钉就能达到同样的固定效果。虽然 9 枚螺钉的价值只有几角钱，这款新产品也只比同行的产品多几角钱成本，但企业进行批量生产后却发现：因多了 9 枚螺钉而增加的材料成本、采购成本、装运成本、储存成本、人工成本及资金成本就不知不觉地产生了。批量生产后增加的成本额相当大。虽然仅比同行产品多了 9 枚螺钉，却给企业带来了如此巨大的隐含成本。

　　因此，企业在研发设计时，不能只看到表面成本的微量增加，还要权衡由此带来的隐性成本的增加与新产品性能二者的轻重关系。

　　企业只有在设计时综合考虑各种因素，避免以上三大误区，才能真正实现企业研发的目的。

笔者箴言　　研发是否成功直接影响产品后期的成本支出，所以认清研发阶段的误区是管控成本的重点。

思考题：

1. 研发设计的三大误区是什么？

2. 你的企业有没有陷入上面某个误区？

三、防止内建无效作业

研发部门有时也会出现设计阶段的无效作业损失。企业在研发设计阶段就被内建进去的不必要的加工作业是无效作业。不少企业由于研发设计阶段的不合理产生巨大的效率损失。

研发设计的无效作业产生的原因有以下几个方面：

1. 技术交代不清

案例

某一家具生产企业的研发部门要求木料开料后，在进行车床加工之前，增加一道画线工序。研发部门要求每块木料出来后必须画四条线，将准备挖洞的线画出来，定好具体在什么地方挖，尺寸是多少，然后交给加工部门进行实际操作。但根据实际经验，这道画线工序其实利用工装字锯就可以完成，但技术部门的这种要求没有尽到技术职责，会导致效率低下。

2. 设计规格公差过度要求

案例

一个微型轴，在公差要求为±0.08毫米的情况下，用六角车床进行粗加工就能达到要求；公差要求若为±0.04毫米，用六角车床加工后还要进行细加工才能达到要求；若公差要求为±0.01毫米，在细加工后还要进行抛光与研磨程序才能达到要求。很多研发部门害怕因微型轴生产达不到要求而承担责任，就对很多零件的公差规格过度要求，对公差要求为±0.08毫米的按照公差要求为±0.01毫米的去做，造成了企业很多不必要的投入与浪费。

3. 余量放置过多

案例

　　某医疗机械生产企业有一道将一段不锈钢裁成几段后再进行加工的工序。为了保证万一加工出现失误时还可以重新加工，生产时往往会预留大于 1 厘米长度的不锈钢。但企业加工完毕后发现，不锈钢加工的合格率为 97%，这样 97% 的钢棒就必须多一道工序，将多出来的 1 厘米不锈钢裁掉。这样做既浪费了工时又浪费了原材料，降低了企业的生产效率，增加了企业的生产成本。

　　而很多企业的技术部门，在对加工部门下达工艺技术指令时，常常会出现对余量没有进行恰当的控制，导致加工过程出现没有价值的工序的现象，造成巨大浪费。

笔者箴言

　　宏观上，研发阶段更接近理论，即脱离实际作业。在这种情况下，研发过程中难免会出现内建的无效作业，因而研发人员应避免该情况的发生。

思考题：

1. 产生无效作业的原因有哪些？
2. 检查你的企业是否有无效作业？

四、研发成本控制的原则

　　遵循研发成本控制的原则对研发过程有重要的指导意义，能够使设计研发的成果为企业所用，有效降低生产成本。研发成本控制应遵循以下三个原则：

1. 去除不能带来市场价值却导致成本增加的功能

　　顾客买商品最关注的就是"性价比"，即产品的功能和成本的比值。每种产品一般会有很多使用功能，增加一种使用功能就会导致产品价值的增加，这自然会使生产成本随之增加。企业能够自主选择和决定产品的功能，但市场和客户只会选择"性价比"好的产品。因此，当顾客认为某种新产品的性能价值低于产品的购买价格，或认为新产品设计的某项功能没有任何用处，研发的这种产品就没有价值，这不但不会给企业带来任何利益，甚至会由于成本太高、销量太少而导致企业亏损。所以，我们在设计产品时，一定要站在顾客的需求角度考虑，删除产品不能带来良好"性价比"的功能。

2. 以目标成本作为衡量标准

目标是企业关心的中心。计算目标成本有利于企业和研发部门关注同样的目标，进而研发最符合目标功能、目标价格和目标品质的产品，以适合特定市场的需求。在设计产品或工艺品时，若设计方案的更改对产品成本产生十分显著的影响，我们就应以目标成本作为标准。

产品的目标成本的计算是由价格引导的成本计算。影响产品价格的因素很多，主要因素有产品的性质、功能和产品市场竞争力三个方面。一旦根据产品的价格、功能和质量确定了产品的目标后，设计人员将会从目标价格中扣除目标利润，得到目标成本。目标成本是设计工作的动因，也是企业在设计、生产阶段关注的焦点，它为产品设计指明了方向，为生产工序提供了衡量标准。设计人员应在产品工序设计阶段使用目标成本计算方法，对设计方案进行改进，这会对降低产品制造成本起到很好的引导作用。

目标成本的计算是没有任何协商余地的。若设计出的产品没有达到目标成本标准，就不能投入生产。目标成本是在市场调查的基础上计算得到的，实质上是对消费者需求的反映，同时也是投资者的期望值。以上客观存在的研发压力，迫使研发人员积极寻找能满足目标成本的新产品。

3. 全面考虑成本控制与削减

研发部门在研发新项目时，最好组织采购、生产、工艺等相关部门的人员参与研发。"人多智慧广"，这样就能从全局角度考虑成本的控制与削减，在采购人员、生产人员、工艺人员的共同参与下，有效防止研发人员走入因表面成本而忽略隐含成本的误区，因为在这种工作氛围下，不会出现单一部门只强调某项单一功能的情况，而是从全局角度来综合分析如何降低成本。

笔者箴言 控制研发成本应遵循一定原则，否则在产品生产阶段势必无法控制生产成本。

思考题：

1. 研发成本控制的三大原则是什么？

2. 你的企业控制研发成本时有没有遵循这些原则？

五、设计阶段如何降低成本

很多企业管理者认为企业很重视研发设计，努力采用新技术和新工艺，但研发成本还是没有显著降低，这究竟是为什么？原因是这些企业没有将产品设计和产品成本真正联系起来。

"良好的开端是成功的一半"，产品设计阶段是研发的开始阶段，它基本确定了新产品的使用物料及用量，确定了产品的生产成本。一旦产品投入生产后不能适应市场，就会给企业带来惨重的损失。要在产品设计阶段有效降低成本，需要做到以下四点：

1. 要有明确的产品设计目标

研发新产品是为了满足客户需要。为了明确产品设计目标，企业设计前就要设定产品的客户群体，设定几种不同的设计方案，选择最优方案，在此基础上进行设计。一起来看下面的例子（见表7-1）。

表 7-1　不同方案的举例

设计方案	基本功能数	额外功能数	目标成本	预计产品成本
方案 1	3	0	300	210
方案 2	3	2	300	290
方案 3	3	5	300	400

表7-1中的三种方案都能满足顾客要求，因为它们都能满足产品的三项基本功能。方案2和方案3除了满足基本功能外，还具有几项额外功能。

根据预计成本，首选方案1，因为它的成本最低。方案2也在选择范围内，但方案3由于预计成本太高，就被排除在外。方案2虽然比方案1多两项额外功能，但比方案1的预计产品成本高38%，因此在没有特殊要求时，最佳方案为方案1。

选择方案的这种思路说明了产品设计的最低要求是满足顾客的基本需要，最终目标是产品的功能和成本，在明确这一点后，企业才能选择出最优设计方案。

2. 设计人员要有成本意识

产品设计的最终目标是由设计人员完成的。但设计人员由于富有想象力和创造力，极力追求完美，因此常常会过度关注产品性能，忽略成本。

设计人员一定要有成本意识。假如一个定位 300 元的产品，只要有 5 项功能就能满足顾客需求，而研发人员却选用最好的材料，设计出 10 项功能。这样产品的使用价值是高了，但是我们设计时一定不要忘了，这样成本也会大大提高，而且不是所有客户都能承受得起的。如果基本功能之外的 5 项功能的使用频率很低，市场就更不会接受这样的产品，这次设计就是失败的。因此设计人员一定要有成本意识，这样才能设计出顾客认为物美价廉的产品。

3. 供应商参与设计

研发部门设计新产品时除了自身努力外，也要善于利用供应商这个外部资源。

供应商是企业设计可用的最佳外部资源。供应商对企业的产品很有研究，同时也有很多技术和市场上的优势。供应商参与企业产品设计，会实现企业和供应商的"双赢"。对企业来说，由于供应商对产品的了解，双方合作设计可以使产品的性价比更高，还能缩短产品开发周期；对供应商而言，由于设计结合了自己的生产和工艺实际，产品的正常供应时间缩短，供货就能得到更好的保障。

4. 推行零部件标准化

设计阶段有好的设计目标和方案固然重要，但"工欲善其事，必先利其器"，要真正达到设计目标，还要有好的方法，标准化是实现目标的利器。

标准化是在实际操作过程中制定的最佳秩序和规则。推行零部件标准化的目的是为了提高零部件的通用性。

假如电脑零部件没有标准化，不同厂家就会生产出不同型号的零件。这给维修带来了很多难题，但若各厂家都能够推行标准化生产，就不会出现维修配件难的问题了。

推行零部件标准化会给企业带来如下好处：

第一，标准化会产生规模效应。

标准化提高了产品的通用性，这样产品的零件种类就会减少，在总需求量不变的情况下，每种零件的需求量就会增加，这样一种零件的生产规模就会扩大。

第二，标准化能降低生产成本。

零部件的标准化提高了其通用性，这样零件的需求量就大了，批量生产可以降低企业生产成本。供应商也会因此减少转产次数，降低模具费用。某一电子企业通过对电源线的标准化生产，将电源线的品种由 300 种减少到100 种，即使在原材料上涨的情况下，电源线的平均售价也比以前有所降低。

> **笔者箴言**　　设计阶段的成本意识直接影响产品生产阶段的成本支出，因而，产品设计阶段务必要以低成本、高价值为设计理念。

思考题：

1. 设计阶段降低成本的方法有哪些？

2. 上述方法中哪种对你有最优参考价值？为什么？

六、推行标准化设计

企业生产发展的趋势是多种产品少量生产，但产品品种增多也会导致成本增加。推行产品标准化设计可以降低成本、扩大产品应用范围，同时还会使设计保养更加容易。

企业如何推行设计标准化？

（1）企业要制定设计管理规程。

制定设计部门的管理章程能提高设计业务的合理化、效率化程度，明确规定每个人员的职责范围，细化设计业务。设计管理规章的中心是对研发部门的设计管理者的规章要求，主要内容包括：设计部门的组织和责任、新产品开发业务、图纸管理法、技术文件管理、产品设计法、研发部门的业务内容、设计流程评定规定、小批量试制品试验业务、对员工的教育和培训。

（2）对设计对象进行标准化。

设计对象的标准化包括采用标准数和产品标准化。

在产品设计中，选定数据的基准必须是标准数据。企业为了达到有效标准化，还要对使用频率高的产品和产品的程序进行标准化。产品的标准化程序简要步骤如图 7-2 所示。

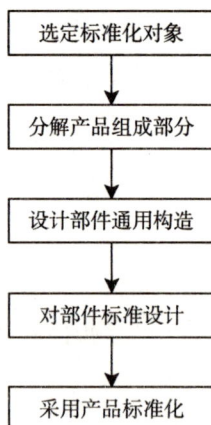

图7-2　产品的标准化步骤

（3）对设计方法进行标准化。

设计方法的标准化包括制定设计规格和设计计划书。

我们先来看如何制定设计规格。

由于设计规格是技术业务，所以很有必要对其技术情报、产品、材料、算法等进行标准化。这样能制造出直接用于设计业务的规格，提高研发部门的综合能力。设计的主要规格有产品规格、图纸规格、制图规格、原材料规格、设计规格和部件品规格。

再来看如何制定设计计划书。

如果新产品不能达到预期的设计目标，就可能失去市场，给企业带来大量人员成本和产品成本损失。为了防止出现这种情况，企业在研发设计前就要制定设计计划书，规定研发部门每位人员的具体目标，什么时候完成什么目标，并制定预定日程表，在实际研发过程中进行对照，对研发进度进行跟踪管理。

笔者箴言　　标准化设计是研发成本得以有效控制的重要举措。所以，企业务必在研发阶段大力推行标准化设计。

思考题：

1. 企业如何推行标准化设计？

2. 产品标准化的简要步骤是什么？

七、研发成本控制的措施

根据跨国企业的成功经验，我们总结出研发成本控制一般采用的四项措施：

1. 价值工程分析

价值工程分析是指通过分析选定产品的必要功能和服务，以最低的成本实现产品功能和服务的价值。找到提高产品价值的替代方案是价值工程分析的目标。

产品性价比是产品的功能和成本的比值。性价比越高，产品价值越大。提高产品性价比的方法有五种：

（1）功能不变，降低成本。

（2）功能有所提高，成本不变。

（3）功能提高，成本降低。

（4）功能略降低，成本大幅度降低。

（5）功能大幅度提高，成本略提高。

上面五种方法中最常用的是前两种，第三种能大幅度提高产品的性价比，但是难度太大。第四种和第五种也能提高性价比，但是效果不如第三种明显。

价值工程分析是从原材料制造过程、劳动力类型、外购与自产零部件之间的平衡、使用的装备等方面综合分析成本构成。

价值工程实现预定目标成本的方式有两种：

第一种是通过去掉不必要的功能，降低工序复杂程度来实现成本降低。提高产品性价比是企业产品得以畅销的有力武器，研发设计人员在目标成本的指导下，设计出性价比较高的产品能有效降低成本。

第二种是在保持产品功能不变的前提下，降低制造成本。设计人员如果过度关注产品功能，就会陷入研发设计误区，因此，设计人员要推行标准化设计，提高零部件标准化程度，这有利于降低成本。

设计部门在开展价值分析时，要遵循以下原则：

（1）分析时要全面考虑、具体分析，避免概念化和一般化。

（2）使用最可靠的信息和数据。

（3）尽可能多地搜集企业成本资料。

（4）发挥研发设计的独创性。

（5）打破现有的不合理条框，勇于创新和提高。

2. 工程再造

除产品设计之外，工序设计也对产品成本和质量起决定性作用。工程再造是对已经完成或正在进行的工程进行二次设计，将没有附加值的作业消除，提高作业的装配效率，降低生产成本。

企业在新产品批量生产前对初次设计进行工程再造，就会发现很多昂贵或复杂部件或繁杂的生产过程是没有必要的，因为它不能产生绩效或只能给产品带来很小的绩效，这时我们就可将其删除或改进。重视产品的工程再造，能消除之前因设计不良造成的不易觉察的成本损失。

3. 减少设计交付前的修改次数

决定新产品开发成本投入量的重要因素之一是设计交付生产前的修改次数。根据企业生产经验，新产品迟迟不能批量生产并投入市场的重要原因是设计不能一次达到要求，一般要重新设计好几次才能完成，这延误了新产品上市的最佳时机。

4. 加强对新产品性能成本比的分析，实现成本与性能的最佳结合

性能成本比是指目标性能和目标成本的比值。通过新产品性能成本比分析能看出新产品是否符合目标性能的要求。若目标成本性能比低于实际成本性能比，则说明在设计成本和目标成本一致的情况下新产品的性能高于原产品，根据提高性价比，我们可以通过降低新产品的性能来实现降低成本的目的。

除了以上四个措施外，在新产品研发过程中，还应考虑某一项新材料的利用会不会导致其他成本的增加，所有的材料是否易于采购等因素。通过全面考虑，才能发挥研发部门的真正作用，实现成本的全面控制与削减。

实行了研发成本控制措施后，我们可以用《设计上成本管理核查表》来检验企业是否实现研发成本的有效管理与控制。《设计上成本管理核查表》主要包括对设计部门成本资料的准备情况、设计图的成本预估、设计部门是否积极参与、有没有实施设计标准化等情况进行的检查。具体见附录成本管理的工具表单。

笔者箴言 采取必要措施控制研发成本已成为众多企业降低研发成本的必然选择，但不同企业存在差异，只能有选择地采取控制措施。

思考题：

1. 研发成本控制的四项措施分别是什么?

2. 你的企业在进行研发成本控制时采取的措施是什么?

第八章 采购成本的控制与削减

本章提要：

▶ 采购成本管理的重要作用

▶ 降低采购成本的策略

▶ 如何确定采购价格

▶ 如何选择合适的供应商

▶ 如何堵住回扣的漏洞

▶ 如何做一名出色的谈判专家

▶ 如何实现电子采购

▶ 如何实现准时制采购

▶ 实现与供应商互利共赢

一、采购成本管理的重要作用

随着市场经济的不断发展，企业之间的竞争日趋激烈，产品生产周期不断缩短，消费者对产品需求的多样化趋势也更为明显。当今企业的采购成本占平均销售金额的比重越来越小，降低采购成本，自然也就成了增加企业附加值的最直接方法。

采购成本管理的核心是采购部门。采购成本主要包括购买价款、运输费、装卸费、保险费以及其他采购活动中的相关费用，它是企业成本管理的重要内容之一。昔日世界第一 CEO 杰克·韦尔奇曾说："采购和销售是公司唯一能'挣钱'的部门，其他任何部门发生的都是管理费用。"可见，采购部门在企业成长中起着举足轻重的作用。但很多企业往往将采购部门"不当回事"，在采购时常常陷入如下误区：

不注重管理，认为采购管理就是频繁更换采购人员，防止管理腐败；

不注重谈判技巧，认为采购就是买卖过程中的砍价；

不注重专业素质，认为采购就是应酬和收礼，不吃白不吃；

不注重采购环节，认为采购就是拖延付款，急催交货。

以往的传统观念认为，采购部门是企业"花钱和保证生产"的部门，但在如今，这种观念已经永远成为历史了。

由于采购人员时刻面临着降低成本的压力，"成本"成了他们心中"永远的痛"。实际上，采购部门是企业最赚钱的部门，好的企业都把其视为"利润中心"。

ASP电气公司的财务指标显示：降低1%的采购成本，可以为企业带来5%的利润增加。而在飞利浦公司，降低1%的采购成本，竟然可以为企业带来7.5%的利润。这就是合理科学的采购管理的巨大力量。

综上所述，可以看出采购管理是工厂的一大利润来源。每个企业都应重视采购，不断降低采购成本，这样才能不断创造新的利润，让企业在激烈的竞争中永远屹立不败。

笔者箴言 ▷ 采购在企业中占据的重要位置不言而喻，所以管理者必须从固有的采购观念中走出来。否则，控制采购成本只能是一句口号。

思考题：

1. 什么是采购误区？

2. 一般降低1%的采购成本，能使企业增加多少利润？

二、降低采购成本的策略

如何降低采购成本是企业最关心的问题，不同特性的采购有不同的应对策略。从采购特性及企业与供应商之间的关系来看有四点采购策略。

采购可分为重要计划的采购、影响性较小的采购、杠杆采购及策略性采购四种。以下是不同采购特性的含义和应对策略（见表8-1）。

表8-1　不同采购特性的含义和对策

种类	含　义	应　对　策　略
重要计划的采购	重要计划的采购包括非经常性和一次性的花费，采购金额一般都比较大，例如资讯系统、厂房设施、主要机器设备等	主要采用成本分析方法，具体如下： （1）计算整体拥有成本； （2）对整个供应链的成本结构进行分析； （3）一旦重要计划的采购变成重复性的例行采购，就必须考虑使用策略性采购的应对策略
影响性较小的采购	影响性较小的采购，虽然金额较小，但也必须确认与一般市售价格相比，所取得的价格公平合理。采购代表记住，不能让价格分析上的成本高于采购的实际金额	采用低成本、快速的价格分析方法，具体如下： （1）比较类似产品采购的价格； （2）比较过去的采购价格记录； （3）比较目录或市场价格； （4）比较分析各供应商报价
杠杆采购	杠杆采购是长期持续性的随机采购。但由于对价格的波动特别敏感，产品上市的寿命非常短，这种采购不会与供应商保持比较密切的合作关系，使得采购不得不随时寻找价格最低的供应商。这导致采购代表要花费较多时间来分析采购价格	采用价格分析，同时以成本分析为辅助工具，具体如下： （1）价值分析； （2）分析供应商提供的成本结构； （3）成本估算； （4）计算整体拥有成本
策略性采购	策略性采购是十分重要的持续性采购，采购人员较希望与供应商建立长期的互惠合作关系。因为企业收到的效益比较大，企业就会在成本与价格分析上花较多时间	采用的主要方法为成本分析，具体如下： （1）对供应商详细成本资料进行分析，并找出可以进一步改善的部分； （2）对整体拥有成本进行计算； （3）对整个供应链的成本结构进行分析； （4）采用目标成本法； （5）让采购部门或供应商在早期参与新产品的开发

　　以上采购策略对采购人员来说是一个很好的参考。在实际采购过程中，四种采购情况的区分并不是特别明确，采购代表一般会使用两种或两种以上的采购应对策略，才能达到降低采购成本的目的。如果企业采购部门对采购知识不是特别熟悉，可以聘请专业采购顾问，这样花费较少的资金就能显著提高采购效率。德力电器公司聘请采购顾问就是一个很好的例子。

案例

　　德力电器公司聘请了一位经验丰富的砍价专家汤晓华，他只对总经理负责，而且只负责全部采购合同，所有合同签订完毕都要经过他审计和签字。汤先生把德力电器公司平常所使用的原材料、所采用的主要产品全部都编入数据库。

> 汤先生做事严谨，注重细节，他往往会要求供应商提交每一项单价的成本并对其进行分析。例如，公司要买一张办公桌，汤先生会要求供货商提供办公桌的材料费用、人工费用、运输费用、工时费用，包括做这张办公桌需要什么油漆等信息，然后对每一项单价进行审核。
>
> 德力电器公司一年的采购额是 5000 万元，在汤晓华先生的努力下德力电器公司节省了 10% 的成本，即 500 万元，而汤先生的年薪是 10 万元，只占节省成本的 2%。

可见，企业专业采购顾问在降低采购成本中发挥着多么重要的作用。

有了专业采购人员，就能有效选择四种企业采购策略指导采购活动，控制与削减采购成本，但在采购部门人员对采购的专业知识并不了解的情况下，是不是在采购问题的困扰下就束手无策了？当然不是。采购部门在采购过程中具体应从哪方面入手？下一节我们将对症下药，从供应商、采购回扣、谈判技巧及电子采购四个方面，提出针对性措施。

笔者箴言　企业所属类型不同，采购形式亦有千差万别，但是相应的采购策略类型却可以很清楚，既掌握一定的采购策略，亦可有效促进采购成本的控制。

思考题：

1. 采购具有几个特性？不同特性的成本降低策略是什么？
2. 你们公司采购部有没有专业采购顾问？

三、如何确定采购价格

采购价格决定了采购成本，在进行采购之前，采购人员应对采购价格做深入的了解。这样在采购谈判中才能心中有数，用最优的价格采购到理想的物料。我们只有掌握了采购成本计算方法后，才能在采购前确定科学合理的采购价格，进而准确估算出购入物料成本。

1. 采购价格的计算方法

采购价格有下面五种计算方法（见图 8–1）：

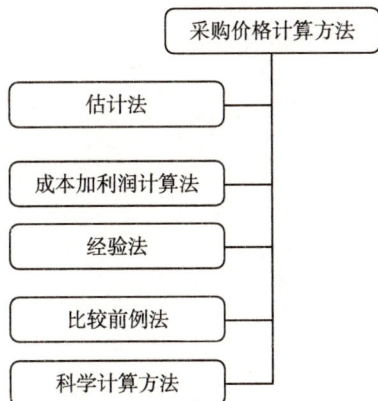

图 8–1　采购价格计算方法

第一种，估计法。

这种估计方法是根据图纸、设计书、经验或现有信息，对材料费和加工时间进行估计，然后与单位时间的工资率相乘，最后与费用率相加，就能求出价格。在利用价格估计方式时，几乎全部依赖自身的技巧，同时在评价时还应不断对误差进行修正，才能获得比较准确的价格。

第二种，成本加利润计算法。

这种方法的公式是：

成本＋合理利润＝采购价格

这里的成本为下列算式的计算结果：

成本＝本地制造成本/物料成本＋进口成本/物料成本＋安装成本＋工程设计成本＋其他成本

合理利润的计算公式为：

合理利润＝(本地制造成本/物料成本)×合理利润率＋工程设计成本×合理利润率＋安装成本×合理利润率＋(进口产品/物料成本)×合理利润率＋其他成本×合理利润率

各项合理利润率会因资金来源的不同而不同，成本分析人员应分析和参考国内外相关行业的风险率、投资报酬率、市场利率、财政部门的行业利率，以及预付款及成本中涉及的财务成本等因素之后，才能确定出合理利润率。

第三种，经验法。

经验方法是采购人员根据以往的采购经验凭直觉对采购价格进行判断。经验丰富的采购人员判断出的采购价格有一定的参考价值。

案例

小伍刚被调进采购部门，对采购部门还不是很熟悉，所以部门经理让他先跟着采购主管学习采购知识。由于生产旺季的来临，采购部门也开始繁忙起来，于是采购主管便安排小伍调查 A 类材料的采购价格。小伍心想："这也太简单了吧！"小伍接到任务后立刻在互联网搜索 A 类材料的采购价格，之后就做出一份调查报告上交采购主管。采购主管看到小伍的调查报告，并没有赞赏小伍的工作能力。因为他以自己近十年的采购经验判断，这份报告一定不够全面。于是，他将采购调查的步骤详尽地告诉了小伍。

第四种，比较前例法。

这种方法是对大众认为适当的同类产品的价格进行比较和讨论，同时采取正确的修正措施去修正采购价格的方法。这种方法建立在以前积累的数据资料的基础上，使采购价格更加精确。由于这种方法受参考产品的价格影响比较大，因此适用于确定和参考物料相类似的材料的价格。

第五种，科学计算方法。

这种方法是通过对采购价格的各种因素进行综合科学的分析来计算价格的方法，必要时还会采取改进措施。该方法是在合理人工成本、材料成本及作业方法的基础上计算出的采购价格。计算公式为：

采购价格 = 标准时间 × (单位时间工资率 + 单位时间费用率) × 修正系数 + 材料的重要量 × 材料单价 + 采购对象的预期利润

公式中的"标准时间"是主要作业时间和准备时间的总和，"材料的重要量"包括标准规格、尺寸和形状，"修正系数"是指特例加班、连夜赶工、试生产等非正常情况。这种计算方法适合于外包加工品价格计算。

这种计算方法的依据非常有说服力。但若供应商无法接受这种计算方法，则应根据各项资料，逐项检查差距，不断修正错误，最终达成一致意见。

由于这种方法需要标准时间、工资率、费用率等相关数据，因此应提前查找资料，并对产品的规格、类别按行业进行统计，做好充分的准备工作。

2. 降低材料采购成本

材料采购成本是采购成本的重要组成部分，降低采购成本的关键是降低材料采购成本（见表8-2）。

表8-2 降低材料采购成本的方法

降低材料采购成本的方法	1. 严格控制原材料订购价格 原材料订购价格对材料采购成本起着决定性作用，控制原材料采购价格的方法有： （1）控制平均采购价格 如果原材料的质量差价很大，采购部门应根据价格和质量一致的原则，在确保原材料质量满足企业需求的前提下，根据采购材料的不同等级，确定原材料的采购价格 （2）采购比例控制 一些原材料会由于采购方不同而有不同的采购价格。若采用计划分配的采购方式，采购价格就是调拨价格；若自主采购，采购价格就根据市场而定。采用自主采购时，采购部门应根据企业实际需求确定不同价格材料的采购比例，根据比例控制采购成本 （3）预测采购价格 如果采购的原材料价格长期以来都比较稳定，采购时可根据企业上一年最后一季度的采购价格计划预测年度采购价格，也可在此基础上结合本年度的新情况对原价格做出修正和调整，合理预测采购价格
	2. 合理利用新材料和廉价替代材料 随着科技的日益发展，出现了很多新材料，其中不少既具有原材料的优点又价格低廉。如果用这类新材料替换原材料，在开发新产品的同时又大大降低了原材料采购成本
	3. 加强对材料采购费用的管理与控制 材料采购费用主要由运输费、装卸费、运输过程中的损耗和入库前的整理挑选费用等组成。财务部门在协助供应部门进行相关工作的同时，也应要求其编制采购费用的预算，加强采购费用管理，对正常性采购费用进行定期检查与考核

3. 事先调查采购价格

在进行采购之前调查好采购价格，是要在采购过程中达到以最低价格购买原材料的目标所必须做的一项重要准备工作。

在调查采购价格之前，我们先看采购价格的影响因素有哪些（见表8-3）。

在了解原材料采购价格之后，采购部门就能调查采购价格了。

采购调查的步骤如图8-2所示。

（1）确定调查范围。

企业的原材料数量相当多，全部一一调查是不可能的。因此企业主要对少数非常重要的原材料进行调查。调查范围内的原材料一般只有原材料总数的10%，

表 8-3　采购价格的影响因素

采购价格的影响因素	1. 原材料的品质和规格 这是影响原材料采购价格的重要因素。若采购原材料的品质过于低下，很多供应商往往会主动降低原材料价格，有时为了尽快将低品质原材料卖出去，它们还会收买采购人员
	2. 供应商成本高低 影响采购价格的最直接最根本的因素是供应商成本高低。供应商生产的目的也是为了获利，因此采购价格通常都会高于供应商成本，二者的差额即为供应商的利润，采购价格的底线是供应商成本
	3. 企业与供应商的供需关系 若企业需要的采购材料紧俏，供应商就是主动方，它们很可能会主动抬高价格；但若企业所需的原材料市场上供过于求，企业就是主动方，往往会获得较低的采购价格
	4. 采购数量 通常情况下，大批量的集中采购能够获得供应商的折扣优惠
	5. 生产季节和采购时间 企业在生产旺季对原材料的需求量比较大，处于主动地位的往往是供应商，因此此时的采购价格会比平时高一些。提前做好生产计划和采购计划，为生产旺季的到来提前做好准备是避免这种情况出现的有效途径
	6. 交货条件 交货条件主要是指交货期的急缓、原料运输方式等。它对采购价格也会产生比较大的影响。一般若是企业主动承担运输，采购价格会降低；反之会提高
	7. 付款方式 原材料付款时，供应商通常都会以期限折扣、现金折扣等付款方式刺激企业提前付款

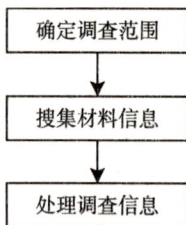

```
确定调查范围
   ↓
搜集材料信息
   ↓
处理调查信息
```

图 8-2　采购调查的步骤

价值量却是原材料总价值的 80%左右。通过对这些重点原材料进行调查，能实现原材料价格调查的真正目的。企业需要调查的原材料主要有（见表 8-4）：

表 8-4　需要调查材料范围

需要调查材料范围	（1）数量为 20~30 种，价值量占总材料价值的 70%~80%；
	（2）常用材料需大批量采购；
	（3）波动性大的物资和器材；
	（4）有特殊性能的零配件等材料，购置这类原材料能防止脱销时的生产中断；
	（5）计划之外的物资支出及设备材料的采购，若不采购这些材料会对经济效益造成很大影响；
	（6）突发性事件需要紧急采购的材料

（2）搜集材料信息。

搜集材料信息时应注意选用适当的搜集方法和适当的信息搜集渠道（见表8-5）。

表8-5　信息搜集方法和渠道

信息搜集方法	1. 水平法 对采购材料的类似产品进行调查，就能查询到其代替品或新供应商的信息
	2. 上游法 对采购材料的组成或零部件进行了解，查询其零部件的制造成本、生产资料等信息
	3. 下游法 对采购材料的用途及特性进行查询，查询这些原材料的产品的需求情况、销售价格等信息
信息搜集渠道	（1）专业信息网站或专业调查服务业；
	（2）报纸杂志等媒介；
	（3）供应商、同行及客户；
	（4）相关协会或工会；
	（5）展览会或研讨会

（3）处理调查信息。

由于商情范围比较广，信息来源复杂，市场行情变化很快，因此企业要对获得的信息资料进行筛选、整理、分析和讨论，然后根据调查讨论结果提出可行性建议，提交相关报告。根据分析报告对本企业的材料采购价格进行改进，制定出更好的采购方法，为企业降低材料采购成本，增加企业利润。

笔者箴言　　采用相应的方法及策略确定采购价格可有效节省企业的采购成本，所以，选择何种方法确定采购价格应根据采购的实际情况而定。

思考题：

1. 你认为哪种采购方法最好？为什么？

2. 如何降低采购材料成本？

四、如何选择合适的供应商

我国有句俗语："男怕入错行，女怕嫁错郎。"对企业采购成本而言，最怕的就是选错了供应商。许多采购部门经常为如何选择企业供应商而苦恼，一筹莫展。虽然采购员深知供应商的报价单暗藏玄机，却总是无法入手将其识破。

供应商是生产采购过程中一个重要的元素。选择合适的供应商，可以使企业和供应商共同发展互惠互利，供应商还能为企业的发展出谋划策，最重要的是，可明显降低企业的采购成本。而一个不好的供应商则会给企业带来质量、价格、服务等很多方面的麻烦。

为了更好地体会供应商给企业成本控制带来的好处，我们一起来看下面的例子：

案例

某单位采购部门因工作需要，需购买一辆车。采购员锁定了两家协议供应商，协议供应商甲报价为 10.5 万元，协议供应商乙报价为 10 万元，两家的其他服务条件类似。

我们根据以上条件看，一般认为采购员会理所当然选择供应商乙。理由是车辆在配置、售后服务和其他基本条件都相同的情况下，自然是报价越低越有被选中的优势。实际上采购员却选择了供应商甲。

这究竟是什么原因呢？

我们一起来听听采购员的看法吧。

他的理由是，虽然在常理上其他条件都相同的情况下，选择低价位供应商无可厚非，但他注意到一个细节：甲是本地代理供销商而乙为异地，同时，乙还不提供车辆运输服务。若是选择了供应商乙，表面上看起来好像节省了 5000 元，但车要到手，需要采购部门提前派人去取，为此单位就要支付该员工正常工资、出差补助费，还有将车从乙所在地开到单位的燃料费等费用。此外，由于该员工外出缺位而带来工作上的损失和开出车辆导致工作上的损失等，所有损失的总和，绝不是 5000 元就能弥补的。因此，综合多方面因素考虑后，采购员选择了甲供应商。

从上面的例子我们看出，合适的供应商对企业至关重要。选择的供应商不同，而造成的有形成本和无形成本的差异是很大的。

彼得·德鲁克曾说："不创造营业额的工作都应该外包出去，任何不提供发展机会的活动与业务也应该采取外包形式。"可见，与专业厂商建立良好的合作关系，把企业没有精力做或做不好的事交给他们去做，反而能节省企业的投资和成本，又能保证高品质，增强企业竞争力。这也正是麦当劳和肯德基之所以不生产可乐的原因。可见选择合适的供应商对企业的发展至关重要。

为了控制和削减采购成本，我们该如何选择合适的供应商呢？

首先，我们要选择适当数量的供应商。

供应商的数量问题，实质上是企业供应源的分担问题。

对采购方而言，单一供应商会增加企业项目资源供应的风险性。由于这家供应方是企业的唯一供应方，他就有可能对企业"压价"，使企业的采购成本控制力度无形中减弱。

但我们站在供应商的角度来看，由于其是单一货源，通常会是批量供货，有数量上的优势，因此他就可以给采购企业优惠或减少货款支付的附加费用。这有利于采购企业减少现金流出，显著降低了采购成本。

为了全面考虑，企业就要避免单一货源，寻找多家供应商，但一定要保证供应商提供的货物质量可靠、价格合适、数量充足，同时还要尽量争取供应商的优惠政策。这样供应物资的质量就能得到有力保障，同时还增强了企业对采购支出的控制力度。通常情况下，供应商的数量在三家左右比较合适。

其次，还要注意选择供应商的方式。

供应商的选择方式有四种，分别是有限竞争性招标采购、公开竞争性招标采购、询价采购和直接签订合同采购。它们按特点可分为招标采购和非招标采购两种。

由于不同供应商之间也有较强的竞争，企业采取公开招标的方式可有效压低物资价格，这样就可以用最低的价格取得最合适的物资。企业若合理利用多种招标方式，就能有效提高采购的效率和质量，达到加强采购成本控制的目的。

通过以上两方面，企业就能选择合适的供应商，并与其建立长期的战略伙伴关系，在"共享利益，共担风险"的准则下，进行互利合作，为企业的采购成本带来长期有效的利益。

笔者箴言

> 供应商选择是否优质直接关系企业采购成本控制的高低，由此可见，优秀的供应商也是企业盈利的一个重要因素。

思考题：

1. 如果你是案例中的采购员，采购时会考虑哪些因素？

2. 选择供应商时应注意哪些问题？

五、如何堵住回扣的漏洞

在了解回扣之前，我们先来看下面这个例子。

> **案例**
>
> 某天，上海某家外资超市解雇了一名采购员，原因是该采购员与供应商一起吃过饭。这家超市禁止采购员与供应商吃饭。这是该超市警惕采购员拿回扣的一项强制性措施。据了解，这位采购员平时的业绩还是不错的。

采购员和供应商吃顿饭就被解雇？这听起来是个很荒谬的规定，但也足见这家超市对"回扣"打击的力度之大。采购过程的"回扣"本质是什么？它到底会给企业造成多大的成本损失？

采购回扣是在采购方与供货商的交易过程中，双方在明确标价外，供应商在暗中向采购员退还钱财或是给其好处，以便提高交易成功率的一种行为。

一些采购人员认为"如果有回扣，不拿白不拿"，回扣确实会给采购人员带来额外的经济收入，但是更会给企业采购成本带来无形的漏洞，对采购成本的降低非常不利。

在"回扣"这个灰色"面纱"的遮掩下，采购员是否收回扣及收到回扣的多少，会影响到其购买哪位供应商的商品，购买多少，谈判时采购员的采购成本降低意识会减弱，包含在回扣中的感情意识会增强，从而导致企业采购成本的无形增加。

或许这名采购员并没有拿回扣，但即便这样，也会"吃人家的嘴软"，他下次与这名供应商谈判时，就可能放松成本意识，使采购成本的价格比平时高很多。

有的企业对采购员"吃回扣"，抱着姑息养奸的态度，这样会纵容采购过程中的"吃回扣"行为，为企业造成不可估量的成本损失。曾经有位经理惊呼：自己投资开厂，一年下来利润只有9%，而采购员靠"吃回扣"得到了10%以上的利润。采购回扣就好比足球比赛守门员把的最后一关，一旦出现任何"漏洞"，就会严重影响采购成本。所以为了有效降低采购成本，采购代表一定要堵住"回扣"的漏洞。

在如今竞争激烈的时代，企业获利越来越难，所以企业应谨慎使用每一分钱，最大限度地降低成本。杜绝"回扣"，能降低企业人员成本的风险，但有些企业对这方面却疏忽大意，导致采购员拿了"回扣"就失踪。这对企业的财产和信誉都产生了很大的危害。

企业如何有效堵住"回扣"的漏洞呢？

第一，对采购人员进行业绩考核并将考核结果作为晋升和加薪的依据。

考核的指标主要包括下面几个问题：

采购成本是否比以前降低？

供应商的条件是否维持原有水平？

供应商可否退出增值服务？

采购是否有效支持了生产部门？

当然，我们也可以对上面的指标细化为：购买费用、运输成本、期限成本、存储成本等，将这些指标逐一量化，将其和之前的对比后综合评价，就得到业务绩效。在这些"残酷的"硬指标下，收取回扣的采购员难以掩饰，就会"原形毕露"，避免采购员因收回扣做出"损公肥私"行为。

第二，定期轮换采购人员。

企业定期对采购人员进行轮换，能有效避免采购人员和供应商之间"轻车熟路"，避免采购人员出现大的问题，采购员无法与供应商建立长期关系，供应商会大大降低付出回扣的积极性。最重要的是这样可以对采购人员不同阶段的工作情况进行更加全面细致的考察，采购员拿回扣的风险性就增大。

第三，企业也应从加强财务管理、完善采购制度和仓库原材料管理等方面进行科学化管理，让"回扣"这个"扼杀"企业利润的"魔鬼"无容身之处。

"羊毛出在羊身上"，为了防止"回扣"吃掉企业的利润，为了维护企业的信誉，企业一定要从自身管理方面采取实际行动，堵住回扣的"漏洞"。

笔者箴言　回扣是采购成本支出中不可忽视的一部分，如何有效降低甚至杜绝回扣现象，是企业降低采购成本的一道重要关卡。

思考题：

1. 回扣会给企业带来什么危害？
2. 如何才能有效堵住回扣的漏洞？

六、如何做一名出色的谈判专家

我们的采购代表都希望买到"物美价廉"的物资，但是，在现实生活中，一个人要西瓜瓤另一个只要西瓜皮的事情几乎是没有的，采购协议达成的过程中，采购方想要最低价，而供货商想要的是最高价。企业要想降低采购成本就要有善于谈判的采购代表，因为一次成功的谈判通常能将期望价格降低 3%~5%，可见谈判对采购成本降低的影响之大。

采购员如何才能成为一名出色的谈判专家？

有人认为，采购过程就是双方的谈判过程，就是看谁巧舌如簧，能说会道。真的是这样的吗？实践表明，"能说"在采购谈判中只占20%的因素，而真正优秀的采购代表，是一个优秀的谈判专家。谈判之前掌握一定的谈判技巧是采购人员必备的基本素质。

在看如何做一名"砍价专家"之前，我们先看下面一则寓言。

案例

很久以前，遥远的太平洋小岛上有一座茅草屋，里面住着一对老夫老妻。某日，突然一股强劲的龙卷风袭来，他们的屋子惨遭劫难，被彻底摧毁了。老弱穷困的老两口无力建造新屋，只好去和女儿女婿一起住。但由于女儿家的屋子也不是很大，刚能将她、丈夫及四个孩子六个人容下。现在老父母再挤进来，屋子就显得更小了。这导致家里气氛不是很好。

村里有个智慧老人，无所不知，无所不能。

女儿很苦恼，就来到村里智慧老人面前求助，她问道："我该怎么办呢？"

智慧老人闲适地吸着烟斗，回答说："将你家里的十只小鸡也赶进屋子和你们同住。"

虽然这似乎是个很荒谬的建议，但女儿还是照做了。这样自然导致家里气氛越来糟糕，矛盾不断加剧。家人相互恶语中伤，鸡毛满屋飞。女儿只好再次求助智慧老人。

智慧老人平静地告诉她："将你们家里的三头猪也赶进屋子。"

这听起来简直太荒谬了！但是没有人会怀疑智慧老人的，于是她将猪赶进屋子。现在的日子简直不是人过的了：一间小屋挤了三头猪、十只鸡、八口人。小屋里每天鸡飞狗跳、吵吵嚷嚷，屋里人人都整日抱怨，长期下去估计大家都会神志不清。

无奈至极，女儿再次来到智慧老人面前求救。这次他说："回去将猪和鸡赶出屋子就可以了。"

女儿依旧照做了，一家人果真和睦相处，相亲相爱，非常快乐。

看完后我们有什么感想？是感叹问题解决的戏剧性，还是被智慧老人的睿智所折服？

"世上本无事，庸人自扰之"，他们一家开始之所以对居住环境不满意，是因为他们要求的比实际的要多，后来在同样的环境下却生活得其乐融融，看来心态是很重要的。在采购交易过程中也一样，我们扔掉一些东西才能使交易更好。

寓言中的智慧老人营造了取胜对方的气氛，一直处于主动方，是什么让他做到这点的？处理问题之前的充足准备。"知己知彼，百战百胜"，一个好的砍价专家，一个优秀的采购员，在采购前期一定要有充足的准备，这样才能创造出取胜对方的气氛。

采购代表在和供应商谈判采购价格之前，应注意以下几点：

首先要对商品的性能、同类供应商状况、商品市场价格、企业自身情况、企业能承受的价格上限和底线等做比较系统全面的了解。这些最好按重要程度进行先后排序，将最核心的写在纸上，以便在谈判过程中时刻提醒自己。

同时还要了解谈判对象的职位及谈判权限。对方的业务代表、业务主管、经理、董事长的谈判权限是不一样的，要是之前对这些都了解清楚，就能避免浪费自己的时间，有针对性地进行谈判。

另外，要先换位思考，揣摩对方的心理。供应商在谈判过程中总会留给自己一定的谈判空间，为此，他们起初会提一个比底价高的价格，这样他们总能降价，但不会抬价。所以，我们在谈判时，开始不能提一个较高的价格，否则供应商很可能侥幸以他们的最初价格成交。但价格也不能低得离谱，这样很容易导致双方由于自尊出现僵局。

只要做到上面三点，采购代表在谈判开局时就能取胜对方。

采购代表在谈判过程有很多细节需要注意，下面是一些谈判技巧：

（1）时刻提醒自己会做得更好。

（2）不能轻易相信供应商，但谈判过程中需要称对方是合作者。

（3）千万不要相信对方第一次报价。

（4）在对方没有提出异议前不要做出任何让步。

（5）记住对方总是有一些合理的条件是可以接受的。

（6）最好选择本企业的办公室作为谈判地点，以避免外界不利因素的干扰。

（7）在对方提出明显过分要求时，要表现大智若愚，不去理会，避免由于冲突陷入尴尬。

（8）"手中无数据，心中有数据"，多使用精确的数据，增加可信度和权威性。

（9）若对方与其上司一起来，可借机多要折扣，因为上司不希望在其代表面前失去客户。

谈判过程中的技巧还有很多，需要采购员通过实践积累，但是如果谈判前就做好充足的准备，谈判过程中将其灵活运用于技巧，长期坚持下去就能成为一个专业的采购代表和优秀的谈判专家。

笔者箴言 ▶ 谈判是企业采购过程中必不可少的重要环节，如何在谈判中获取更多的优惠条件，需要采购人员具备专家一样的谈判水准。

思考题：

1. 一次成功谈判一般能将起初期望价格降低多少？

2. 在本节你学会了哪些谈判技巧？除此之外，你还有没有其他更好的谈判技巧？

七、如何实现电子采购

企业采购过程中，都想达到又快又省钱的目的，但选择怎样的采购方式才能实现呢？在传统的采购方式下，很多企业要花几周或几个月时间才能完成一次采购，快的也要两周多，同时还会增加很多附加成本。在这种现状下，一种又快又省时的采购方式——电子采购孕育而生了。

电子采购是 20 世纪 90 年代初出现的一种采购方式，它便捷高效，是电子商务领域的重要组成部分之一。中国物流与采购联合会通过最新调查发现：采购方采用电子采购后，能降低直接采购成本 10%~15%，采购周期缩短 30%~50%。可见，电子采购是一种又快又省钱的采购方式。

但由于有些企业对电子采购并没有全面的了解，如今它并没有全面广泛应用到企业成本采购当中。电子采购具体是什么样的采购方式呢？

下面我们通过对一家汽车制造商采用电子采购前后的采购成本的对比，来了解电子采购。

案例

某家汽车制造商在没有采用电子采购之前，往往花几个月才能采购到合适的汽车零件，最让这家企业头疼的是，采购过程所花费的开销有时比零件本身的购买费用还高。采用传统业务流程时，这家制造商必须先调查清楚自己需要的库存是多少，然后去寻找哪些供应商有自己需要的零件，然后采购代表向每一位可能会有这种零件的供应商打电话，一般要打 20~30 个，确认之后，向目标供应商发传真询问价格，并进一步等待供应商发回的报价单。

在采用电子采购后，这家企业采购过程发生了很大的变化。公司利用外网可以将采购单直接发送到供应商的库存管理系统，同时与供应商在网上进行交流沟通。这很好地改善了企业和供应商的谈判条件，更重要的是大大降低了采购成本。应用电子采购后，为企业营造出了准时制的生产环境，这样企业就不会像以前那样被动生产，而是按照市场需求，积极主动地安排生产。

由此可见，电子采购是一种不见面的网上交易，它又快又省钱，是一种"阳光"采购。现在不少企业都将询价单发布到网上，来吸引有实力的供应商，最后自己根据竞价来选择最合适的供应商，争取让企业采购的成本实现"物美价廉"。

采用电子采购后，采购方可通过互联网寻找能为自己提供所需物资的供应商，并在此平台上对库存情况和市场行情随时进行了解，编制合理的采购计划，在线采购企业所需物资，同时对采购物品和采购订单进行库存、台账及用途管理，达到采购自动统计分析的目的。

下面我们看惠普公司是如何利用电子采购的。

案例

美国惠普公司一直是商务史上的革新者。将子公司"分而治之"就是其创新精神的表现之一。具体做法是：成立的许多子公司都是完全独立的，它们可以做任何自己想做的事，唯一要求就是销售的产品是总公司指导设计的，并且能赚钱。在这种经营模式下，惠普公司迅速发展，几十年来总是独领风骚，将同行远远甩在后面。

但近几年，惠普发展逐渐缓慢，这究竟是什么原因？难道是在向人们暗示，惠普公司已到了"廉颇老矣"的境地？

经过调查得知，原来是"分而治之"经营战略导致的。

将各个分公司"分而治之"的管理理念，造成了大量采购成本的浪费。公司集团购买行为由于缺乏统一控制与规划，过于分散和随便。公司采购部主任说："许多员工为图方便，独自去附近的办公用品商店或电脑零售商那里买东西后回来报销，并没有去与我们签订供应协议的供应商处采购，这导致花费了好多冤枉钱。"据调查，惠普截至 1999 年底花在办公设备、文具用品及其他各项服务方面的费用总额竟高达 20 亿美元！

在这种形势下，惠普随即着手探讨如何建立基于网络的采购系统。为了铲除员工"阔少爷买东西"的陋习，选择一个统一可靠的供应商十分重要。于是惠普在系统里对十万多个供应商进行筛选，最终选出了几家最可靠高效的在网上交易的大型供应商。

1999 年 9 月，惠普的 Ariba 电子采购系统启用。经过四个月测试，惠普发现：采用 Ariba 电子采购系统后每年会减少企业维护、修理等方面的费用 6000 万~1 亿美元。实际上，采用电子采购系统的效果比惠普测试的还要好。

如今，惠普的每位员工都会去 Alliente 的网站订购自己办公需要的东西，而不像以前那样就近随便采购。网站上都有其交易的详细记录，这为以后采购系统的维修与保养提供了很大方便。

现在，惠普公司能同时和 100 个供应商进行快捷的交易与即时沟通联系，用不到两天的时间就能完成以前两个星期才能完成的采购过程。现在利用网络进行调货、开票和信用卡的处理占工作时间的 30%，而以前却要占到 70%。

或许某一天，惠普公司的员工甚至都不用考虑何时购买纸或墨盒，因为电子采购系统会根据打字机的需要换墨或加纸的时间，及时提醒他们。

从惠普采用电子采购的例子可以看出，摒弃了传统人工采购模式的电子采购有着很明显的优势。

（1）采购成本大大降低——每年维护、修理方面的费用会节省 6000 万~1 亿美元。

（2）缩短采购周期，显著提高采购效率——以前需要两周才能完成的采购过程现在只需要不到两天的时间。

（3）优化了采购流程——电子采购操作简单，快捷高效，同时交易后有详细记录，优化了采购管理。

（4）实现信息共享——在电子采购系统中有众多的供应商信息，每位员工都能看到，并能与企业建立合作关系的 100 家供应商进行在线采购和交流。

（5）使企业和供应商实现互利"双赢"——供应商通过电子采购的网络平台能及时快速地获知采购方的最新需求，为企业节省成本的同时也使自己获得利润。

（6）减少库存——由于采用电子采购，供应商和惠普公司的交流具有即时性，因此没有必要提前采购大量产品，这有利于企业实现"零库存"，降低了库存成本。

笔者箴言 电子采购是企业降低采购成本的一个重要途径。由于电子商务的高速发展，电子采购已经为越来越多的企业与供应商连线搭桥。

思考题：

1. 为什么将电子采购称为"阳光采购"？
2. 电子采购的优势有哪些？

八、如何实现准时制采购

准时制采购又称为 JIT 采购法，是在供应链管理基础上的一种先进的采购管理模式。准时制采购将准时制管理方式很好地应用和反映在采购中。准时制采购要求企业在最合适的时间、最合适的地点、最合适的数量和质量下，提供最合适的产品和服务。可见，企业根据 JIT 采购就是既不能提前，也不能推迟，而要在需要的时候依照需要去采购生产所需要的原材料和外购件。

据资料显示，截至目前美国绝大多数企业都已采用准时制采购方法并取得良好经济效益，但在我国，由于受企业基础工作、技术水平和管理水平等影响，准时制采购应用并不多。因此我们很有必要对准时制采购方法做深入了解，并将其应用到实际工作中，以便不断提高企业参与国际性竞争的能力。

采用准时采购对供应链有十分重要的意义。准时采购的核心在于订单驱动方式，即需求方与供应方都依据订单运作，这是实现准时制、同步化动作的有力保障。在具体实现过程中，采购方式必须并行，即在采购部门产生一个订单时，供应商也开始着手物资准备工作。同时，当采购部门提供给供应商详细采购单时，供应商便快速将用户需要的物资转交到目的地，供应商此时也能快速了解到用户的新订单是否发生改变，若有改变，采购订单就会随之变化。由此可见，准时制采购充分体现了供应链的协调性，同时使供应链的敏捷性、同步性和集成性更强。

准时生产的核心是使库存量最小化或追求零库存的生产系统，其基本思想是仅在需要时去生产所需要的商品，同时它是一种基于小批量、多品种生产条件下低消耗高质量的生产方式。所以，只有在双方互利合作的战略伙伴关系的基础上才能建立准时采购模式，在需求商产生对半成品或原材料的需求时，生产商就能及时向其提供质量可靠的物资。准时制采购的优势如表 8-6 所示。

表 8-6　准时制采购的优势

准时制采购的优势	**1. 节约资源，提高效益** 采购方与供应商由于建立了战略合作伙伴关系，双方会基于之前签订的长期协议下达和跟踪订单，减少了双方再次定价和报价的过程；供应商和企业间的外部协同使得供应商的应变能力不断提高；双方均遵行同步供应链计划，使得制造计划、采购计划、供应计划可同步进行，大大缩短了用户响应时间；采购物资直接进入制造部门，减少了对采购部门库存的占用以及其他相关费用
	2. 减少大量库存 "库存是企业的万恶之源"，采用基于时间的采购，大量减少了外购件和原材料库存。国外咨询机构测算发现，采用准时制结构，可降低 40%~80% 的外购件和原材料库存。库存量降低的同时，流动资金也会随之减少，这无形中促进了流动资金的周转速度，此外还减少了原材料和外购件对库存空间的占用，使库存成本有效降低。美国惠普公司采用准时制采购方法后仅一年时间库存量就降低了 40%。国外专业机构测算后发现，采用准时制采购平均降幅为 40%，个别企业的降幅甚至已达到 58%
	3. 采购件的质量提高 企业采用准时制采购方法后，供应商会与制造商共同参与产品的生产与制造过程。供应商就能为生产商对原材料和零部件的性能提供参考意见，为产品开发和创新提供更好的条件，使产品的质量不断提高。客观上，为了提高企业竞争力，生产中也应保证采购质量，制造商应帮助供应商提高管理水平和技术能力，供应商也有责任参与到制造商的产品设计过程，以便实现双方的互利共赢
	4. 可以有效降低外购件和原材料的采购价格 供应商和制造商密切合作，会产生规模经济效应，同时还消除了采购过程中订货手续、检验手续、装卸环节等的浪费，这有效降低了外购件和原材料的采购价。另外，采用准时制采购缩短了交货时间，同时还减少了采购活动中人力、物力的耗费，提高了劳动生产率，使企业的竞争力不断加强
	5. 确保供应链协同运作，真正实现企业柔性生产 准时制采购方法的参与使双方均依照订单运作，实现了生产的同步化和准时化。采购部门产生订单后供应商就会着手展开原材料等物资的准备工作，同时，采购部门编制采购详细计划，制造部门随即进行生产准备活动，实现采购模式的并行。采购部门的订单会随着用户需求的变化而变化，从而实现了生产的敏捷性和柔性

我们接下来一起看看准时制采购的具体实施步骤（见图 8-3）。

1. 制定可行性计划，确保采购有步骤、有计划地实施

企业在采购之前要制定有针对性的采购计划，主要内容包括减少供应商的数量、向供应商发放签证等。该阶段是企业和供应商共同商定准时制采购的目标及相关措施，保持较多交流沟通的过程，双方意识到尽快达成一致能有效消除合作

制定计划

↓

建立采购班组

↓

与供应商建立伙伴关系

↓

试点工作

↓

培训供应商

↓

颁发产品证书

↓

实现准时交货

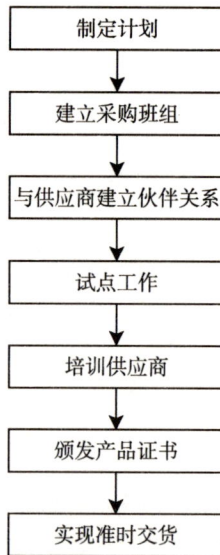

图 8-3　准时制采购的具体实施步骤

中的障碍，减少采购活动中的阻力。

2. 建立准时化采购班组

专业化、高素质的采购班组是实施准时化采购必不可少的要素。实力雄厚的企业专业采购人员有寻找货源、协商确定价格、发展并不断改进与供应商的协作关系的能力。准时制采购班组的作用有：制定采购操作规章，对准时采购有关事宜进行处理，协调企业与供应商的运作关系，协调企业内部相关部门的运作情况等。准时化班组应分别成立处理供应事务和协调本企业内部关系的两个小组。前者的任务是评估和认定供应商的能力、信誉，向供应商发放免检签证，与供应商谈判并签订准时化合作合同，负责对供应商进行培训和教育等。后者专门负责协调企业内部各部门的采购活动，指导和培训操作人员，进行操作检验、监督和评估，制作作业流程，对采购过程中的浪费现象进行清除等。

3. 精选供应商并与其建立伙伴关系

准时制采购的重要特点是精选供应商，选择较少的供应商。供应商管理的主要任务是精选供应商，建立利益一致的战略联盟。供应商和企业之间是一种主动交流、紧密合作、互相信赖、同工协作的关系。双方发展共同目标，分享共同利益。企业应从产品质量、应变能力、供货情况、技术能力、企业规模、地理位置等方面考虑来选择供应商。

4. 进行试点工作

风险性是市场经济的特点之一，它无法回避，时时存在，但我们可以化解或降低风险。企业可先从某条生产线、某种产品或某些原材料的试点开始，对采购活动进行试点。试点总结可以为正式的采购活动奠定良好基础。1998 年初神龙公司通过进行轮椅采购试点，大大降低了库存积压和库存资金占用。神龙公司在此基础上逐步扩大采购物资范围，使企业经济效益明显提高。

5. 认真对供应商进行培训，确定双方共同目标

实现准时化采购需要采购方和供应商共同努力才能实现。采购方应对供应商进行教育培训，这样双方才能都认识和了解准时化采购的运作方法和策略，才能相互支持与配合，双方相互协调在目标一致的基础上做好采购准时化工作。

6. 给供应商颁发产品免检合格证书

进行准时化采购时买方在采购产品阶段时手续比较简单。向供应商核发免检证书是实施准时制采购非常关键的一步。在供应商的产品合格的情况下才能对其核发免检证书。因此，核发证书前，供应商应提供真实、完整、正确的产品质量文件，其中包括规格、检验程序、设计蓝图等其他必要的关键内容。

7. 实现与准时化生产相匹配的交货方式

实现准时化生产的交货方式的目标是：生产线需要的某种物资能及时被运至生产线，生产线同时拉动该物资，并在制造过程中使用该物资。准时化采购是不断改进和完善的过程，为了提高准时化采购运作绩效，就要在实施过程中从降低运输成本、提高产品质量和提高交货准确性、降低供应商库存等方面不断改进，不断积累经验教训。

综上所述，准时制采购可很好地满足客户需求，同时还能最大限度地消除库存浪费，从而使企业的采购成本和经营成本不断降低，使企业竞争力不断增强。

笔者箴言　采购不是一件单一的活动，它涉及很多环节，要想让准时化在采购中得以实现，更是需要企业、供应商以及制造商等整个采购链上的构成要素共同参与、合理配合，这样才能确保采购准时化的顺利实施。

思考题：

1. 准时制采购的优势是什么？

2. 如何实现准时制采购？

九、实现与供应商互利共赢

创建于 1989 年的美心有限公司经过近 20 年的发展，现已成为一家实力雄厚的大型合资企业。企业以门业为主打产业，集新型建材、房地产、国际贸易、精密制造等为一体，产品年销售额超过 20 亿元，除在全国各大城市销售外，还远销世界三十多个国家和地区。美心多年获得"重庆工业企业五十强"殊荣，美心安全门被评为中国名牌，被国家工商总局评为"守合同、重信用"的民营企业。

2002 年，与其他高速发展的企业一样，美心公司开始面临发展"瓶颈"。董事长夏明宪果断地大幅降低产品价格，实施用利润换取市场的策略，但这并未解决"瓶颈"问题。降价没过多久，风险就不期而至——原材料价格大幅度上涨。如果继续低价销售，就会出现卖得越多，亏损越严重的现象；如果产品涨价销售，就会导致企业信誉彻底扫地，难以在竞争中立足。这真是一个两难的境地。在这关系企业生死存亡的关键时刻，美心的"救命稻草"在哪里？降低成本，尤其是降低原材料采购成本，成了美心唯一的出路。

采购部接到夏明宪的命令：从 2002 年起三年时间内，必须以每年 10% 的速度降低企业的综合采购成本。

在这一艰巨的指令面前采购部门的员工都吓得想要退缩，但同时又很不服气，"因为之前美心已经采用国内首创的'开架式采购招投标制度'，这种制度有效降低了 15% 的成本，同时还杜绝企业'暗箱操作'，为此中央电视台还对其作了专题报道"。在当时残酷的现实下，还有没有其他让"青蛙"变得"苗条"的魔法？

在夏明宪的带动之下，美心员工最终还是克服了心理障碍，他们在摸索中不知不觉形成了一套更有效降低成本的管理模式。

1. 联合中小采购供应商，并与企业加工配套

美心企业规模比较大，原材料供应需求量也比较大，于是它就根据企业采购物资需要，将经常合作的中小供应商配套联合起来，统一出面进行原材料采购。这样美心的采购量明显扩大，显著降低了企业采购价格，这一举措使企业减少20% 的综合成本。配套企业对美心采购的原材料按要求进行加工，给美心直接提

供加工的半成品，美心财务处根据配套企业的验收单对其发放加工费。这样美心的产品生产周期大大缩短，成本还会相对降低，企业就获得相关利润。随着采购成本的降低，配套加工企业的竞争力也会随之增强，这样美心就会形成生产规模不断扩大、价格降低的良性循环。这对我国企业采购成本降低有很大的借鉴意义。

2. 与大型供应商建立战略伙伴关系

美心在与国内外特大供应商合作时，率先会与其中的一两家建立战略合作伙伴关系。大型钢厂在向战略合作伙伴供应产品时一般低于普通采购商 5%~8%，低于市场零售价 15%。采用这种策略后，美心 2002 年的某一次采购就比同行节约了近 1000 万元的成本。

随着美心生产规模的不断扩大，实力也不断增强，为了减少生产材料不必要的浪费，美心与钢厂进一步谈判，要求钢厂定期提供钢材的新近价格动态情况表，同时为美心量身定做采购产品。因为在生产过程中，不同的产品在原材料相同的情况下会有不同的尺寸，生产标准和规格也会变化，这就造成原材料的不必要浪费。比如以前钢板是 100cm 的标准，但门板的尺寸是 90cm，这就导致了 10cm 钢板的浪费，如果钢厂将一部分的原材料标准变为 90cm，就减少了不必要的浪费，大大节约了采购成本。

3. 加大对新品配套生产方的投入，合作共赢

美心对新配套品种生产产品的企业加大生产投入，使新配套产品和普通产品相比，生产价格会大幅增加。美心这时就与生产方建立合作关系，在技术、设计、品牌、管理的软件和硬件等方面进行入股。合作条件是：提供给美心的产品只能比生产成本略高。这就会一举两得，皆大欢喜：生产合作方减少了在新产品上的投入，降低了生产风险；美心的配套产品采购成本也降低了，增加了企业利润。

4. 携手合作，优化物流

原材料和配套产品问题解决之后，美心还从物流方面与配套企业从优化物流方面进一步加强合作。不同的配套企业有不同的送货管理标准，这导致美心与其在运输安全、信息交流等方面，会产生许多不同的问题，花费了双方大量人力资源和时间成本，而配套物流成本的提高将会直接转嫁到配套产品上，导致产品价格增加。为了防止这种现象的发生，美心就聘用第三方物流供应商，由他们负责设计最优的配送方案，去不同的配送企业取货并将其直接送往美心生产车间。这

样可以提高物流效率，节约配套企业的运送成本，由于配套产品是直接送往生产车间的，就保证了美心库存量的显著降低，节约库存占用的资金。

企业物资采购是企业贸易活动的纽带，降低采购成本是降低企业成本的重要途径，还关系到企业产品的质量和价格。美心根据实际情况实施有效的采购成本管理，实现了对外部资源的充分利用，最重要的是降低了企业的采购成本、增强了企业的核心竞争力。

美心通过上面的四项策略，实现了与原材料供应商及配套企业的紧密合作，保证了原材料供应商有稳定的大客户，降低了配套企业的生产风险，自身既降低了成本，还扩大了生产规模和销量，形成了三方共赢的良好局面。

2002 年，美心综合采购成本降低 17%，比同行采购成本均值低 23%，同时实现了产销量的成倍增长。美心成了该年唯一在原材料暴涨时期维持产品价格不变的企业，树立了良好的企业形象，软硬件建设管理根深叶茂，企业发展如日中天。

笔者箴言 　共赢是采购合作最终要达成的目标，否则，合作双方都会因为利益不均而出现各种各样的纠纷，甚至会断送长久以来建立的合作关系。

思考题：

1. 与供应商长期合作的基础是什么？

2. 美心成本采购的最大突破是什么？对你们公司有什么启发？

第九章　库存成本的控制与削减

本章提要：

▶ 库存的作用

▶ 确定最大库存与最小库存

▶ 认识库存浪费

▶ 消除不必要库存

▶ 认识"零库存"

▶ 戴尔的"零库存"管理

一、库存的作用

库存是企业生产的"大本营"，对企业的发展起着至关重要的作用。一个企业储备资源和所有物品的场所即为库存。所有企业都要有一定的库存量，必要的库存量能保证生产正常进行，满足顾客需求。在包装企业，因为包装订单具有很大的随机性，库存显得尤其重要，只有一定的库存量才能满足订单需求，否则会严重影响生产。

库存的作用有以下几点：

1. 防止缺货，满足销售需求

一定量的库存能满足客户的随时需求。预期库存能满足客户的预期需求，特别是针对性比较强的物品，只有提前积累一定的库存才能满足特定时间的需求。在客户需求未知的情况下，就要用库存的缓冲量来满足不确定的需求变化，防止缺货。

2. 将生产阶段分离，增加了生产的柔性

一定的库存为企业连续生产提供了有力保证，万一遇到设备故障，其他生产仍然能不受干扰，继续进行。这使得生产的各个环节相对独立，有利于生产的平稳进行。原材料库存将生产经营与原材料供应商的供货分离开，即使原材料交货延迟，也不会影响生产经营。成品产品库将生产和销售过程分开，能提前生产大批产品，保证销售市场供货不受影响，增加了生产的柔性，降低了成本。

3. 预防价格上涨

有些原材料的价格在通货膨胀或供求不稳的情况下，可能会上涨，此时企业可以购买大于正常需求的原材料，提前储备原材料，可以降低材料成本，同时批量采购还可获得价格折扣。

4. 具有定期优势

一般情况下，企业会购买超出当时需求量的原材料，以降低采购成本。这样大批量购买可以减少订单数量，为企业享受折扣价创造了条件，降低单位购买成本，同时还有利于降低运输成本。

由此可见，库存在企业生产中具有战略性的作用，每个企业都要有必要的库存量。库存不足将会导致企业错过发货日期，失去市场和客户。

但这是不是说，库存越多越好呢？当然不是，库存量过剩会减慢资金流通速度，降低企业效益，增加库存持有成本，降低企业投资收益率，降低企业对订单变化的反应敏感性，导致企业市场反应速度降低，同时，还会增加企业生产协调成本。

因此，生产管理人员要尽力平衡库存，根据市场的信息来调节库存，这样就会明确"企业现在有什么"，以及"企业还需要什么"，实现"零"库存，使库存在最科学合理的范围内发挥其最大的价值。

库存控制的核心是"三不"，即不断料、不呆料、不囤料。如何寻找这三者之间的平衡呢？库存管理的第一要务是不断料，这样才能满足市场的需要；不断料的同时还要做到不呆料和不囤料，否则会引起资金积压和仓库占用，这样会产生不必要的租金、管理费、保费等。因此，如何降低库存成本，就成了我们下面要重点讨论的内容。

笔者箴言　　　库存之于企业的重要性不言而喻，所以做好库存成本控制与总成本管理密切相关。否则，成本管理及其控制必将难上加难。

思考题：

1. 库存有什么作用？

2. 是不是库存越多越好？

二、确定最大库存与最小库存

库存在企业经营中发挥着很大的作用，它经常处于变动的状态。库存原材料不足，会导致企业无法正常进行生产活动，但若采购得过多，就会造成大量的库存浪费，增加企业的库存成本。

可见库存是把"双刃剑"，若没有合理的库存管理，就会对企业产生不良影响。因此，企业确定库存量时最好制定一个标准，确定最大库存量和最小库存量，这样才能实现库存的最大价值。

最小库存量又称为安全库存量，是为了满足企业正常生产而设定的。最大库存量是库存的上限，是为了防止库存过量而设置的。最小库存量和最大库存量能有效监控库存状况，实现库存最优管理。

如何计算库存量呢？

为了防止库存过量或不足，我们可以对数量过多的材料进行个别控制，主要计算方法有：用实际数字或用天数计算，也可以两者结合进行计算。我们先一起来了解如何用天数计算库存。

用天数计算的指标是库存循环率和库存循环周期。

$$库存循环率 = \frac{出库金额}{库存金额}$$

我们用次数表示库存循环率，库存循环率越高，库存减小的速度就越快，库存转化为现金的速度就会越快。

库存循环周期中的库存循环日是一个很重要的概念，是指从材料采购到销售出去为止所需的天数。库存循环日实质上表示库存，其计算公式为：

$$库存循环日 = \frac{365 \text{ 天}}{\text{库存循环率}}$$

公式用"几天份的库存"来表现库存量比较容易理解库存控制。下面我们来看用天数计算最小库存量和最大库存量的具体方法。

1. 计算最小库存量

计算最小库存量一般采用订货和交货间隔期决定法和平均出库量变动幅度决定法两种方法。

以订货和交货间隔期为基准计算最小库存量是第一个方法。从下订单开始到交货为止所需要的天数即订货和交货间隔期。计算公式是：

最小库存量（基本天数）= 订货和交货间隔期 + 1 天

从公式可以知道，如果订货和交货间隔期为 5 天，则最小库存量就是六天份。为了保险，我们通常会在计算最小库存量时多一天计算一天。

由于行业不同，订货和交货间隔期也会不同。一般情况下，制造业的间隔期会比流通业的间隔期长。

在这里要提醒大家，平均每天的出库量不是固定的。若平均每天的出库量分布不规则，就有必要考虑用出库量变动的幅度来计算最小库存量。在最大库存量与每天平均出库量的差距很大的情况下，就应将最小库存量增加一些，这样企业才能应付突如其来的大订单。

2. 计算最大库存量

最大库存量与平均库存量及最小库存量有关，其计算公式是：

最大库存量 = 2 × 平均库存量 – 最小库存量

和上面一样，最小库存量的计算单位依然为天数。我们来看如何计算平均库存量。

平均库存量有期初平均量库存、期末平均量库存、12 个月总和平均库存等。用不同的平均库存量，会得出不同的数据。在库存量的不同阶段，应采用不同的平均库存量。

掌握了计算库存量的方法，就能科学合理地利用库存资源，有效避免企业库存浪费。

案例

小李刚上任，就接到生产计划部门的材料采购申请书。急于立功的小李，根本就没有细致看完企业的库存管理规程等相关条例，就即刻联系供应商，进行采买活动。

为了拿到供应商的批量优惠，小李一次性采买了大量的原材料。直到签订合同后，相关部门人员才发现，这次采购活动批量已经超过了库存的最大量，只是此时知道为时已晚。

笔者箴言　　为了更好地控制库存成本，绝大多数的企业都会设定最大库存量和最小库存量，以确保成本的有效控制及生产的持续性。

思考题：

1. 为什么说库存是把"双刃剑"？
2. 最小库存量的计算公式是什么？

三、认识库存浪费

在认识库存浪费之前，我们先来认识一下"买卖"，以便于我们更好地认识库存。

现代意义上的买卖就是"经营"。获取利益是买卖的最终目的，所以买卖最基本的就是将自己生产的商品卖给他人，从差价中获利。因此企业生产的产品销路越好，利润越高。例如小商贩批量订购商品，估计商品利润后确定销售价格。由于他们将商品精心包装后销售，这样他们就能抬高售价，获取更多的利润。

制造型企业也是如此。他们首先订购各种生产所需的原材料，然后经过多重加工后销售。如制造塑胶等化工用品的制造商，首先必须订购原油，然后根据化工用品的制造工序生产出产品，将产品销售后才能实现利润。

物流管理中库存的定义是指：目前闲置的，但未来有经济价值的资源，它能防止生产中断，节省订货费，防止原材料和产品短缺。

企业库存中包含两类：生产库存和流通库存。生产库存是为了保证企业所消耗的物资供应不间断而存储的物资；流通物资是企业生产成品库存，主要是物资部门主管的库存。这两种库存都会占用企业流动资金。库存量过大，就会占用企业大量流动资金，影响企业的经济效益；但库存过小，企业的正常运营就难以维持。因此企业必须有合适的库存量。实质上，库存是一种负资产，我们来看一个案例。

案例

1997年5月，A先生用80万元购买了一套82平方米的房子。他个人付款16万元，同时向银行贷款64万元。

1997年10月开始，房价大跌。到1998年4月，A先生购买的那套房子的市场价已经由80万元下跌至40万元。A先生此时还欠银行贷款60万元，并按合约继续偿还。

此时A先生的个人资产是：市场上房价40万元和60万元的银行贷款，就是说他还负债20万元，并且他没有权利自主处置房产。

拿企业资产和个人财产相类比，A先生1997年5月购买好的80万元房产好比企业的库存积压资金。他由于没有经营好"库存成本"，辛辛苦苦一年后竟然背上了20万元的负资产。

一般企业苦心经营一年只能带来10%左右的纯利润，但库存和在制品的总额度却往往占到年度经营总额的30%以上。虽然财务报表上将库存和在制品当成资产，但企业管理者一定要建立库存是企业负资产的观念，它是"万恶之源"，是企业负债的根源。我们来算这样一笔账：

假设一个企业一次性购置100万元的物料，材料的折旧费为10万元，并且每年这批物料要花费5万元的保管费。如果这批材料没有及时利用，随着时间的推移，这批材料的价值会逐年递减，到第6年时，这批材料价值会成为10万元，如果出现报废产品，企业就会负债，如图9-1所示。

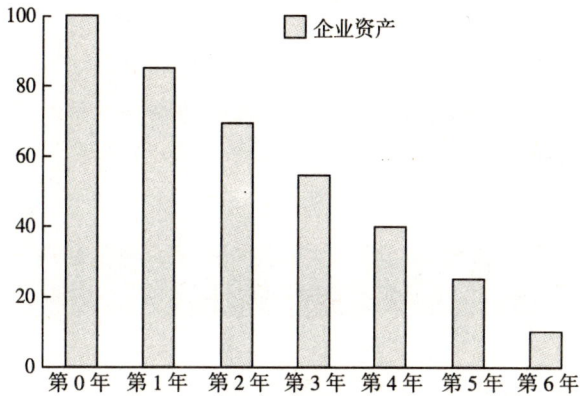

图 9-1 资产折旧

通过图 9-1 我们可以直观地看出材料价值的递减，由此我们可以看出不能合理及时利用的库存实质上是一种负债。

生产中零部件、材料的库存；成品的库存；半成品的库存；已发货的在途成品及已向供应商订购的在途零部件都属于库存浪费，企业应加强对这些库存品的管理（见图 9-2）。

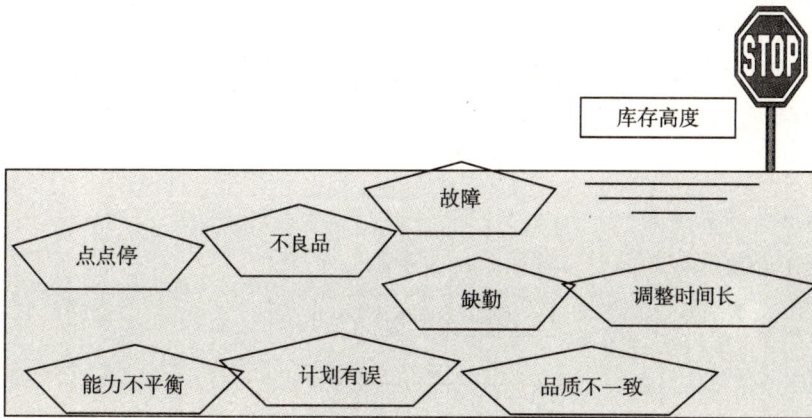

图 9-2 库存浪费

可见，库存不仅会造成成本的增加，还隐藏了很多问题，是企业发展的桎梏，过量库存会对企业产生什么危害呢？主要有以下几个方面：

（1）产生保险费、仓库费、资产费等维持在库费用的增加。

（2）运转资金困难导致利息负担的增大。

（3）由于需要搁板和仓库，会占据很多空间。

（4）折旧的损失。

（5）造成出入库记录、在库调查等多余的管理成本。

（6）产生停产、运搬不良等浪费，导致作业浪费。

（7）能源的浪费。

笔者箴言 ▷ 库存中的浪费与企业生产的各个部门都有着密切关系，要想有效控制库存浪费，必须将与之相关的部门浪费严格控制好。

思考题：

1. 你眼中的库存浪费是什么？

2. 学了本小节后你对库存浪费有什么新的认识？

四、消除不必要库存

过量库存是企业的万恶之源，我们从减少库存的角度对库存分成必要库存和不必要库存两类。

必要库存是周转库存、安全库存等使用频率很高的库存；不必要库存是指长期保管库存、过剩库存、劣质品库存等使用频率很低的库存。如何发现并消除不必要库存？

1. 发现不必要库存

发现不必要库存的简要步骤如图9-3所示。

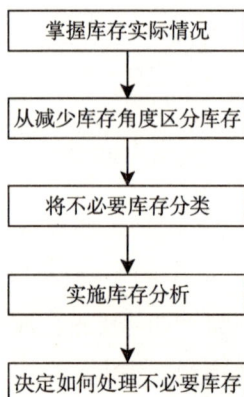

```
┌─────────────────┐
│  掌握库存实际情况  │
└─────────────────┘
         │
         ▼
┌─────────────────┐
│ 从减少库存角度区分库存 │
└─────────────────┘
         │
         ▼
┌─────────────────┐
│   将不必要库存分类   │
└─────────────────┘
         │
         ▼
┌─────────────────┐
│    实施库存分析    │
└─────────────────┘
         │
         ▼
┌─────────────────┐
│ 决定如何处理不必要库存 │
└─────────────────┘
```

图9-3 发现不必要库存的简要步骤

在具体操作过程中应注意以下要点：培训全体员工，使大家明白不必要库存对企业的危害；有明确的库存削减目标和计划；若发现过剩的库存，一定要重点关注；对待不同的库存时尽量多征求相关部门的意见。

2. 消除不必要库存的方法

企业发现不必要的库存之后，接下来就应该思考如何防止和消除不必要的库存浪费。减少不必要库存之前要认识到库存问题就是经营问题，要有组织有计划地推进减少库存的工作，同时还要对减少库存工作的员工进行关于提高库存成本意识的教育。

在消除不必要库存前要设定不必要库存衡量标准，这样才能有效地减少库存成本。需要消除的不必要库存的比率是不必要库存比率，比率越低越好，其计算公式为：

$$不必要库存比率 = \frac{不必要库存}{总库存} \times 100\%$$

消除不必要库存的方法有很多，我们一起看下面两种方法。

（1）目视管理。

这种管理方法是将库存周转率、不必要库存发生率、库存物和账目不一致等情况及产生的原因、解决对策等通过"库存管理板"等告示板，向全体员工公布。这样全体员工就能关注不必要库存，协同合作，消除不必要库存。

不同的不必要库存的简单处理方法见表9-1。

表 9-1　不必要库存的处理

不必要的库存	过量库存	即超过使用标准的库存，处理方法是将其降低到标准库存量
	陈腐化品的库存	即全是由陈腐化产品组成的库存，处理方法是检查其能否改造或转用
	长期保管的库存	即6个月以上没有用到的库存，处理方法为检查今后会不会用，用到的可能性大小
	老化品库存	即不能再次使用的劣化品，这些产品已经没有任何价值，因此要将其废弃

企业在处理劣质化库存和陈腐化库存前，要在工厂最显眼的地方对其进行公示，防止类似情况再次发生。

（2）妥善处理余料和过期物料。

对于企业的余料和过期废料，企业可将其调拨给其他部门，或将其打折出售给供应商，或和其他需要这些材料的企业做物料交换，也可对余料、过期废料的规格进行修改，再次利用，以达到消化库存的目的。

具体操作方法为：企业物料管理部门将库存原材料中异动数量低于30%的余料、过期物料列出来，交送处理专员。

处理专员首先对滞存原因进行追查，列出具体的处理方式和处理期限，上报给主管部门。经上级同意后，处理专员将处理方式为出售和交换的部分交给采购部门进行处理；处理专员依据材料管理准则对处理方式为拟报废料的部分签准报废，并开具相关表单；若处理部门未及时向处理专员交送余料、过期废料处理表单，处理专员应该及时催要。在完成以上事项后，处理专员就可以及时将余料和过期废料的处理结果汇总表，按照处理期限上报主管部门领导。

笔者箴言 并非所有储存起来的东西都是必须为之的，所以消除不必要的库存就是将这些非必须存储的东西剔除，这样才能减轻库存负担。

思考题：

1. 如何发现不必要库存？
2. 消除不必要库存的方法有哪些？

五、认识"零库存"

"零库存"，是不是指没有库存？在回答这个问题之前，我们先看下面的故事：

案例

一位年轻的篮球运动员，由于之前的辛勤努力，获得了很辉煌的成就，得到了几百万美元和一枚戒指的物质奖励。但他骄傲自满，又不会理财，那些钱就很快花光了。为了生计，他不得不去洗车店干报酬很低的活。由于他拒绝在擦车时将冠军戒指摘掉，洗车店就将他解雇了。

这名运动员愤愤不平，就起诉了洗车店，说洗车店歧视他，对他的人格造成了侮辱。同时他还说，他手上的戒指是自己现在唯一的荣耀，若将其拿走，自己就会精神崩溃，但法院并未因此支持他。

这个昔日的冠军为何落到了如此下场？是因为他没有将昔日的成功归零，他若用"成功零库存"的心态去面对新的生活，生活就一定会有新的起色。

企业制造产品要有"在必要的时间，以必要的量，制造必要的产品"的观念，才能够有效率地活用资金，获得利润。

在企业生产中，要想更好地发挥库存成本的价值，就要实现"零库存"。海尔总裁张瑞敏曾说："我们主张成功'零库存'，同样也主张生产'零库存'。"可见，实现"零"库存对企业有很重要的意义。

但长久以来，很多人认为"零库存"就是没有库存，仓库中不放置任何生产资料，不进行仓库建设，这样可以不用仓库存储物品，企业就没有了仓库成本。这种理解方式是错误的，也无法实现。

"零库存"是指原材料、成品或半成品在采购、生产、销售等环节，始终处于周转的状态，而不以仓库形式存在。可见"零库存"和是否拥有库存没有关系，关键是看产品是处于存储还是周转的状态。

"零库存"起源于20世纪60年代日本丰田的准时制生产模式，这种模式通过看板管理和单元化生产技术等管理手段，实现生产过程中原材料和半成品的"零"积压，使生产效率显著提高。"零库存"的概念此后在原材料供应、物流配送、产品销售等领域也得到广泛应用，成了很多企业降低库存成本的最佳策略。

"零库存"有委托保管方式、轮动方式、准时制供应系统、协作分包方式、无库存储备、看板管理、水龙头方式、配送方式8种形式。

1. 委托保管方式

这是一种受托方接受企业委托，所有权属于企业，物资均由受托方负责代存代管的方式，企业因此不再有库存或者保险储备库存，实现"零库存"。受托方会收取一定的代管费用。以委托保管方式实现零库存有如下优点：由于受托方有专业的委托保管知识，因此企业能花费较低的费用实现高水平的库存管理，减去了因设仓库而带来的大量库存管理事务，能将更多的精力放在生产经营上。但由于这种"零库存"方式是通过转移库存实现的，因此不能从根本上降低库存总量。

2. 轮动方式

这种零库存方式又称为同步方式，在传送带基础上产生，是在对系统进行周密设计之后，使每个环节的速率达到协调一致，从根本上消除某些环节暂时停滞的零储备、零库存的形式。轮动方式的零库存使生产和材料供应同步进行，通过传送供应实现"零库存"。很多日本企业采用这种方式。

3. 准时制供应系统

完全按生产之间的轮动方式实现"零库存"的难度很大，一些企业不适合采用轮动方式，即使花费很多资金也不会成功。因此很有必要寻找一种比轮动方式更灵活、更加容易实现的"零库存"方式。准时制供应系统就是这样的零库存方式，他没有采用类似于传送带的轮动系统，而是依靠各个环节的衔接和计划，实现工位之间、生产和供应之间的协调，实现"零库存"。

4. 协作分包方式

协作分包方式是制造企业的主要产业结构形式。这种结构形式在企业的柔性生产时供应，使企业的供应实现"零库存"，同时主企业的集中销售库存使若干协作分包企业的销售库存为零。

发达国家的制造企业都是采用协作分包方式，它们由一家大型主企业和数以百计的小型分包企业组成了"金字塔"形的协作结构。主企业主要负责指导装配产品和开拓市场，分包企业负责分包劳务、零部件加工制作供应和销售。例如，负责零部件制造的企业，为了保证主企业的生产速率，采取各种库存调节形式和生产形式，将零部件按指定时间送到主企业，主企业因此就不必设一级库存。主企业的产品库存可通过配额或随时供应的形式，满足各分包企业的销售需要，使其实现销售产品"零库存"。

5. 无库存储备

这种无库存的储备依然保持储备，但不采取库存形式。这种零库存方式主要是用于国家战略储备方面。由于战略需要，国家将不易损失的铝作为隔音墙、路障等战备物资储备起来，以防万一，但不在仓库中保持库存。

6. 看板管理

看板管理方式也称为传票卡制度，日本丰田公司首先采用了这种零库存方式。这种方式是在企业生产工序之间、企业之间、企业与供应商之间，以固定的卡片为凭证，逆生产流程方向，根据自己的节奏，由下一节向上一节制定供应量，协调各个环节之间的关系，实现不同环节的准时同步的管理方式。看板管理方式能实现供应的"零库存"。

7. 水龙头方式

这是日本索尼首先采用的零库存方式。这种零库存方式就像打开自来水管一样，只取自己需要的，不保存自己不需要的，以实现"零库存"。随着生产实践的改进和完善，这种方式已经发展成为即时供应制度。企业可随时提出购入要求，需要多少就采购多少，供货商的库存和供应系统承担为企业及时供货的责任，企业因此实现"零库存"。需要的物资是工具或标准件的企业一般适合用这种方式实现"零库存"。

8. 配送方式

配送方式的零库存形式是综合上面七种方式，供应商通过采取配送方式，保证供应，使企业实现零库存的方式。

下面我们来解密广州丰田的成功之道，通过分析丰田的"零库存"现象，看看零库存有什么优点。

案例

2008 年，"TPS"这个字眼在商业界频频见报。TPS 即"丰田生产方式"，几十年前就在世界汽车制造业掀起了轩然大波，昔日的汽车工业老大纷纷效仿丰田这匹"黑马"的 TPS。

丰田每一位职工视"库存"为最大的浪费。TPS 的目标是"零库存"，大力减少库存。

"前一道工序是为后一道工序提供工件"是传统汽车行业的思维模式。在这种模式下，产品的大批量盲目生产，导致了库存浪费、生产浪费、搬运浪费、加工浪费及等待浪费。

为了将浪费彻底清除，丰田早期在美国"自选超市"的启发下，将超市视为生产线上的第一道工序，顾客购买是第二道工序。顾客在需要商品时会在超市购买一定数量的所需商品，超市随即就对顾客买走的那部分商品进行补充。由此产生了丰田的拉动式生产："前一道工序在所需时间生产后一道工序所需数量的零部件，前一道工序只需要生产出后一道工序需要领取的数量即可。"

在广州丰田的总装车间，物架上不会有分类放置的各种零部件，我们也看不见其他工厂来回穿梭搬运零部件的繁忙场景。

　　这都是丰田装配线成套供给零件体系的功劳。在该体系下，每一辆等待装配的车身都有一个紧随的物料架，在车身和物料架同步流动的平台上，总装工人只需将零部件对号入座装配上车即可，而这些零件都触手可及，因此工人转身取料的时间都节省了。丰田高层表示："丰田精益生产方式倡导的就是通过对零部件的'配餐式'供应方式，在必要的时间内生产出必要数量和质量的产品。"

　　在精益生产理念下，在车身和零部件上，广州丰田都实现了"零库存"的管理目标，达到了"60秒完成一辆凯美瑞的生产"的革命性效率。成功兑现了"客户要多少，就能为客户提供多少"的承诺。

　　此外，看板方式也是丰田的一把"独创利器"。

　　丰田结合拉动式生产的实际情况，将生产计划下达至最后组装线，完成在指定时间内指定数量的指定车型的生产。在这个过程中采用了为拉动式生产而量身定做的"看板方式"。看板方式是丰田汽车的"中枢神经"，它记录了所需物品的详细信息，丰田所有员工都在其提示下开展生产活动，它改善了运营机制，使生产和运送指令快速有效地传递。

　　从丰田的例子我们可以看出"零库存"有很多优点：

　　首先，能有效提高工作效率。

　　广州丰田实现了"零库存"的管理目标后，达到了"60秒完成一辆凯美瑞的生产"的工作效率。这是因为"零库存"使丰田减少了大量搬运工作，显著提高了工作效率。

　　其次，能有效降低库存占用资金，加快资金周转。

　　资金周转次数是衡量企业管理能力的重要指标，企业资金周转速度越快，企业管理水平越高。丰田采用拉动式生产方式后，大大降低了库存成本。企业可将这些资金用在更重要的事上，为企业创造更大的利润。

　　最后，减少存储过程中的各种消耗。

　　丰田采用装配线成套供给零件体系后，有效降低了搬运成本、库存成本，以及在存储过程中因产品更新换代而产生的降价和滞销风险。

笔者箴言 为了追求更低的库存成本，很多企业都在探索"零库存"方式。但是由于企业类型的不同，"零库存"的形式也必须因时而异。

思考题：

1. 什么是"零库存"？

2. "零库存"有什么优点？

六、戴尔的"零库存"管理

企业在生产中无法预测未来需求变化，但又不能间断企业的生产经营活动所必须资源的配置，于是产生了库存。但是，过量库存会导致企业管理中出现的资金周转慢、产品积压等问题。由此看来，过量库存显然成了企业发展的包袱。

为了解决这些问题，很多企业都在努力追求"零库存"的目标。戴尔自1984年创办到现在，经历过二十多年的风雨，在世界一流企业的阵营中站稳了脚跟，"零库存"是其成功的最大秘诀。

有数据显示，戴尔强劲竞争对手思科公司的存货量是销售量的40%，而戴尔只占销售量的6%，比联想的库存时间少18天，效率却比其高90%。戴尔库存建立的基础是对供应商库存的使用或借用，它库存低的重要原因是其产品订单每过20秒就会通过网络整合一次。

当今电脑行业的竞争越来越激烈，毛利仅为2%。因此降低成本，提高生产效率，就成了电脑企业获得利润的唯一方法。戴尔是微利时代的"铁血"赢家，其成功的精髓是低成本。它的欧地普来克斯工厂是降低库存成本的典范代表。

电脑行业成品的平均保存期限是两个月，但欧地普来克斯工厂的目标是实现"零库存"。这看似不可思议的目标竟然实现了。

在戴尔的欧地普来克斯工厂里看不到厂房，每天有2万多台产品从装配线上直接出厂。工厂占地只有1.86万平方米，每个接受零件的平台只有9.3平方米。其竞争对手几周的零件库存，在欧地普来克斯工厂里只有两个小时。

欧地普来克斯工厂的"零库存"给戴尔带来了丰厚的回报。自从欧地普来克斯工厂实现零库存后，生产效率在第一年增加了160%，技术回报率也因此从

1994 年的 30%变为 300%。

欧地普来克斯工厂实现零库存不但使戴尔内部实施了重大变革，也使供应商改变了供应方式。因此欧地普来克斯工厂不但是技术上的成功，还是戴尔变革管理的巨大成功。

"零库存"带来的巨大成功使戴尔名声大振，很多人已经将戴尔当成了零库存的代名词。戴尔的"零库存"并不是没有库存，没有库存企业就无法生存。这里的零库存是指库存量低，周转快速，合理及时地利用供应商的供货。

"零库存"是戴尔成功的秘诀，不过它是基于供应商的"零距离"之上的"零库存"。

假如戴尔的零部件来自全球四个市场：中国 30%，欧盟 20%，美国20%，日本 30%。从中国市场供应商 A 公路运输需要至少 2 天时间才能到达中国香港基地；从欧盟市场供应商 B 海运至少需要 10 天，空运至少 7 小时才能达到中国香港基地；从美国市场供应商 C 海运至少需要 25 天，空运至少 10 小时才能到达中国香港基地；从日本供应市场海运至少 2 天，空运至少 4 小时才能到达香港基地。

在这种形势下，要想使戴尔中国香港基地电子器件保持"零库存"，供应商必须在中国香港通过自建或租赁的形式建立仓库，以确保元器件的库存量。但这样供应商无形中会承担戴尔公司库存风险，因此就要求戴尔公司和供应商之间有频繁、及时的业务协调与信息交流。

由此，供应商和戴尔制造公司之间可能存在下面两种库存管理模式：

第一种模式是戴尔的中国香港基地有存储仓库。在这种模式下戴尔公司必须自行负责中国香港基地的库存管理。当缺货时，库存管理人员通知供货商将货物 4 小时内送入基地仓库。为了及时送货，供应商也必须建立仓库。这导致供应商和企业双方都必须建立仓库，从而使整个供应链的资源利用率降低，增加了双方的成本。

第二种模式是戴尔公司在中国香港不设立仓库，只设立制造基地。供货商根据生产制造过程中物品的消耗情况对库存进行管理。管理时可采用准时制物流管理模式。多方供应商可合作建立配送中心，也可与中国香港基地第三方物流商合作建立供应中心。

采用第二种模式后，供应商将对电脑组装厂的日产量、生产进度等进行全面了解，会不自觉地参与到戴尔的生产经营活动中来，但同时也承担着零部件库存的风险。并且供应商还要保持原材料采购库存和为制造商香港基地配送业务的库存。在面对"降低成本"这个让所有企业都头疼的问题时，供应商实际上是被动"挨宰"的。

在以上情形下，戴尔与供应商的战略合作伙伴关系和"双赢"目标都是不能实现的。因为"供货商—制造商—销售商"链条仅仅实现了制造商的最大利益，而使其他两方都无利可图甚至亏损。这必然不能维持三者的关系，将对三方都造成很大损失。

为了与供应商建立良好的战略合作伙伴关系，戴尔制造商应支持供应商的发展，多方面照顾其利益。戴尔的具体措施有：

（1）在利润方面，戴尔对供应商运输费、包装费、存储费等全部物流进行补偿，此外还将供货总额 3%~5% 的利润给供货商，让供货商有更好的发展机会。

（2）在业务运作方面，戴尔还尽力避免零库存造成供应商采购成本上升。戴尔中国香港基地一般都向供应商承诺至少一年的预定采购额。若采购预测失误，戴尔中国香港基地就将富余的采购额转移到戴尔全球其他生产基地，将供应商的库存压力减到最小，保障其利益。

（3）戴尔制造商会将供应链上所有企业的积极性都调动起来，将供应商的被动"挨宰"地位变为主动积极参与，最大限度地发挥整个供应链的积极作用。例如，让戴尔各地区的供应商同时作为其他企业的销售代理商之一，这使供应商的利润就另外增加了一部分，供应商也因此转变成供货及销售代理商的双重身份，加强了"物品采购供应—生产制造—产品销售"各环节的紧密结合，使供应商和企业的合作由商务合作关系转变为战略合作关系，实现了利润共享、风险共担的目标。

戴尔公司采用这种战略后，每年用于产品创新的支出不足 5 亿美元，只占公司平均销售额的 1.5%，而其最强劲的竞争对手惠普公司每年用于产品创新的支出竟达 40 亿美元，占公司平均销售额的 6.3%。2000 年，戴尔公司PC 和服务部门获利 19.8 亿美元，惠普 PC 却亏损达 14.4 亿美元。可见戴尔公司的战略举措是正确的。

戴尔与供应商联盟获得巨大成功的关键是什么？关键是这种合作关系有利于新产品的研发。由于制造商对自己熟悉的采购货物领域中的电脑电子元件产品的市面情况最容易掌握，他们会对该领域产品的性价比及其他相关信息了解后及时反馈给制造商，这有利于制造商不断完善产品的性能，把握客户需求的最新动态，进而促进生产商对生产经营策略进行适当调整。这样，供应商、生产商和销售商的关系就紧密结合在一起。具有销售和供货商双重身份的第三方物流公司这时也全面参与了整个供应链的生产经营活动。整个生产活动给各方的积极参与者都带来了利益。

戴尔每天都要与其50家材料配件供应商保持网络密切联系沟通，将自己对每个零部件的要求信息随时发布到网上，供50家供应商参考。这样可以提高信息流通效率和透明度，同时刺激了供应商之间的相互竞争，供应商自会将产品的发展、价格变动、存货量等信息随时告知戴尔。

在良好的信息沟通下，戴尔的库存越来越低，这使戴尔的过期零件只占材料开支总额的0.05%~0.1%，而其他企业的过期零件这一比例则高达2%~5%。即使在这种情形下，戴尔副总裁亨特仍说："有人问我五天的库存量是不是戴尔的极限，我回答：'当然不是，我们能将库存减小到两天。'"

戴尔正是意识到零库存下高效的物流配送在当今世界激烈的竞争下的重要作用，才成为了竞争激流中的"弄潮儿"。

笔者箴言 从成功的企业那里借鉴成功的库存管理经验是快速提高本企业仓库管理的有效途径，但有一点，所有经验都严禁生搬硬套。

思考题：

1. 戴尔成功的秘诀是什么？

2. 戴尔的"零库存"管理方法对你有什么启发？

第十章　质量成本的控制与削减

本章提要：

▶ 认识质量成本

▶ 质量成本控制步骤

▶ 严格把控工序质量

▶ 分析质量成本

▶ PDCA 循环

▶ 如何降低质量成本

一、认识质量成本

在看如何进行质量成本控制之前，我们先来认识质量成本。

什么是质量成本？企业为保证和提高产品的质量，或为产品的质量不合格而支付的费用就是质量成本。此外，不能满足客户需要的不合格产品导致的损失也是质量成本。

一个企业的产品一旦质量出现了问题，就会造成企业很大的浪费。

案例

丽萨在一家生产鞋垫的公司上班，主要负责鞋垫的零售工作。丽萨最近工作很不顺心，到底是怎么回事呢？

原来，丽萨经常会收到顾客退回的产品，有的是因为鞋垫出现破洞，有的是由于鞋垫断裂。由于质量问题，丽萨最近不时会给顾客寄一双价值 3 美元的鞋垫，另加 2 美元的邮费。甚至有时会收到顾客寄来的一双被他们公司鞋垫磨坏的鞋子，要求赔偿一双同样的新鞋并将购买鞋垫的钱退回。短短一个月，丽萨就处理了 90 双鞋垫的退款业务，共赔偿顾客 3115 美元，而丽萨的工资仅仅是 1500 美元。

这家企业有没有仔细计算过退还鞋垫和邮费、鞋垫库存、销售人员处理退货所花费的人员成本等所有成本的总和？

造成企业这么多附加成本的根源是什么？就是企业的产品质量不过关。为了减少企业不必要的成本损失，重视质量成本，把好产品质量成本这一关，对企业至关重要。

质量成本是降低企业其他成本的有力保证，它由预防成本、鉴定成本、内部损失成本、外部损失成本和相关故障损失成本五部分组成（见表 10-1）。

表 10-1　质量成本分类

质量成本分类	
	1. 预防成本 预防成本是为了预防不合格产品和产品故障所花费的费用，是为了防止不合格产品重复发生，努力保证企业第一次就做对所花费的费用。主要包括设计、制造及质量体系等方面的内容，具体如下： （1）实施体系策划、产品实现策划等各种策划的费用； （2）工序能力研究、质量审核、质量情报费用，例如，对经销商和顾客满意度进行评价的费用，开发和实施可靠性测量、计算方法、质量分析技术、质量信息系统维护等费用； （3）工艺/产品设计评审、验证和确认的费用； （4）培训和质量改进费用
	2. 鉴定成本 鉴定成本是企业用于评估产品是否满足规定要求所付的各项费用。这些费用花在对目前生产的评价、测量和控制上。包括检验策划、质量审核、检测设备及监视设备的维护和校正、破坏性试验工件的耗材和劳务费用等与服务和设备有关的费用
	3. 内部损失成本 内部损失成本是产品出厂前，因质量问题而支付的各种费用。主要包括报废品损失费、返修费、复检费用、停工损失费用、质量故障处理费用、产品质量降级损失费用等
	4. 外部损失成本 外部损失成本是产品出厂后，由于产品不满足顾客要求，导致产品修理、更换、索赔、信用缺失而造成的成本损失。主要包括索赔或退货等售后服务费用、产品运输费用、降价损失、企业信誉损失等
	5. 相关故障损失成本 相关故障损失成本又被称为"隐性质量成本"，是一种无形的质量成本损失，实际故障成本是普通测量出的故障成本和隐形故障成本的总和； 相关故障损失成本延误了企业处理质量问题，使企业在市场和同行中的形象受损，影响企业的发展前景。相关故障损失成本包括工程时间、管理时间、生产现场停机时间、订单损失等问题引起的企业费用损失

产品生产进入微利化时代时，没有最低的质量成本，只有更低的质量成本。有人将质量成本形象地比喻为企业的"矿中金山"。意思是，若对不必要的质量成本损失进行有效控制，将给企业带来好比一座金山的经济效益。

我国非常重视质量成本。早在 1987 年我国就引进日本全面管理和质量成本理论；1994 年成立质量经济成本分析研究会；1991 年《质量成本管理》问世。

控制和削减质量成本对企业发展有很重要的意义。在市场经济竞争日趋激烈的情况下，企业只有一手抓顾客，一手抓质量，才能使自己拥有较大的发展空间，获得更大的利润。

笔者箴言　　质量的高低直接影响企业在市场上竞争地位的高低，所以，正确认识质量的重要性，并做好质量成本管理，是企业管理的重点。

思考题：

1. 什么是质量成本？
2. 质量成本的分类有哪些？

二、质量成本控制步骤

质量成本管理是企业持续发展的根基。根据美国质量协会统计，除原材料成本外，企业总运营成本中至少有 25%是显性质量成本，隐性质量成本是显性质量成本的 3~4 倍。我们若将降低成本比喻成企业的金矿，则降低质量成本就是企业的银矿。

在降低质量成本过程中，企业常常会认为降低产品原材料成本就是降低质量成本，或者认为顾客的要求已经非常严格，企业无法进一步降低质量成本。实际上，只要按照合理的质量控制程序和步骤，就可以进一步提高产品质量，降低质量成本。

产品质量控制包括样品质量、采购质量、进料控制、进料、仓储、生产线、出库等控制。下面我们依次介绍这几种质量控制。

1. 样品质量控制（见图 10-1）

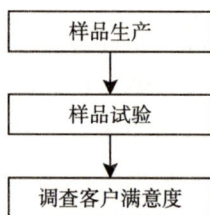

```
┌──────────────┐
│   样品生产   │
└──────┬───────┘
       ↓
┌──────────────┐
│   样品试验   │
└──────┬───────┘
       ↓
┌──────────────┐
│ 调查客户满意度 │
└──────────────┘
```

图 10-1　样品质量控制

第一，样品生产。企业按照设计图纸进行样品生产。在生产过程中，企业要对产品设计质量、结构、性能、主要工艺等进行检验，同时对设计图纸进行验证和修改，对存在的问题及时予以解决。

第二，样品试验。这是对样品进行全面试验阶段。具体包括环境测验、型式测验，以及必要零部件测验。一般情况下，在试制出样品之后才进行样品试验，这有利于检查样品是否符合设计要求。样品试验既可以在实验室进行，也可以在生产现场进行。

第三，调查客户满意度。在这个阶段主要调查产品是否是客户需要的产品；产品的结构、颜色、配置等是否符合客户需求；产品是否存在外观和性能上的质量问题等。

2. 采购质量控制（见图 10-2）

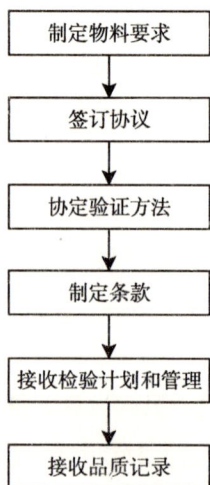

```
┌──────────────┐
│  制定物料要求 │
└──────┬───────┘
       ↓
┌──────────────┐
│   签订协议   │
└──────┬───────┘
       ↓
┌──────────────┐
│  协定验证方法 │
└──────┬───────┘
       ↓
┌──────────────┐
│   制定条款   │
└──────┬───────┘
       ↓
┌──────────────┐
│ 接收检验计划和管理 │
└──────┬───────┘
       ↓
┌──────────────┐
│  接收品质记录 │
└──────────────┘
```

图 10-2　采购质量控制

第一，制定物料要求。制定物料要求制定物料规格、样图和物料采购订单，签订订单前买卖双方会谈的书面步骤，拟定物料采购的品质检验法则，这样可以让供应商根据物料采购要求的明确叙述，掌握企业最需要的物料信息。

第二，签订协议。签订的协议是品质保证协议。以书面形式对供应商应负的责任进行明确，可保证供应商提供的货物与企业经营需求保持一致，避免不必要的采购成本损失。

第三，协定验证方法。与供应商一起协定一个明确的验证方法，对以后实施检查非常有利。

第四，制定条款。制定条款即与供应商制定解决物料纠纷的各种制度和程序。

第五，接收检验计划和管理。为了确保有效管理物料，应建立切实可行的方法。

第六，接收品质记录。为了确保以往物料资料的完备性，为评核供应商的绩效和物料品质趋势，企业很有必要保持一定的接收品质记录。

3. 进料质量控制（见图10-3）

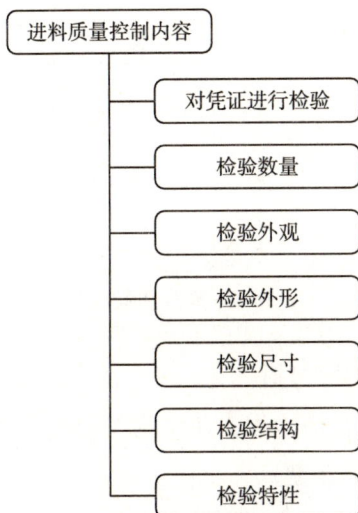

图 10-3　进料质量控制

第一步，对凭证进行检验，即对供货商的质量凭证进行检验。凭证包括物料名称、型号、规格、交货日期、供货数量、物料合格证和其他物料合格证明。此外，企业还要对主要质量、技术指标和供货方的印章与标记进行核对。

第二步，检验数量，即对物料的实际数量进行清点，以确保实际数量和订单的数量一致。

第三步，检验外观，即通过目视检查物料是否存在生锈、变色、发霉、污染、划痕等质量问题。

第四步，检验外形，即查看物料是否由于各种原因出现变形现象。严重变形通过目视就能检查出来，轻微的变形要用模具才可以检查出。

第五步，检验尺寸，即用塞规、卡尺、千分尺等测量工具检验物料的尺寸误差是否在公差范围内。

第六步，检验结构，即用拉力器、扭力器检查物料结构是否完整，结构之间的组织是否达到要求标准。

第七步，检验特性，即按照规定要求对物料的物理、化学、电器、机械的特性进行检验，处理测量结果数据，并根据规定要求检查物料是否合格。

4. 库存质量控制（见图 10-4）

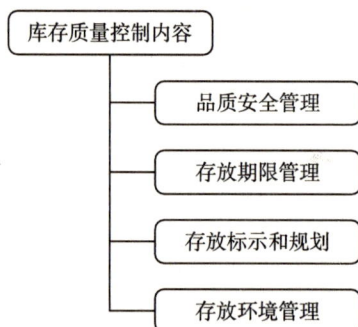

图 10-4　库存质量控制

（1）品质安全管理的内容包括：

对入库的物料要进行合格验收，注明物料的接收日期，对有存储要求的物料，应建立适用的存储周转制度；

采取适当的存储方法，对容易腐烂和变质的物资要采取特殊包装等预防措施；

将物品包装完整，并确保存储区的卫生条件适宜；

做定期安检和消毒等贮存控制，并做好物料检验记录；

对不宜贮存在室内的物资，为了防止物料损坏，应加盖帆布等防雨防晒的材料。

（2）存放期限管理是各仓库根据物料不同特征制定相应贮存期限，这样能确保物料先进先出。在利用过期物料时，进行检验后才能利用。

（3）存放标示和规划是指要将入库的物资标示清楚，根据物资规格、大小、体积等统一对存放区域进行规划。

（4）存放环境管理是指存储区保持通风、地面和物架保持整洁，定期清扫，这样能保证物料不变质。

将产品放在仓库中，并不是万事大吉。一旦存放条件不合格同样会导致产品质量损坏，甚至是产品报废。对于电子工业而言，潮湿的环境是电子产品质量的致命敌人。据相关统计显示，全球每年有25%以上的工业制造不良品与潮湿的危害有关。

5. 过程质量控制

过程质量控制主要包括对成品和半成品检验。

首先来看半成品检验（见图10-5）。

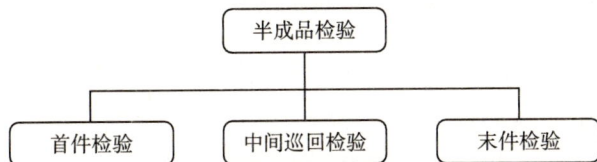

图 10-5　半成品检验

首件检验——对生产线的第一件或前几件产品在工序因素调整后或每班生产线开始时进行检验。

中间巡回检验——按一定时间间隔检验生产现场的半成品和生产条件。

末件检验——在批量生产完毕后，再依靠模具或专用工装加工，并依靠工装、模具保证质量，在零件加工现场对最后一件或几件产品的质量进行检验。

我们再来看成品检验（见图10-6）。

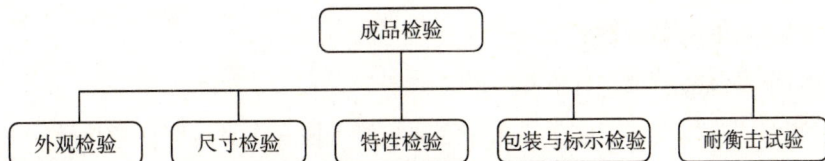

图 10-6　成品检验

外观检验——确保产品没有受损和变形。

尺寸检验——测量产品规格、包装容器、箱、袋尺寸是否符合要求。

特性检验——检验物理、化学、电子特性是否变化及对产品的影响程度。

包装与标示检验——检验产品的包装方式和包装材料是否达到标准，同时对产品标示的内容、位置、检验人员是否盖章进行检查。

耐衡击试验——检验产品的抗拉、抗震力是否达到标准。

6. 产品出厂控制

这是产品出厂前的最后一道控制程序，主要包括：出厂前对产品表面有无损伤进行检验和理化测试；按照客户要求组织产品质量抽查，对产品质量进行验收；采用产品质量印签管理制度；为客户提供质量保证文件，同时进行质量跟踪和售后服务。

笔者箴言　质量成本的控制并非独立的，它需要将涉及质量的各个环节都纳入控制中，否则，质量成本的控制只是一句空话。

思考题：

1. 质量成本控制有几种？

2. 采购成本控制的步骤是什么？

三、严格把控工序质量

严格进行工序质量控制是保障产品质量的重要方面。工序质量包括工序活动条件和活动效果的质量。工序活动条件的质量包括人员、材料、机械、环境的质量，工序活动效果的质量是指每道工序完工的产品的相关质量是否达标。这两个方面的质量互为关联，要同时兼顾。

1. 工序质量控制步骤

具体步骤包括实测、分析和判断。

实测——对抽出的工序子样采用必要检测手段和工具进行质量检验。

分析——采用直方图、排列图或管理图法分析检验所得的数据，寻找数据遵循的规律。

判断——在分析的基础上判断数据是否符合正态分布、是否在控制线之内，以及公差是否在确定范围之内；状态是正常还是异常，质量变异是偶然性因素引起的还是系统性因素引起的。通过对整个工序的判断，确定工序的质量是否达标。如果出现异常情况，就可立即寻找原因，采取相应预防措施。

2. 工程质量控制侧重工作

在进行工程质量控制工作时，应加强以下四方面的工作：

（1）对工序活动条件的质量进行主动控制。工序活动条件包括很多内容，主要包括操作者、材料、机械设备、施工方法和环境五大影响质量的因素。只要将这五大要素有效控制，工序投入品的质量就能得到有力保障，有效防止系统因素变异现象，保证每道工序质量正常和稳定。

（2）严格按照工艺规程执行。施工操作的依据和法规是施工工艺制作规程，它同时也是保证工序质量的前提，每个人都必须严格按照规程执行。

（3）对工序活动效果的质量进行严格检验。工序活动效果能判断工序质量是否达标。因此，要加强质量检验工作就必须综合分析质量效果，这样才能及时了解质量动态。检验工序活动效果时若发现质量问题，应立即予以解决，力争每道工序都满足工序活动效果的要求。

（4）设置工序质量控制点。设置工序控制点是为了保证工序质量，设置控制的重点、关键部位及薄弱环节，强化管理，确保工序在一定条件下和一定时期内处于良好控制状态。

3. 控制点的类别

质量控制点分为新工艺、新技术或新材料的应用、人的行为、物的状态、施工顺序、技术间隙、常见质量通病、材料的质量和性能、关键操作。

新工艺、新技术或新材料的应用——操作人员缺乏新工艺、新技术、新材料的操作经验，因此初次施工应将其设为工序质量控制点。

人的行为——指高空作业、水下作业等技术难度大的工序都应从人心理缺陷等方面进行全面考核，事前应反复沟通，强调注意事项，以免出现错误行为或违纪违章现象。

物的状态——根据不同工序特点设置不同的控制重点，例如有的应以防止过热、腐蚀等危险源为控制重点。

施工顺序——工序或操作之间的先后顺序。

技术间隙——对有些技术间歇时间性很强的工序或操作要进行严格控制，否则会影响质量。

常见质量通病——渗水、起砂、裂缝等是常见的质量通病。企业应对预期相关的工序进行事先研究，找到可行性的预防策略。

材料的质量和性能——直接影响工程质量的因素是材料的质量和性能，它们对特殊工序的影响更大，因此应将材料的质量和性能设为工序控制点。

关键操作——为了减少混凝土弹性压缩，减少钢筋松弛，就采用超张拉这一关键操作。

4. 检验工序质量

工序质量的检验即采用预定的手段和方法测定、查看和检查工序操作和成品的质量，同时将测得的结果与该工序的操作规程和质量特性的形成技术指标相比较，判断工序是否达到标准。

检验工序质量就是评价工序活动效果。其主要步骤为（见图 10-7）：

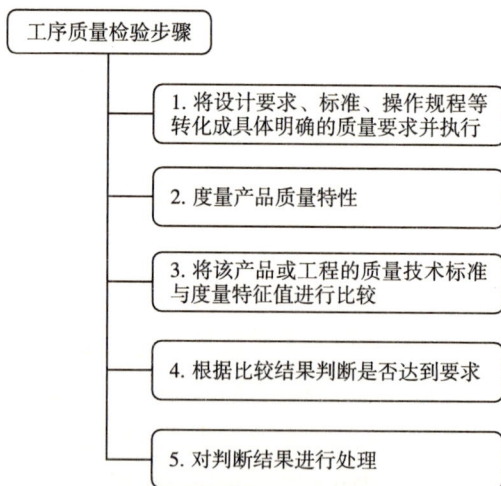

```
工序质量检验步骤
    ├── 1. 将设计要求、标准、操作规程等
    │      转化成具体明确的质量要求并执行
    ├── 2. 度量产品质量特性
    ├── 3. 将该产品或工程的质量技术标准
    │      与度量特征值进行比较
    ├── 4. 根据比较结果判断是否达到要求
    └── 5. 对判断结果进行处理
```

图 10-7　工序质量检验步骤

在检验工序质量的全过程中，应对检验情况进行全程记录。记录完整、准确的数据能为统计、分析、判断、审核提供科学依据。

> **笔者箴言**　产品的每一道工序是否合格直接影响产品的最终质量是否过关。因而，严格把控每道工序的质量势在必行。

思考题：

1. 工序质量控制的步骤和内容是什么？

2. 控制点有哪些类别？

四、分析质量成本

质量成本在企业生产经营过程中并不是孤立存在的，它和企业的战略目标息息相关，企业战略目标决定了产品质量策略，而质量策略决定了企业质量成本的大小。

这节我们一起来看如何分析质量成本。

1. 搜集质量成本数据时应注意的问题

质量成本数据是质量分析的重要依据。分析质量成本数据可以确定改善成本的时机，安排生产作业顺序。要分析质量成本，首先要搜集足够的产品质量成本资料。会计账目、研发部门关于产品质量的活动、员工不良产品修理工作是质量成本资料的主要来源。在搜集这三方面的数据时应注意的问题是什么？

会计账目：我们应关注已建立账目的保证费用和检验成本。面对某一会计账目退回成本，就应判断退回产品是剩余产品还是不良产品，因为只有不良产品才能列入质量成本的范畴，这样才能保证质量成本数据的准确性。

研发部门关于产品质量的活动：如果研发人员在从事关于产品质量的工作时未用划分成本的方法划分出属于质量成本的费用，我们应调查不同员工在该工作上所消耗的时间比例，估算出为之付出的质量成本。

员工不良产品修理工作：员工在从事不良产品修理工作时，我们可将工作时间进行暂时性记录，这样可以比较正确的估算质量成本。

2. 分析质量成本

预防成本、鉴定成本、内部损失成本及外部损失成本是质量成本的四大组成部分。我们以此对这四种质量成本进行分析（见表10-2）。

表 10-2　质量成本分析

质量成本分析	1. 预防成本分析 　　根据预防成本的定义，我们可以看出若提高产品服务质量和可靠性，一般会增加预防成本。因为只有投入更多的时间和设计费用、人员培训费用等资金，才能提高预防成本
	2. 鉴定成本分析 　　在产品服务质量可靠性提高时，一般会降低鉴定成本。管理人员通过质量鉴定可以发现质量问题并立即采取解决措施，使质量得到改善。日本很多企业就是采取这种方法提高产品质量，降低鉴定成本的。日企中每位员工对发现的质量问题都非常重视，从不会让有质量问题的产品进入后续生产线。这能让企业快速发现并解决问题，有效降低鉴定成本
	3. 内部损失成本分析 　　在产品质量提高时，会降低内部损失成本。企业可采用预防措施减少不合格产品的发生，这样可以降低材料报废、再加工、识别故障、延期交货等带来的内部损失成本
	4. 外部损失成本分析 　　同鉴定成本和内部损失成本一样，增加产品服务质量和可靠性时，外部损失成本也会降低。提高产品质量和可靠性，可减少产品售后的保修费用，同时还能为企业赢得良好的品牌效应，保持并扩大产品市场份额

　　预防成本仅占总质量成本的 0.5%~5%，鉴定成本占总质量成本的 10%~50%，内部损失成本和外部损失成本各占总质量成本的 25%~40%。可见预防成本占总成本的比例最小。所以只要降低鉴定成本、内部损失成本及外部损失成本，就能显著降低总质量成本。由于提高产品质量和可靠性均能降低这三种成本，因此，提高产品质量是降低质量成本的根本措施。

　　提高产品质量实质上就是降低不良品率。降低不良品率对企业有非常重大的意义。它可以提高企业产品的品牌延伸力，为顾客提供更多购买该产品的理由；有了良好的质量作保障，企业适当提高产品价位也不会影响产品的市场；降低不良品率还有利于企业对产品进行定位。

　　不同企业质量成本的四个组成部分不同，但通过大量统计资料表明，它们和质量之间存在一定的规律，我们看下面的产品质量水平和成本关系图（见图10-8）。

　　从图 10-8 可以看出，预防及鉴定成本与质量成本的作用方向一致，内部及外部损失成本与质量成本的作用一致。但这两组之间的变化趋势相反。合格产品率越高，内部及外部损失成本越少；合格产品率越低，内部及外部损失成本越高。

　　根据这两组成本对总成本的影响，将总成本曲线图划分为三个区域：改良区域、理想区域和至善区域。如图 10-9 所示。

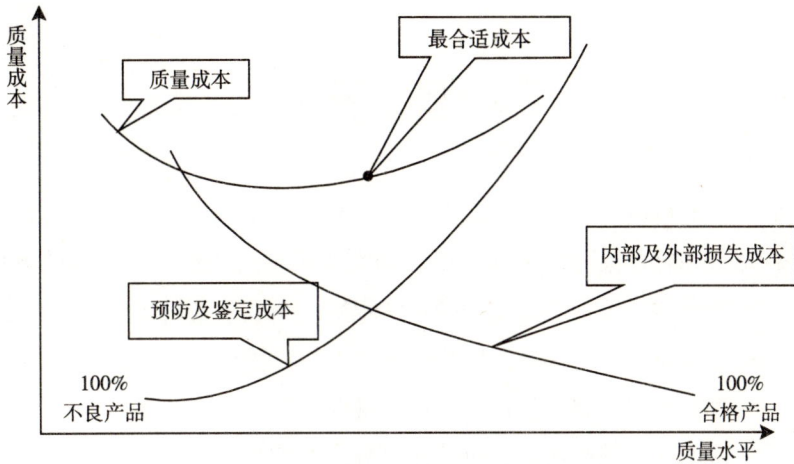

图 10-8　产品质量水平和成本关系图

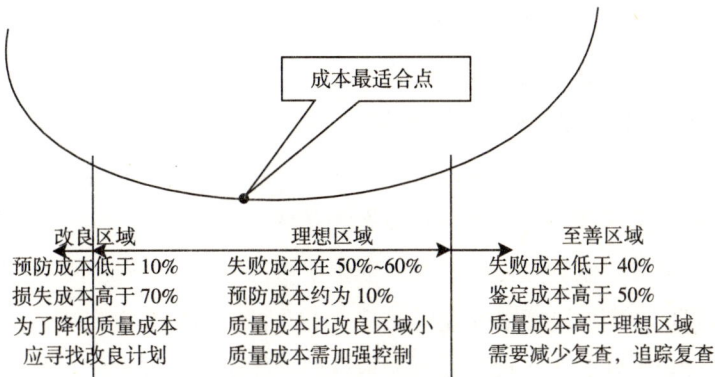

图 10-9　总质量成本曲线图

　　根据上面的质量成本曲线图，企业可以确定自己所处的区域，从而把握质量成本控制的关键。

笔者箴言　　正确分析质量成本，并认清构成质量成本的组成要素，可准确找出控制质量成本的最佳途径。

思考题：

1. 质量成本四大组成部分是什么？

2. 质量水平和成本的关系是什么？

五、PDCA 循环

PDCA 由英文 Plan（计划）、Do（实施）、Check（检查）、Action（处置）首字母组合而成。PDCA 循环由美国质量管理专家戴明博士提出，又称为戴明环，它是企业进行全面质量管理时需遵循的科学程序。全面质量管理活动的全部过程按照 PDCA 循环周而复始的循环。质量改进的 PDAC 循环四个阶段的内容包括：

计划——主要内容为制定目标、方针、管理项目、计划书等；

实施——依据计划进行执行，对具体对策进行落实；

检查——对具体实施的对策进行效果检验；

处置——对成功的经验进行总结，并将其标准化，之后根据标准化执行，同时为制定下一轮改进计划提供参考资料。

在第一轮 PDCA 循环未解决的问题，将进入下一轮循环进行解决。

PDCA 循环是全面质量管理体系运转的基本方法，实施时需要以大量数据资料作为依据，并要综合运用各种管理方法和技术。

企业在解决与改进质量问题及处理生产中的各项问题时都要遵循 PDCA 循环程序。因为企业在提高产品质量或是减少不合格品时，首先要提出目标，制定计划，计划中必须要包含实现目标所需采取的具体措施；计划之后就要在实际中对其进行检查，确保其实现预期效果；对检查中发现的问题要进行处理，对实践中的经验教训形成制度，制成标准。

PDCA 循环有如下三个特点：

（1）每个 PDAC 循环都是螺旋式上升的循环过程，每次循环都会解决一批存在的问题。

（2）各级质量管理都有自身的 PDAC 循环，形成大环套小环，环环相扣，互为补充，互相制约的统一有机体。通常在 PDCA 循环中，下一级的依据是上一级，同时它又是上一级的具体落实。

（3）PDCA 循环中，最关键的循环是 A。P 是工作的计划和方案策划阶段；D 是明确职责、保证资源、内外信息交流和沟通的执行阶段；C 是检查阶段；A 是处置阶段，包括对不合格方案的整改、事故的调查和处理等。可见 A 阶段是对正在执行循环的提升和改进，对本次循环成功经验进行肯定和推广，将失败教训进行总结，以便在下一个 PDCA 循环中将其有效地解决的阶段。如果没有 A 阶段，质量管理水平就不会得到提升。

质量改进步骤本身就是具体实施 PDCA 循环的过程，具体步骤如图10-10所示。

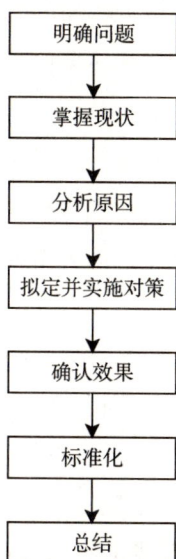

图 10-10　PDCA 循环的过程

1. 明确问题

改进时，一般遇到的问题是成本、质量、安全、交货期、环境和激励六个方面。选题也应围绕这六方面展开，如降低成本、保证交货期、降低不合格率等。要明确的活动内容有：明确要解决问题之所以重要的原因、问题的背景及现状；将生产中未达到的目标及损失用语言表达出来，并说明希望改进的程度；选题的题目和目标值确定后，可确定子题目；正式选定组长、组员或任务负责人；预算改进费用；拟定改进活动时间进程表。

2. 掌握现状

课题确定后应把握当前问题现状。具体内容包括：抓住问题的特征及需调查的要点，如时间、地点、问题的特征和种类等；若需对质量问题进行解决，就应从人、机、料、法、测量、环境等方面着手调查；此外，也可去现场搜集数据中未包含的信息。

3. 分析原因

分析原因实际上是一个设立和验证假设的过程。设立假设即选择可能产生问题的原因，主要包括如下内容：首先对关于问题产生可能原因的信息进行全面搜集，然后根据目前掌握的实际信息，消除搜集信息中的无关因素，对剩余信息进行全面整理。验证假说即在已知设定因素中确定主要原因，具体做法是：根据实际情况搜集新的证据或数据，为确认原因对问题的影响而制定可行性计划，然后对所有信息进行综合，确定造成问题的主要原因。

4. 拟定并实施对策

在该阶段区分应急对策和永久对策。应急对策是对现象的排除，而永久对策是对原因的排除。实施对策的具体做法是将准备好的对策和方案通过调查，分析各自利弊，最终选择出参加者都能接受的方案并按其进行执行。

5. 确认效果

生产活动中很有必要对质量改进的效果进行确认。因为错误的确认会让人误以为问题已经被解决，导致相同的问题再次发生，同时也可能导致员工和管理者忽视质量改进的成果，进而使得企业持续改进的积极性被挫伤。效果确认的具体做法是：将采取对策前后的成本、质量特性值、交货日期等列在同一种图表中进行比较分析；若改进的目的是降低成本或不合格率，则要把特性值换算成金额，并用目标值与其进行比较；若存在其他效果，都须将其一一列举出。

6. 标准化

这是改进质量的有效措施。只有将措施标准化并纳入质量文件，才能防止相同的问题再次发生。具体措施有：再次确认 Why、What、Who、When、Where、How 即 5W1H，将其进行标准化并制成工作标准，作为改进工作的有效指南；为了保证标准的严格遵守，建立质量责任制；进行关于标准的准备及宣传活动，必要时还要对生产现场员工和管理者进行教育培训。

7. 总结

为了给新一轮的质量改进活动提供依据，应对效果不明显的措施及改进策略实施过程中存在的问题进行总结。总结内容主要为本次质量改进活动中解决的问题及未解决的问题，以及遗留的问题，同时还要考虑为解决问题下一步该如何做。

> 笔者箴言
>
> PDCA 是质量改进的循环过程，如何在企业中实施这一措施，是管理者首要思考的问题。因为 PDCA 本身就是循环改进质量的程序，所以落实该措施时，必须有的放矢，才能收效显著。

思考题：

1. 什么是 PDCA 循环？

2. PDCA 循环过程是什么？

六、如何降低质量成本

通过前面的学习，我们知道质量成本的主要组成部分如图 10-11 所示。

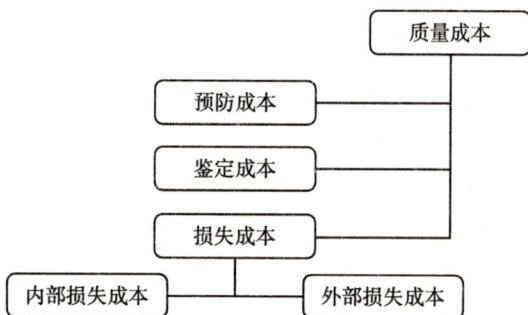

图 10-11 质量成本的主要组成部分

降低质量成本，就是从预防成本、鉴定成本和损失成本三个方面考虑来降低总体质量成本。

1. 适度提高预防成本

"预防重于治疗"，对产品的错误进行预防比重修、维护所花的费用少很多，预防成本仅占总质量成本的 0.5%~5%。从我们之前对质量成本的分析看出，提高预防成本能提高产品质量，降低鉴定成本和损失成本，从而显著降低总成本，因此很有必要适度提高预防成本。下面我们看在设计阶段和产品生产过程中如何合理提高预防成本。

（1）设计阶段。在设计阶段预防设计缺失，能避免质量成本的增加。设计阶段的预防成本合理化的措施如表 10-3 所示。

表 10-3　设计阶段预防成本的合理化措施

设计阶段预防成本的合理化措施	1. 正确界定产品 企业要根据客户需求，对产品的外观、功能、特性等进行深入了解，并努力将产品的特性规格化。产品的界定一定要清晰完整，不能模糊不清
	2. 确保设计输入的明确和完整 在设计阶段企业要全面考虑客户的需求，针对客户的不同需求，要有明确的人员和资源投入，不能遗漏客户的任何需求
	3. 产品设计的输出要达到标准化和规格化 即使产品的输出设计明白完整。例如，对产品的输出功率必须明确，电阻值的规格及操作标准、程序标准、流程标准和图面标准必须达到标准化
	4. 正确设计和确认 对产品输出标准化后，应采用不同的实验方法。此外，还应用明文规定的程序对设计的过程和结果进行验证
	5. 设计时还应有其他的参考量 不适当的设计会对制造产生严重影响。设计误差和设计不良会出现制造、策略、测试等方面的质量问题。因此，产品设计时应参考下面几个方面： （1）在预定范围内的设计要有安全保障，在预定寿命内，产品的性能要十分可靠； （2）设计产品时要考虑其是否容易生产； （3）产品是否满足客户需求； （4）要有清楚明了的工程图和规格

（2）生产过程。生产过程合理利用预防成本的重点是员工和管理层。管理人员可采用 PDCA 循环进行生产过程质量管理（下节将对 PDCA 循环做重点介绍）。生产过程预防成本的合理化的措施如表 10-4 所示。

表 10-4　生产过程预防成本的合理化措施

生产过程预防成本的合理化措施	1. 为改善产品质量和服务水平，设定一套永久方针和可行性计划；
	2. 采取新的质量成本管理理念；
	3. 选择供应商时不单单看物料的价格；
	4. 采用统计学等方法获得质量成本的最新数据；
	5. 人性化管理；
	6. 将规定工作数量的工作方法废除；
	7. 组织解决企业内部各部门间的障碍；
	8. 发现问题，改进问题，解决问题；
	9. 不断实施员工的在职训练；
	10. 明确确立生产管理中的奋斗目标

2. 降低鉴定成本

鉴定成本占总质量成本的 10%~50%。不少企业只重视损失成本的降低，却忽视了鉴定成本的降低，企业因此不得不花费大量资金购买检验设备。实际上，降低鉴定成本也能控制失败成本的产生。我们来看三种降低鉴定成本的方法。

（1）方法和设备改善。要降低产品检验要求，自动化的作业方法和比较优良的设备必不可少，所以企业在设计制造方法和购置设备前要有以下几点意识：购置较自动化的检验设备，能减少检验频率，减少对检验员的人员成本需求；在生产设备上直接建立适时检验系统能显著提高产品质量。

（2）检验与测试方法。常见的检验与测试方法有：线上全检；生产线员工自主检验；首件检查和巡回检查。在使用这些检验方法时，质量管理人员要定期讨论这些方法的实用性，这样可以及时发现和解决影响产品质量的问题。

（3）统计品质管制 CSP 方法。很多企业很早就应用了统计品质的管理方法，因此对这种方法比较熟悉。制程能力研究、质管图和抽样检验汇总的减量检验是统计品质管制最经典的范例。

3. 防止损失成本发生

损失成本包括内部损失成本和外部损失成本，它的出现不仅增加了质量成本，还会对企业的形象造成不良影响，是企业的"隐形杀手"。

一旦损失成本发生，企业应尽快找出产生原因，尽快解决，防止其再次发生，如表 10-5 所示。

表 10-5　损失成本发生原因及防止步骤

防止损失成本发生的步骤	1. 让所有人员都对质量问题及其发生的原因做比较多的了解；
	2. 培养员工协作解决问题的决心；
	3. 与相关人员协力拟定质量问题解决计划并按该计划执行；
	4. 对解决问题所采取的措施进行跟踪
损失成本发生原因	1. 能够判断出哪种成本的缺陷最大，同时自己还要知道解决的方法；
	2. 有没有通知相关部门对报废品和重加工制品采取防范措施；
	3. 质量检验能否筛选出不良供应产品；
	4. 对由供应商提供的不良制程生产的产品，能否及时通知供应商进行改进；
	5. 在不良产品发生时所采取的行动是否有效；
	6. 对严重发生不良产品的单位，能否提出防止这种情况再次发生的突破性方案；
	7. 是否依程序通知相关单位变更设计或修改模具；
	8. 上述变更对制造部门而言是否足够；
	9. 相关部门是否能够出席品质改进活动；
	10. 是否在召开品质会议时提供了改进品质的相关报告；

续表

损失成本发生原因	11. 是否能妥善解决客户的抱怨问题；
	12. 必须保固的保固期费用是否合理；
	13. 对客户退回的产品能否妥善处理；
	14. 客户要求维修的产品是否及时维修并返还客户；
	15. 是否将外部损失成本的目标列为年度品质逐年降低；
	16. 企业高层管理者在损失成本比例突然大增时是否采取相应措施

上面我们讲了降低质量成本的方法，但在具体实施后，如何才能知道所采用的策略的有效性呢？一起来看质量成本管理有效性的判断标志，如表10-6所示。

表10-6　质量成本管理有效性的标志

判断质量成本管理有效性的标志	1. 产品总成本是否降低 若企业在保持原有产品质量水平的情况下，产品总成本降低，企业可以获得更大的经济效益。
	2. 企业质量管理水平是否提高 （1）是否准时为上级提供了原材料、外购外协件、中间产品、成品等质量成本信息； （2）是否帮助研发人员找出产品开发、设计、生产及销售阶段产品质量方面存在的问题； （3）是否帮助管理者确定了产品质量改善方向和改进目标； （4）是否改善和加强了企业的质量管理体系及基础管理工作
	3. 产品质量管理效果 （1）原材料、动力、备件、外购外协件、配套工具等在进货时的合格率是否稳定并进一步提高； （2）中间产品和在制品的一次性合格率是否稳定并进一步提高； （3）对顾客的服务、顾客投诉等是否妥善处理，顾客的满意度有没有提高

笔者箴言 ▷ 根据质量成本的组成要素，有的放矢地控制各要素的成本投入比例，可有效降低质量成本的总和。

思考题：

1. 为什么要适度提高预防成本？

2. 如何防止损失成本的发生？

第十一章 营销成本的控制与削减

本章提要：

▶ 重视营销成本

▶ 营销成本的预算与分析

▶ 防止坏账发生

▶ 降低运输成本

▶ 发挥广告成本的最大效益

▶ 控制营销成本的策略

一、重视营销成本

营销成本是企业产品营销过程中所有的成本支出。主要包括信息成本、谈判成本、契约成本、税收成本、物流成本、协作成本等。营销成本是企业增加利润的必要支出成本。

企业若没有足够的经济实力，一定不能介入价格战争。因为一旦降低价格，想要再涨价几乎是不可能的事。

很多企业一旦参与到价格战争，就走上了不归之路。营销过程中的价格战争中，只有少数实力雄厚的企业会胜出。雄厚的经济实力是企业营销价格战争中的核心武器。拥有这个武器，就会所向披靡，其他企业要进行挑战就要冒很大的风险。

案例

就以超市领域的竞争为例。沃尔玛是连锁超市的龙头老大，其他超市都不敢和其打价格战争。沃尔玛的口号是"天天低价"，紧随其后的家乐福只能是"开心购物"。这也不是说家乐福与沃尔玛进行价格战争就一定会输，而是众人皆知与沃尔玛这个重量级的对手进行价格战势必会毁灭自己的经济利润，因此还不如各自发挥所长，看谁的价值链更优，看谁能吸引更多的顾客。

通过上面的比较我们看出价格战是企业经济实力的竞争，胜出者寥寥无几，绝大多数企业在价格战中都会造成企业利润毁灭性的损失。

营销过程中价格一旦降低就很难再回升。哈佛 MBA 教材上对企业的忠告是："不到万不得已，绝对不能降价。即使想降价最好采用促销或打折的方式，这样才能为企业价格回升保留一定的空间。"

表 11–1　降价前后对比

	成本（元）	售价（元）	利润（元）	利润率（%）
原价	90	100	10	10
现价	90	93	7	7.53

根据表 11–1 我们看出，降低价格会减少企业利润。虽然降价会增加企业一定的产品销量，但在原材料成本日趋上涨的今天，这样只会导致企业销量较好，而利润却少得可怜。

我国很多企业都只倾向于办公费用、生产资料费用等成本的降低，却忽略了对营销成本的控制。营销对企业开拓市场、推出新产品、获得更大利润起着关键性作用。营销成本虽然为企业带来了很大利润，但也是企业总成本中不可或缺的一部分。营销成本每增加一分，企业的利润就会减少一分，因此企业也应该重视营销成本控制和削减。营销成本控制若得不到重视，它就有可能成为吞噬企业利润的"洪水猛兽"。

案例

王经理以前从来不重视企业的营销成本，对营销部门的费用支出很少过问。在他看来，员工一定会对自己的工作尽职尽责，按照要求保质保量完成任务，只要每年年终费用结算时总收入大于总支出就表明企业运行正常。

随着公司规模的扩大，王经理偶然发现总收入竟然小于总支出。他自己一点都不清楚出现这种情况的原因。

原来因为王经理将所有精力全放在了争取业绩上，完全忽视了对营销成本的控制。意识到这一点后，王经理马上重视营销成本的预算、分析和决策，使企业利润不断增长。

由此可见，控制营销成本对企业发展有举足轻重的作用，在下面的章节我们看如何控制和降低营销成本。

笔者箴言 ▶ 在企业的总成本中，营销成本是其不可或缺的重要组成部分。由此可见，营销成本在成本控制中占据了重要位置。

思考题：

1. 你认为什么是营销成本？

2. 为何重视营销成本？

二、营销成本的预算与分析

根据二八定律，并非所有的客户都会给企业带来一定效益，80%的客户能给企业带来一定的效益，但20%的客户却会消耗企业很多利润，甚至给企业带来亏损。对营销成本进行分析和预算，能有效控制不必要的营销成本支出。因此，企业很有必要对营销成本进行分析和预算。

1. 预算营销成本

营销成本的起点就是营销成本预算。营销预算能为企业销售部门提供广告费、办公费、摊销费等各种费用。首先，预算营销成本将销售预测转换成实现预测需要做的具体工作，接着预测完成这些工作需要的人数，最后交给管理部门的负责人签字确认。销售部门预算时会对销售、销售费用及销售部门管理费用这三方面进行预算（见表11–2）。

表 11–2　销售部门基本预算

销售部门基本预算	**1. 销售预算** 在销售预测基础上，对预计的产品销售收入或销量进行预测就是销售预算。销售预测是营销人员将各自的销售预测提交上去，销售部门对所有的销售预测进行汇总，得出企业销售预测结果。进行销售预测要考虑的因素有总体经济走势、广告、竞争、定价、促销等。在这些因素的基础上采用相关性分析、时间序列分析、计量经济学模型对预测结果进行修正，提高预测的准确性
	2. 销售费用预算 销售费用包括销售人员的工资、佣金等人员推销活动的各种费用。通常通过经验法、目标任务法、销售百分比法等确定销售费用水平，将其与同行竞争对手参考比较
	3. 销售部门管理费用预算 销售部门员工工资、办公用品费、办公设备折旧费、水费、电费、租赁费等销售部门发生的所有管理费用都在销售部门管理预算费用的范围之内

2. 分析营销成本

分析营销成本包括对营销活动费用和细分市场成本两方面的分析。

首先，我们来看如何分析营销活动费用。

根据会计制度规定，企业会将营销费用分为销售人员工资、差旅费、水电费、通信费、广告费、租金、办公用品费用等，但对分析营销成本来说，这些远远不够。企业常常首先将营销费用分为人员费、促销和广告费、运输和存储费、销售订单和收付款费、行政费，接着对会计账户进行分析，将会计账户记录的费用分配到相应的活动项目中。企业根据这些就能分析出企业为各种活动付出的营销成本。

我们再来看如何对细分市场进行成本分析。

细分市场是依据产品、区域、客户群或订单规模对市场进行划分。营销成本分析的目的就是通过对每个市场的成本及营利性进行分析，发现能够盈利的细分市场或会导致亏损的细分市场。

细分市场的成本分析和营销活动费用分析相结合会使营销成本分析达到事半

功倍的效果。

二者结合分析时，首先要选择一定的分析基础。将营销费用分配到各个细分市场或产品的各种具体活动中，然后将其分摊到各个细分市场或产品的费用金额计算出来，最后根据金额大小，编制出每个细分市场或产品的利润表。在利润表上很容易看出对应的细分市场或产品是亏损还是盈利，最终将盈利或亏损的原因分析出来。

只有根据企业自身需要，做好营销成本的预算和分析工作，才能制定出正确的营销策略，让花出去的每一分营销成本都实现它的最大价值。

笔者箴言　实施营销成本的预算和分析是为了做出正确的营销策略，从而有效降低营销成本。

思考题：

1. 基本预算包括哪几个方面？
2. 如何分析营销成本？

三、防止坏账发生

销售是营销的关键环节，坏账损失是企业无法收回的各项应收款项，销售部门出现坏账，将会给企业带来不可估量的损失。

案例

张力是 A 公司的销售部经理。最近他遇到了前所未有的压力：和他有大量销售来往的一家超市突然倒闭，给 A 公司造成了 300 多万元的坏账。总经理已经对他下了最后通牒：必须对坏账做出合理的解释并提出可行性解决方案，同时在一个月内将 600 万元的应收款压缩在合理范围。

张力之前为什么未将这家倒闭超市所欠货款及时收回？主要是其"销量换市场"的营销思想所导致。

企业如何才能防止坏账的发生？加强客户信用调查和客户 ABC 分析法是防止坏账发生的有效措施。

1. 客户信用调查

加强客户信用调查是防止坏账发生的有效措施。客户信用调查方法是通过对客户进行信用调查，判断应收款成为坏账的可能性大小。企业在控制营销成本时，应重视客户信用调查，为防止坏账发生提供重要的决策依据。

客户调查方法包括：直接向客户调查；向与客户来往的银行进行调查；向客户的合作方等与客户有来往的企业或人员进行调查；向信用评价机构进行调查。

直接向客户调查是最常用的方法。企业可以通过对客户财务状况的调查来判断客户资信状况，但要做好这些，企业销售部门首先要加强对客户的信用管理。

向与客户来往的银行进行调查的可信度高，花费少，但很难将客户的全部资产情况详细掌握。由于一家客户可能同时与好几家银行来往，因此这种调查方法花费的时间比较多。

向客户的合作方等与客户有来往的企业或人员进行调查能取得客户深入具体的材料，但很难从整体上把握信息。

向信用评价机构进行调查所花费的时间短，获得的信息量大，但支出费用比较高。由于信用评价机构的调查结果受调查人员的素质和能力的影响比较大，因此应该选择信誉高的信用评价机构。

客户信用管理主要应从如下要点进行管理：客户资金流动情况；客户的产品销售量是增加还是下降，和以前相比升降幅度的大小是多少；客户的采购有没有超额；客户有没有更换来往银行；客户管理水平如何；客户是否有过拖欠税金或贷款、迟发工资的行为发生。若客户出现上述情况中的任何一种，并且造成严重影响，企业就应果断与其断绝来往，防止坏账发生。

2. 客户 ABC 分析法

客户 ABC 分析是防止坏账产生的另一有效途径。表 11-3 是客户 ABC 分析表。

通过表 11-3 我们能很明了地掌握客户 ABC 分析方法。企业根据客户实际情况制定出的客户 ABC 分析表，对企业制定客户信用额度有很大的参考价值。

企业采用上述两种方法获得客户信用记录后，应在调查的基础上编写信用调查报告。对信用状况很差的客户要采取增加信用保证金、对交易合同进行公正、要求提供担保人等措施，对其供货量进行严格限制。

表 11-3　客户 ABC 分析

客户等级	客户性质	企业对策
A 类	占总客户的 10%，销售额为总额的 60%	信用额度不受限制，制定个别销售政策、优先补货、进行促销活动
B 类	占总客户的 30%，销售额为总额的 30%	确定信用额度，逐渐放宽或收缩。可按照公司销售政策进行销售或定期对其进行促销及补货
C 类	占总客户的 60%，销售额为总额的 10%	对其信用额度进行各个审查，制定严格销售政策，对销售额度进行限制

采取上面两种方法后，销售的应收款回收工作就会比较顺畅，能有效预防坏账现象的发生。

笔者箴言　　一旦产生坏账必然增加营销成本，从而导致企业总成本的增加。所以，有效防止坏账发生是控制营销成本必然的工作。

思考题：

1. 防止坏账发生的方法有哪些？

2. 如何进行客户信用调查？

四、降低运输成本

运输成本是营销成本中不可或缺的一部分。降低运输成本首先要把握运输成本的现状，对部门、项目、地点、时间等运输成本都要进行分析。运输成本分析的重点是对每一处所需成本的数量进行分析。基本思路是分析将什么物品，从何处运输到什么地点。分析的费用包括包装费、运费、车辆的折旧、保险及维修费、燃料费、劳务费、外包费等。

降低运输费的步骤见图 11-1。

第一步，把握现状。

主要是对运输成本的现状进行把握，通过分析与运输成本相关的数据和资料，计算运输成本的年度总成本及运输单位平均成本。

第二步，成本分析。

成本分析主要是对运输成本的每个项目费用进行分析，分别对运输成本发生

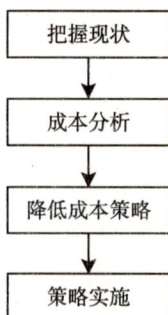

图 11-1　降低运输成本

的时间、地点、运输方式等进行分析。

第三步，降低成本策略。

根据第一步、第二步的相关资料，讨论、制定并确定企业降低运输成本的对策。

第四步，策略实施。

策略实施是根据设定的成本降低策略目标，具体实施，并对实施结果进行评估。

下面我们来看降低运输成本的方法。

1. 提高物资装运效率

提高物资装运效率是很多企业都很重视的一种降低运输成本的方法，物资装运效率计算公式为：

$$物资装运效率 = \frac{运输物资重量（吨）}{运输距离（公里）} \times 100\%$$

从上面的公式我们看出，由于运输距离是客观因素，通常很不容易改变，因此增加运输物资重量是提高物资装运效率的主要方法。要增加运输物资重量就应考虑如何降低空车率，如何提高满载负荷率。为降低空车率可选择在回程上为其他企业代运货物，也可在每次装运货物时充分有效地利用装运车厢的空间。

2. 合理调度租车或配车

上面的方法只能提高物资装运效率，但没有对物资运输进行时间上的约束。为了对运输时间进行约束，我们就要考虑运输车辆的调度问题。合理安排车辆调度就要准备好行驶计划表、运行线路计划表、时间计划表等。若运输线路比较长，为了减轻司机的疲劳，企业应做好中间周转工作，以提高运输效率。

3. 减少装卸作业的成本浪费

企业产品运输到目的地后，应尽量多使用搬运工具，减少装卸作业的人员浪费和过量搬运浪费。

4. 实现标准化包装

随着经济一体化的发展，物流体系也朝着信息化与标准化的方向发展。产品、商品的包装形态和运输形态趋向标准化发展。企业应充分对集装箱、托板、装卸方式进行标准化，减少由包装形态和运输状态非标准化带来的运输成本的增加。

5. 建立复合运输体系

随着国际经济一体化的形成，企业间交易条件不断变化，交货区域更广，交货时间更短。因此企业应建立复合运输体系，对运输品特性、季节性、货物量、运输距离和时间等进行充分评估，采用货车、铁路、航运、船舶等运输方式的优化组合，寻找成本最低的运输方案。

6. 改善运输包装器具

对运输包装器具进行及时改善能防止因包装器具出现问题而影响运输效率。包装器具从结构上分为内包装、中包装和外包装。内包装包括物资的袋、盒、填充物及其结构；中包装主要指纸板或皮箱；外包装主要是指木箱或厚纸箱等。

7. 通信与物流网络相结合

企业将销售业绩处理系统、物流网络、宽频网络、企业生产网络统一起来进行合理配置，能为物资运输提供及时全面的信息，使物资运输经济而便捷。

8. 设置物流处理中心

对物流处理中心进行合理设置，能强化仓库的储存能力，实现物资科学有效的分类，实现作业的自动化和库存管理的科学化，并可实现自动分检物资、自动搬运、自动装货，从而大大提高运输物资的装载能力。

采用降低运输成本的方法之后，是不是就一定能有效降低运输成本呢？当然不是，只有利用降低运输成本检查表（见附录中的成本管理的工具表单）对降低运输成本的效果进行检查，运输成本才能真正降低。

笔者箴言 ▷　营销成本中不可或缺的一部分就是运输成本，只有合理控制并降低运输成本才能有效管控好营销成本。

思考题：

1. 运输成本分析的对象是什么？

2. 降低运输成本的步骤是什么？

五、发挥广告成本的最大效益

娃哈哈董事长宗庆后曾说："广告是企业发展必不可少的养料，并要保持高密度态势，但广告如何投放、投放多少，必须有利于企业持久做大、有利于打造持久品牌。一句话，实在、有效是最高准则。"可见广告成本在企业营销中有很重要的作用，会给企业带来很大的经济效益。

案例

时下流行着这样的一个关于广告的说法：广告是企业的梦工厂。企业若不做广告，即使是钻石，也未必卖得出去；企业要是广告做得好，把砖块用废纸包起来，也能卖个好价钱。

这种说法固然有些偏激，但足以说明广告在企业营销中有举足轻重的作用。

那是不是只要投放广告，就一定都能给企业带来良好的经济效益呢？并非如此。

案例

根据市场检测资料，2003 年年初好迪的广告投放量位居全国第 33 位，2003 年 5 月，好迪洗发水与海飞丝、飘柔广告投放量并居全国第一军团，位居全国第二。当时所有人都以为好迪会进军全国洗发水品牌第一军团，但事实并非如此，好迪的销量与海飞丝和飘柔相比相差很远。看来广告投入有时并不会和企业经济效益同步。

那么，广告投入与其带来的经济效益能否同步增长呢？其实，企业在投入广告时，只要把握一些原则，广告投入就会给企业带来利润，同时还能降低成本。

企业投入广告成本应遵循什么原则呢？企业在营销过程中，都希望自己的影响力和规模不断扩大，但在投入广告时往往会陷入一些误区。一方面是追求更大投入，认为投入越多，效益越好；另一方面是产品发布时追求更大的媒体。实际上，大投入与大媒体并非适合所有企业。对于市场不成熟的企业，再多的广告投入对企业的意义也不会太大，太多的广告投入反而会增加企业的经济负担。因此，企业在投放广告时，应遵循"少花钱，多办事"的原则。

案例

"少花钱，多办事"，就是说企业广告投入要实现花最少的广告费，赢得最大的利润。投放的广告应该发挥其持久效应。娃哈哈集团的广告投放就是"少花钱，多办事"的典范。

在央视的广告争夺战中，娃哈哈从来没有争过标王。很多知名企业对《新闻联播》后5秒的标版展开了激烈的生死大战，但娃哈哈从来不在乎。娃哈哈只关注《天气预报》后15秒的头牌。而这两者的广告费用相差5~6倍。虽然娃哈哈从来不争标王，但它是广告争夺战中的常青树。正是娃哈哈广告投放的持久效应，为娃哈哈取得了稳步增长的经济效益。

企业广告成本是营销成本中必不可少的一部分，用最少的广告投入，获得最大的经济效益，是每个企业管理者都应思考的问题。娃哈哈投放广告的例子给所有陷入广告成本误区的企业一个更好的广告投放思路：虽然大量的广告投放能给企业带来一时的轰动效益，刺激销量大幅增长，但巨额广告投放也容易给企业带来巨大的负面效应，对企业的长远发展产生不好的影响。因此，企业投放广告时，应追求长久效益，力求用最小的广告成本，取得最大的经济效益，而不要打肿脸充胖子。

笔者箴言　在营销成本里必然存在广告成本，因为广告是众多企业推广营销不可缺少的重要手段，但关键在于如何将广告成本发挥到极致。

思考题：

1. 广告在产品营销中的作用是什么？

2. 企业投放广告时应坚持什么原则？

六、控制营销成本的策略

营销在实现企业产品利润过程中发挥着很重要的作用，控制好营销成本，能降低企业总成本，同时还会给企业带来更大的利润。下面我们看控制营销成本的两个策略。

策略一：制定正确的佣金计划。

什么是佣金计划？

佣金计划是企业按销售员的销售额对其进行报酬鼓励的一种奖励计划。企业对达到计划要求的销售人员支付佣金是对销售人员工作成绩的充分肯定。一个好的佣金计划会提高员工的工作热情并增强企业全体员工的凝聚力，使企业的经营目标早日实现，但不好的佣金计划往往会导致员工过分追求个人业绩，忽视企业的整体效益。

很多企业在制定佣金计划时只注重产品销量，却忽略了销售价格和企业总体利润，这样销售人员很容易为了得到佣金而降低产品销售价格以增加销量，销量虽然增加了，但企业的总利润却降低了。若你的企业的佣金计划中只有对销量的鼓励措施却没有对降价行为的惩罚，你就应考虑这项佣金计划是否是最好的。一起来看表 11-4 中的佣金计划。

表 11-4　佣金计划

单价	销售量	销售额	成本（7元/个）	毛利润	佣金（10%）	总利润
10 元/个	100 个	1000 元	700 元	300 元	100 元	200 元
9 元/个	125 个	1125 元	875 元	250 元	112 元	138 元

表 11-4 中的佣金计划是错误的，表面上企业在鼓励员工增加销量，实际上却是在鼓励员工降低企业利润。

再来看一个例子，假如一个零件的成本是 0.3 元。两名销售人员按不同的价格出售，企业若想让他们两人的销售都为企业创造 0.4 元的利润，甲乙两人分别需要销售多少个零件？

表 11-5 不同售价的影响

销售员	售价	销售 1 元的成本	销售 1 元的利润额	0.4 元利润要销售数量
甲	1 元 3 个	0.9 元	0.1 元	12 个
乙	1 元 2 个	0.6 元	0.4 元	2 个

从表 11-5 看出，不同的价格创造相同的利润，售价高的销售 2 个零件就能获得，而售价低的需要销售 12 个零件。生产和销售 12 个零件比 2 个零件的成本管理和控制的难度大很多，使用的总资源也会比后者多很多。

可见，采用以利润为中心的佣金计划比以销量为中心的佣金计划好很多。采用以利润为衡量标准的佣金计划后，销售人员绝对不会轻易降低产品价格，因为这样会降低企业的利润，同时自己的工作业绩也得不到认可。因此企业采取这种佣金计划后，能节约很多企业资源，为企业带来更好的经济效益。

企业的佣金计划过分重视销量，就会导致销量越多亏损越多的现象出现。如表 11-6 所示。

表 11-6 销量越多亏损越多

售价	成本	销售 1 元的利润额	销售人员获利	企业利润
4 份/元	1.2 元	-0.3 元	0	-0.3 元
3 份/元	0.9 元	0.1 元	0.05 元	0.05 元
2 份/元	0.6 元	0.4 元	0.20 元	0.20 元

可见，企业在为了提高员工工作积极性而建立佣金制度时，一定要坚持以利润为中心的原则。否则稍有不慎，就会减少利润，甚至导致企业亏损。

策略二：重视折扣成本。

一家企业生产亏损严重，企业将所有能降低成本的方法都想到了，但是企业的利润依然很低。表 11-7 是该企业的利润亏损账目表。

表 11-7 利润亏损账目

实际销售额	成本	总利润	管理费用	纯利润
600 万元	350 万元	250 万元	235 万元	15 万元

从表 11-7 中我们看出，总利润和纯利润之间的差额是 235 万元，是不是说明企业的管理费用大多数都用在了企业管理上面了呢？这显然不可能，账目单上并没有显示用于促销的低于 33%的折扣。实际上企业管理者制定出的用于促销的折扣成本高达 300 万元，这家企业的利润大部分被企业折扣成本所吞噬。可见要想获得良好的经济效益，就一定要重视折扣成本。我们来反思一下：你自己公司的产品折扣成本是多少？如果我们不对企业的折扣成本进行控制，留给企业的利润会有多少呢？

我们来看一下降低折扣成本的一些小规则。企业在向客户提供折扣时应注意下面几点：

☆ 对折扣在销售总额中的百分比要进行严格监管和控制。监管的最佳途径是通过账目系统，把销售量在价格单上记录下来，使折扣费用通过成本的方式体现出来即得到折扣总成本。从总销售量中扣除折扣成本，得到的就是实际销售额。

☆向客户表明提供折扣的最大限度。

☆对每名销售人员提供的折扣平均百分数进行监督。鼓励销售人员将折扣作为实现更大利润的手段，而不是到处去奉承，销售折扣产品。

☆将有选择性的折扣作为营销策略的有效组成部分，用折扣吸引更多的客户，使产品的销量和企业的利润同时得到大幅度提高。

总之，企业在对产品进行折扣销售时，一定不要因为折扣战术忘记了企业销售的最终目的，一味为了销量而滥用折扣就会导致营销成本失控。这样会使企业的产品价格一直处于低价位水平不能自拔，陷入价格渐低的旋涡，销售的成本越来越高但获得的利润却越来越少，企业在激烈竞争中的生存能力就会越来越弱。

笔者箴言 采用必要的策略控制营销成本非常重要，也是企业管控总成本的必然选择。

思考题：

1. 控制营销成本的策略有哪些？

2. 为什么要重视折扣成本？

篇后小结

第四章	日常管理中的"跑、冒、滴、漏"	日常管理看似琐碎，实则涉及了企业发展的重要方向；如何摒除这类日常管理中存在的不良现象，是管理必须思索的事情
	改变企业日常管理陋习	陋习之所以在管理中存在，主要是由于我们往往会忽视其存在，而将管理重点放在了更宏观的事件上
	高效时间与低效时间	时间是否得到有效利用，也直接影响成本削减实施的高低；只有在有效的时间创造出最大的价值，企业才能获得更多的利益，所以管理者必须准确甄别高效时间和低效时间
	重视制度成本	制度是所有企业发展不可或缺的管理措施，但是只有科学合理的制度才能有效促进成本管理有序推进
	消除日常成本管理中的"三座冰山"	在企业的成本管理中多数都会存在一个或者多个顽疾，只要企业下定决心根除顽疾，成本管理最终会走上康庄大道
第五章	认识物料成本	管理好物料成本就是降低总成本的关键所在，因为一家企业的物料成本往往都占据了总成本的一半，所以正确认清物料成本在企业中所处的地位非常重要
	确定物料消耗定额	物料消耗在所难免，但重点在于企业如何有效控制物料消耗，使其始终处于消耗定额以内，甚至低于消耗定额
	控制物料库存	物料库存成本占据整体物料成本的比例很高，企业一旦无法掌控物料库存成本，就很难控制好物料成本的投入
	发放物料及管理副料	合理的物料发放及副料管理，能够有效促进物料成本管理，并可在降低物料成本过程中发挥重要作用
	防止出现缺料、断料	物料供应出现问题就必然增加生产成本；有效防止缺料现象的出现是管理者必须面对的问题，也是降低成本过程中必然存在的问题；如何应对供应不足的难题，需要企业内外部共同努力
	重视废料的利用	在物料管理中，废料往往被忽视，但是，降低物料成本恰恰需要我们关注废料的利用；一旦将废料用到极致，便是为企业创造财富
	掌握物料管理的5R原则	物料管理中最常见的管理原则是5R原则，如何在工作中将5R原则用好，是管理者需要认真思索的内容
第六章	人员成本浪费的危害	人是企业重要构成元素，一旦出现浪费，势必会给企业带来不可估量的成本灾难
	如何降低人员成本	降低人员成本已经成为众多企业成本管理的重点内容，而如何减低人员成本，则需要企业依据自身情况而定，只有符合企业需要的措施，才能最大限度地控制人员成本
	发掘剩余人员	绝大多数企业都隐藏着剩余人员，因此，发掘出这些剩余人员就是为企业节约人员成本
	削减不必要的间接人员	间接人员存在于绝大多数企业，但是超出需要的间接人员就必然增加企业人员成本支出，所以，削减不必要的间接人员是降低人员成本的重要环节
	消除多余作业	多余作业是不能为企业创造利润的动作行为，而这些作业都是由员工来执行的，所以降低人员成本过程中，应消除多余作业，否则，依然不能达成人员成本的控制
	培养员工多种技能	一工多用是企业发展的必然趋势，也是企业降低人员成本的重要措施
	扩大职责范围	适当地扩大员工的职责范围，既可提高其工作热情，又可有效推进人员成本管理的落实

第七章	研发成本控制的重要性	控制研发成本的重要性对企业来说不言而喻，所以管理者必须时刻谨记这一观念
	防止陷入研发设计误区	研发人员因其固有观念的影响，很容易走入设计误区，因此，研发人员必须认清研发目标，防止陷入研发设计的误区
	防止内建无效作业	研发阶段应减少内建的无效作业，否则只能给产品增加更多的生产成本
	研发成本控制原则	科学而合理地控制研发成本已成为企业不争的事实，而遵循相应的研发成本控制原则必不可少
	设计阶段如何降低成本	降低设计阶段的成本为整体的成本控制奠定了坚实的基础，因而负责设计的员工首先应具备极强的成本控制意识，否则，降低设计阶段的成本只能成为一句空话
	推行标准化设计	标准化设计是研发成本控制的最佳途径，也为产品的生产打下了坚实的基础
	研发成本控制的措施	研发成本的控制需要借助一定措施，否则很难有效控制研发成本的支出，甚至难以预测生产成本
第八章	采购成本管理的重要作用	企业成本的控制离不开降低采购成本这一重要组成部分，尤其是对于生产型企业而言，采购成本管理的重要作用不言而喻
	降低采购成本的策略	只有选对相应的策略才能在有效的时间内管理好采购成本，也才能有效地降低其成本支出
	如何确定采购价格	采购价格的高低关系到采购成本支出的多寡，所以，确定合理的采购价格是降低采购成本必不可少的工作
	如何选择合适的供应商	供应商选择是否科学合理与采购成本控制是否有效存在着必然关系，所以选择合适的供应商也是降低采购成本的重要构成因素之一
	如何堵住回扣的漏洞	回扣的漏洞在企业采购成本管理中占有重要的一席之地，尤其是在采购成本控制体系不完善的企业中，回扣的存在更是明显，因而，采取相应的措施，堵住回扣现象的发生是做好采购成本管理的必要工作之一
	如何做一名出色的谈判专家	要想在采购中获得最大的优惠，具备必要的谈判技巧与策略是必不可少的
	如何实现电子采购	电子商务的崛起也让采购走向了网络空间，而企业要想有效降低采购成本，电子采购已然成为最可靠的选择途径之一
	如何实现准时制采购	将供应量控制到最低，且能满足生产所需，是现实准时制采购必须完成的工作
	实现与供应商互利共赢	互利共赢是合作双方最想达成的目标，对于采购企业与供应商也不例外
第九章	库存的作用	企业能够持续生产离不开库存的支持，良好的库存状态是企业生产及其成本管理的必要保障
	确定最大库存与最小库存	库存量的大小直接影响库存成本的高低，因而，设定合理的库存量是控制其成本最有效的方式
	认识库存浪费	库存浪费是企业众多浪费中最重要的组成部分，如何正确认识库存浪费并科学规避这一浪费对库存成本控制至关重要
	消除不必要库存	无价值的库存就是不必要的库存，只有将这部分库存消除，才能更有效地管理好库存成本
	认识"零库存"	零库存是高效运转物料的一种库存形式，它使物料在更短的时间内投入运转，从而减少库存储压力，降低库存成本
	戴尔的"零库存"管理	成功企业的库存管理模式是值得很多发展中企业去关注以及借鉴的，关键在于取其精华，使本企业的库存管理更上一层楼

续表

第十章	认识质量成本	质量成本越高，企业的总成本支出势必越多，所以合理地控制质量成本是防止总成本增加的有效途径之一
	质量成本控制步骤	质量成本控制并非一蹴而就，它需要按照相应的步骤来控制
	严格把控工序质量	所有工序的质量合格了，产成品的质量必然得到了保障，从而消除了后期因质量问题而产生的质量成本
	分析质量成本	科学分析质量成本是做好质量成本管理与控制的前提，所以正确地分析质量成本的重要性不言而喻
	PDCA 循环	质量循环改进是质量成本控制的最佳选择方式，也是企业有效控制质量的必然选择
	如何降低质量成本	降低质量成本是控制总成本的重要部分，如何对质量成本构成要素进行科学管控至关重要
第十一章	重视营销成本	营销成本属于支出成本部分，所以科学控制营销成本的支出就是降低总成本的支出
	营销成本的预算与分析	对营销进行科学而合理的预算与分析是有效控制其成本的必要措施，也是控制总成本支出的必然选择
	防止坏账发生	坏账是营销过程中最大的症结，只有合理规避坏账的发生，才能为营销成本的管控做好保驾护航的工作
	降低运输成本	运输成本的高低直接影响营销成本的高低，因而如何有效降低运输成本也是企业成本管理中最重要的一环
	发挥广告成本的最大效益	广告成本是营销成本中的关键成本所在，但是广告成本的投入多寡应根据企业自身情况而定，并非所有企业都适合高成本的广告投入
	控制营销成本的策略	省钱即为企业盈利，所以有效控制营销成本的投入就是为企业赚钱

附录　成本管理的工具表单

一、等待分析检查表

项目	内　容	有	无	改善措施
计划	1. 计划中对停滞预计过大 2. 零件、产品的进货速度过快			
加工前的等待	1. 工序宽放过小 2. 机械设备经常发生故障 3. 工装数量过少 4. 一人看管的机台太多或太少 5. 产品种类太多 6. 工序中的装配零部件数量太多 7. 生产形式是间隙性而非流水生产 8. 加工批量件数过多 9. 同时加工数量太多 10. 前后工序的批次差异 11. 加工时间过长			
检查前的等待	1. 检查工序是否过多 2. 集中检查或异地检查 3. 全检而非抽检 4. 检查时间过长			
搬运前的等待	1. 搬运次数过多及数量过多 2. 距离太长 3. 路线复杂 4. 手工搬运效率低 5. 设备能力太小 6. 是通用设备而非专用设备 7. 业务分担在不同部门			

二、降低运输成本检查表

检查内容	实施情况
☆运输货物是否是人力装卸？	Y□ N□
☆货物放置是否整齐有序？	Y□ N□
☆货物是否直接放置在地板上？	Y□ N□
☆是否实现标准化包装？	Y□ N□
☆是否根据统计数据进行运输效率计算？	Y□ N□
☆是否对运输物资的体积、重量、紧迫性、发送时间、区域等因素进行分析和优化？	Y□ N□
☆有没有寻找提高运输效率的策略？	Y□ N□
☆有没有建立运输信息网络？	Y□ N□
☆有没有分析自用车辆和租用车辆的信息？	Y□ N□
☆物流配送中心是否对物资自动分类、存放和拿取？	Y□ N□
☆是否实现对物流网络的信息化管理？	Y□ N□

三、部门盈亏管理计划表

项　目		销售总额	销售变动费用	销售固定费用	边际利益	直接利益	回收总额
本企业	计划						
	实际						
	达成率						
本企业第一科	计划						
	实际						
	达成率						
本企业第二科	计划						
	实际						
	达成率						
分店1	计划						
	实际						
	达成率						
分店2	计划						
	实际						
	达成率						

项　目		销售总额	销售变动费用	销售固定费用	边际利益	直接利益	回收总额
销售部门合计	计划						
	实际						
	达成率						

说明：

1. 燃料车辆费、运输费即"销售变动费用"；

2. 销售管理固定费、工资及利息费用即"销售固定费用"；

3. "销售总额"与"变动费用"之差为"边际利益"；

4. 达成率＝(实际/计划)×100％。

四、部门制造费用分摊表

制表日期：＿＿＿＿＿＿＿＿＿

费用类别	分摊方式及标准	金额	占总额百分比	金额	占总额百分比	金额	占总额百分比	金额	占总额百分比

主管人：＿＿＿＿＿＿＿＿　　经办人：＿＿＿＿＿＿＿＿

五、产品成本记录表

制表日期：_____

制造号码		产品名称规格									
生产数量		生产日期									
直接材料					直接人工				制造费用		
日期	领料单号	原物料	单价	数量	金额	日期	凭证号码	部门	金额	日期	凭证号码	金额
领取月份											

审核人：_____ 制表人：_____

六、产品定价分析表

顾客类型说明								
产品名称规格				目前产品销量				
产品竞争的状况	生产公司	产品名称	售价	品质等级	市场占有率	估计年销量	备注	

续表

	项目名称	原料成本	物料成本	生产数量	人工成本	制造费用	制造成本	毛利	合计
成本分析									

	定价	估计占有率		利用率			利润	
定价分析								

总经理：_____ 经理：_____ 分析人：_____

七、产品制造费用分析表

日期：_____

月份	间接人工		间接材料		文具印刷		邮电		水电		租金		杂费	
	费用	比例(%)	费用	比例(%)	费用	比例(%)	费用	比例(%)	费用	比例(%)	费用	比例(%)	费用	比例(%)
合计														
平均														

经理：_____ 记录：_____ 分析人：_____

八、产品质量不良成本估计表

不良原因	不良率	不良数	估计损失	处置方式				备注
				整修	丢弃	回收	降级	
合计								
客户评价								

九、促销成本分析表

日期：_____

促销方式		促销方式说明	
促销期间		估计费用	
成本收益分析			
评价			

分析人：_____ 审核人：_____

十、成本计算表

经理：_____　账务：_____　审核：_____　记录：_____

合计：_____

制造命令						设备器具名称	设备数量	
制造方式						设计者	负责人	

材料成本记录

材料名称规格	预计用量	单价	实际用量	金额	材料名称规格	预计用量	单价	实际用量	金额

人工成本记录

日期	说明	工资	人数	天数	工资总额	日期	说明	工资	人数	天数	工资总额

动力成本记录

电力			
压缩空气			

合计			

十一、分批成本表

日期：_____

产品名称												
产品部门	月份						月份					
	材料	人工	合计	期初生产	期末生产	成品价值	材料	人工	合计	期初生产	期末生产	成品价值

审核人：_____ 制表人：_____

十二、各产品成本比较表

日期：_____

产品名称	金额	物料成本	原料成本	人工成本	制造费用	制造成本	毛利	销售数量	单价	单位成本				
										人工成本	制造费用	制造成本	原料成本	毛利
	所占比例													
	金额													
	所占比例													
	金额													
	所占比例													
	金额													
	所占比例													
	金额													
总附加价														
单位附加价														

十三、降低成本目标表

产品名称	项目名称	产品成本						降低成本		负责部门	使用方法
		实际			计划			降低额（元）	降低率（%）		
		月	季度	年	月	季度	年				
产品 A	直接人工										
	变动制造费用										
	变动销售和管理费用										
	变动成本合计										
	固定制造费用										
	固定销售和管理费用										
	固定成本合计										
	成本合计										
产品 B	直接人工										
	变动制造费用										
	变动销售和管理费用										
	变动成本合计										
	固定制造费用										
	固定销售和管理费用										
	固定成本合计										
	成本合计										
产品 C	直接人工										
	变动制造费用										
	变动销售和管理费用										
	变动成本合计										
	固定制造费用										
	固定销售和管理费用										
	固定成本合计										
	成本合计										

十四、负面情报分析改善表

企业负面评价	负面形象选项	1.忧郁　2.落伍　3.不振　4.自私　5.闭锁　6.官僚　7.其他		
	改善提案			
承办者的负面评价	负面批评			
	改善提案			
产品负面评价	负面批评			
	改善提案			
产品流通负面评价	负面批评			
	改善提案	大盘改善		
		中盘改善		
		直销改善		
交货期额负面评价	负面批评			
	改善提案			
付款负面评价	负面批评			
	改善提案			

十五、改进工作报告

产品名称		产品编号	
作业名称		分析时间	
改进原因及经过			

改进建议与方法	配合事项

效益分析	

分析人：＿＿＿＿　批示：＿＿＿＿　审核：＿＿＿＿　报告：＿＿＿＿

十六、各部门出入材料搬运表

产品名称：_____ 设计产量：_____   ___月 ___日

部门	运入					部门	运出				
	每月运量		每日运量		单位(吨)		每月运量		每日运量		单位(吨)
	正常	最高	正常	最高			正常	最高	正常	最高	

十七、物料搬运分析表

工厂：_____ 日期：_____

类别			搬运项目	包装方式	容器大小	单位(箱)	形状	搬运等级
物料	半成品	成品						

类别			搬运项目	包装方式	容器大小	单位（箱）	形状	搬运等级
物料	半成品	成品						
说明及注意事项								

分析人：_____

说明：

1. 搬运物料的名称及所指的是搬运项目。

2. 选择"普通搬运"或"紧急搬运"二者之一填写在"搬运等级"中。

十八、搬运设备计划表

设备名称：_____ 设备规格：_____

装置地点或使用单位			
测试项目	初试	增添	改良
设备能量			
设备用途			
改变设施			
设备投资			
搬运地点			
使用容器说明			
人力及工资计算			
成本及收益分析			

十九、工作效率分析表

负责部门	作业名称	实际工时	标准工时	工作时间	工作效率

二十、机器生产效率统计表

日期：_____

产品名称	制造号码	工作期间	机器效率	人工效率	良品率	评语

二十一、零件自制外购对比分析表

产品名称：_____　　　　　　　　　　　　　　　　　　　日期：_____

零件名称	零件编号	估计投资额	估计每件成本	每月节省成本	外购成本	每月平均产量	每月收益比率	其他考虑
结论								

初拟：_____　　修订：_____　　批示：_____　　审核：_____　　分析人：_____

二十二、流程程序图

工作单位				作业地点		
作业编号				作业名称		
类别	操作△	输送→	检验□	拖延 D	储存○	不同方法的距离（米）
目前采用方法						
建议采用方法						
两种方法节省程度						

输送距离（米）	使用时间（分）	类　别					作业说明
		操作	输送	检验	拖延	储存	
		△	→	□	D	○	
		△	→	□	D	○	
		△	→	□	D	○	
		△	→	□	D	○	
		△	→	□	D	○	
		△	→	□	D	○	
		△	→	□	D	○	

绘制人审核：_____

二十三、生产力分析表

时间	裁印刷组			制-A			制-B			包装组			制二组			质检组			合计			每工时产值	累计生产金额
	人数	工时	产值	人数	工时	产值	人数	工时	产值	人数	工时	产值	人数	工时	产值	人数	工时	产值	人数	工时	产值		
月_日																							
月_日																							
月_日																							
月_日																							
月_日																							
月_日																							
月_日																							
月_日																							
月_日																							
月_日																							
月_日																							

二十四、生产线材料供应分析表

单位名称：＿＿＿＿＿　　　　审核：＿＿＿＿＿　　　　生效日期：＿＿＿＿＿

产品规格		每日产量		站数	
右侧供应状况		输送带		左侧供应状况	
生产线设计改善分析					

备注：如是生产线设计或是对原来的生产线进行改善分析，请分别在改善分析和生产线设计栏内说明。

二十五、生产效率分析表

日期：＿＿＿＿年＿＿月＿＿日　　　　　　　　　　　　　　制表人：＿＿＿＿＿

月份	部门效率（％）	实际产量	预计产量	实际产值	预计产值	差异原因
1						
2						
3						
4						
5						
6						
7						
8						
9						
10						
11						
12						
合计						
备注						

二十六、生产效率记录表

产品名称：_____　　　　　生产数量：_____　　　　　制造号码：_____

日期		目标产量		预计工时		实际产量		实际工时		工时产量		效率	达成率	
月	日	本日	累计	本日	累计	本日	累计	本日	累计	目标	实际		目标	实际

二十七、月份各部门生产效率分析表

批号	数量	产品名称	生产日期 起	生产日期 止	印刷 实际	印刷 标准	裁剪 实际	裁剪 标准	制一组 实际	制一组 标准	制二组 实际	制二组 标准	制三组 实际	制三组 标准	检查 实际	检查 标准	包装 实际	包装 标准	合计 实际	合计 标准	效率	备注
1																						
2																						
3																						
4																						
5																						
6																						
7																						
8																						
9																						
10																						
11																						
12																						
13																						
14																						
15																						
16																						
17																						
合计																						

审核：_____　　　填表：_____

二十八、制造费用明细表

编制单位：　　　　　　　　　年　　月　　日　　　　　　　　单位：元

项目名称	上月实际	本月计划	本年累计
1. 工资			
2. 职工福利费			
3. 折旧费			
4. 办公费			
5. 水电费			
6. 低值易耗品摊销			
7. 修理费			
8. 其他			
合　计			

二十九、管理费用明细表

编制单位：　　　　　　　　　年　　月　　日　　　　　　　　单位：元

项目名称	上月实际	本月计划	节约或浪费
1. 工资			
2. 职工福利费			
3. 折旧费			
4. 办公费			
5. 差旅费			
6. 房产税			
7. 印花税			
8. 车船使用税			
9. 保险费			
10. 工会经费			
11. 物料消耗			
12. 递延资产摊销			
13. 低值易耗品摊销			
14. 业务招待费			
其　他			
合　计			

三十、制造过程分析明细表

产品名称：_____ 负责部门：_____ 部门代号：_____

机器名称				机器编号		
工作说明	使用工具名称	工作的次数	耗用的时间	工具编号	备注

拟定：_____ 审核：_____ 制定日期：_____ 修改日期：_____

三十一、标准成本资料卡

产品名称：_____ 标准设定日期：_____年___月___日

	项目名称	一部门	二部门	三部门	四部门
原料	代号				
	数量				
	标准单价				
	合计				
人工	作业编号				
	标准工时				
	标准工资/小时				
	合计				
制造费用	标准工时				
	标准分摊率/人工小时				
	每单位制造成本				
	合计				

批准：_____ 审核人：_____ 制表人：_____

三十二、操作标准通知单

制表日期：_____年____月____日

通知单位			
制造号码			
产品名称			
产品数量			
生产日程			
操作项目及操作标准	新定							
	原定							
	标准							

批示：_____　　　审核人：_____　　　制表人：_____

三十三、产量分析表

产品名称：

预计销售量	每年最低	每年最高	旺季每月最低	旺季每月最高	正常每月产量	设计产量	
考虑实效			每月工作日			
安排效率			每日产量			
作业效率			每时产量			
总效率			每件时间			
	设备名称	产能说明	设备数量	每日生产时间	每件时间	平均每件时间	负荷率
主要设备产能分析							

三十四、产品价格分析表

□外销＿＿＿＿元　　□内销＿＿＿＿元

产品编号＿＿＿＿　　产品名称规格＿＿＿＿

产品说明	产品售价	估计月销售量	月销售额	单位材料成本	单位人工成本	总材料成本	销售费用（%）	制造费用（%）	单位利润	估计利润	利润率
裁决											

总经理：＿＿＿＿　　审核：＿＿＿＿　　拟订：＿＿＿＿

说明：填表之前在表中"□"处选择相应选项，并用"√"标出。

三十五、产品生产进度更改分析表

月份：_____

更改原因	更改次数	影响范围				材料	效率	停工时间	合计(%)	说明
		制一组	制二组	制三组	制四组					
订单取消		□	□	□	□					
数量减少		□	□	□	□					
数量追加		□	□	□	□					
制法更改		□	□	□	□					
交期提前		□	□	□	□					
交期延后		□	□	□	□					
进度超前		□	□	□	□					
进度落后		□	□	□	□					
品质问题		□	□	□	□					
设备故障		□	□	□	□					
材料短缺		□	□	□	□					
休假改变		□	□	□	□					
进度安排不当		□	□	□	□					

说明：在表中"□"处选择相应选项，并用"√"标出。

三十六、产品质量成本计算表

产品名称	
质量不良说明	
不良品处置方式	

品质成本计算	此阶段良品成本	材料成本	说明		
			单价		
			用量		
			成本		
		人工成本	部门		
			部门成本		
			百分比		
			成本		
		制造费用			
		合计			
	整修成本		说明		
			成本		

	降级品与良品价格差异	良品完成成本	降级品完成成本	降级损失
降级损失				

总损失计算及说明：

三十七、成本费用控制表

费用期间	销货收入	直接原料	直接工人	制造费用	销货成本	员工薪资	办公用品	交通费	交际费	广告费	其他费	营业费用合计
本月												
年累计												
预算 本月												
预算 年累计												
差额/完成率 本月（%）												
差额/完成率 年累计（%）												
备注												

制表：———

审核：———

三十八、单位成本改善结果记录表

产品名称 _____

规格 _____

售别 _____

起讫日期 _____

现在总成本 _____

成本项目	改善事项		日期		改善结果比较								
	编号	内容	交办	完成	单位用量			单价		单位成本			累计增减
					改善前	改善后	效率差	改善前	改善后	改善前	改善后	增减	

改善情况分析 _____

主管: _____ 经办: _____

三十九、低效率原因分析

月份：_____　　　全月效率：_____　　　全月产额：_____

批号	产品名称	数量	生产日期 起	生产日期 止	准工时	超用工时	效率	各单位效率	原因分析	本批损益
合计										

厂长：_____　　　审核：_____　　　分析：_____

四十、改善案报告表

_____年____月____日

改善项目	□工程改善案　　□配方改善案　　□事务改善案	
原专案编号		
完成改善日期	年　月　日	
改善内容及修改情况		预期改善结果
厂处理意见		
研究小组意见		

说明：选择相应改善案，并在"□"中用"√"标出。

四十一、各部门生产良品率控制表

产品名称																	
		制造号码							生产数量								
日期		一部门			二部门			三部门			四部门			五部门			
		产量	良品	良品率	产量	良品	良品率	产量	良品	良品率	产量	良品	良品率	产量	良品	良品率	
产出率	90%	□			□			□			□			□			
	80%	□			□			□			□			□			
	70%	□			□			□			□			□			
	60%	□			□			□			□			□			

说明：在表中选择相应选项，并在"□"中用"√"标出。

四十二、各制造过程产量分析表

产品名称：＿＿＿＿＿＿　　　　每月设计产量：＿＿＿＿＿＿

制程编号						
制程名称						
生产量						
工作人数						
本制程效率						
出厂率						
后续作业生产量						
每日生产时间						
每件生产时间						

四十三、工厂设备投资经济效益分析

选择	说明	投资					成本估计								每年节约成本	投资回报率	回收年数	其他优劣比较
		设备价值	附属投资	装设费用	其他	合计	人工成本	动力	维护成本	折旧	建筑分摊成本	其他	每月使用时数	每小时成本	合计				

审核：＿＿＿＿＿＿　　　　　　分析人：＿＿＿＿＿＿

四十四、机器工作效率日报表

机器编号	生产项目				工作时数	标准使用工时	效率	原因及备注
	项目一	项目二	项目三	项目四				
合计								

厂长：_____ 审核：_____ 填表：_____

四十五、机器利用率调查分析表

项目情况	编号		机器编号	机器名称	机器编号观测次数	非工作比率	备注
工作	次数						
	%						
故障	次数						
	%						
等候	次数						
	%						
未开机	次数						
	%						
其他	次数						
	%						
合计	次数						
	%						

审核：_____ 研究员：_____

四十六、进口材料成本计算表

月份：_____ 页次：_____

| 编号 | 名称 | 规格 | 报关号码 | 进口日期 | | | 数量 | 单位 | 材料价款 | 相关费用 | | | | | | 单价 | 合计 |
				年	月	日				运费	保险费	报送费用	关税	劳务费	管理费		
1																	
2																	
3																	
4																	
5																	
6																	
7																	
8																	
9																	
10																	
11																	
12																	
13																	
14																	
15																	
16																	

审核：_____ 制表：_____

四十七、经济生产量分析表

品名	销售情况			生产情况				备注
	前三月销量（台）	去年同期销量（台）	估计每月销量（台/月）	估计每日生产量（台/日）	换线损失产量（台）	经济产量（台）	生产日数（天）	

四十八、企业畅销产品分析表

产品名称：

畅销条件				备注
门市条件	地区	靠近车站	☐	
		近铁路沿线	☐	
		靠近地铁站	☐	
	门市	大型百货公司	☐	
		综合市场	☐	
		杂货店	☐	
顾客条件	时间	平日营业时间	☐	
		假日营业时间	☐	
	年龄层	10 岁以下	☐	
		10~20 岁	☐	
		20~30 岁	☐	
		30~40 岁	☐	
		40 岁以上	☐	
商品条件	畅销商品	商品种类	☐	
		商品数量	☐	
		销售柜台布置	☐	
		销售柜台环境	☐	
		商品特长	☐	
		包装	☐	
		品质	☐	
		价格	☐	
调查	议评	对销售人员的议评	☐	
		对店长的议评	☐	
		对消费者的调查	☐	

说明：在表中"☐"处选择相应选项，并用"√"标出。

四十九、设备利用率分析

期间：_____月__日至__月__日

机器编号	机器名称	应有工时	设备利用情况															设备利用率	备注
			应用工时		加班时间		故障时间		停工时间		其他时间								
			工时	%	工时	%	工时	%	工时	%	工时	%							
合计																			

五十、生产线作业分析表

生产线名称：_____

站名	作业名称及编号	使用工具或设备	时间情况			备注
			作业时间（秒）	闲置时间（秒）	时间合计（秒）	

五十一、生产效率不佳原因分析表

_____月份

低效率批号	产品名称	生产数量	起止日期		效率	超用工时	效率不佳原因分析	超用工时（%）
			起	止				

五十二、生产效率记录表

月份：_____   单位名称：_____

日期									
本日的生产项目									
工作人数									
实际工时									
平均工时效率									
机器使用率									
平均收成率									
平均用料率									

五十三、生产效率日报表

产品编号	产品名称	标准工时	实际工时	实际产量

日期：_____

五十四、月份完工产品效率汇总表

产品名称	制造号码	生产数量	完工日期	产品价值	材料耗用率	产品合格率	人工效率	估计利率
合计								
备注								

五十五、作业改善计划表

产品名称	作业名称	预定完成日期	改善原因	改善目标	改善负责人	配合人员

五十六、制造成本核算表

经理：＿＿＿＿＿　会计：＿＿＿＿＿　制表人：＿＿＿＿＿

制造号码		完工日期	产品名称	规格	生产数量	单位	缴库通知编号
项目	原料	耗用原料（直接原料）			耗用材料（直接材料）		
名称							
规格							
领料单号码							
单位							
数量							
单价							
金额							
合计							
直接人工	制造单位						
	日期						
	工时数						
	工资率						
	金额						
	合计						
已分配制造费用	工时数						
	分摊率						
	金额						
	合计						
项目（金额）	成本	成本合计			单位成本		
直接原料							
直接材料							
直接人工							
合计							
缴库记录	缴库日期						
	缴库单号						
	缴库数量						
出货记录	日期						
	厂商						
	发票号码						
	数量						
备注							

五十七、呆废料处理报告

日期：_____

项次	废料名称	申请单号	规格(料号)	数量	拟处理			拟标售底价		说明
					废弃	回收	标售	单价	总价	

批准：_____　审核：_____　报告：_____

五十八、呆废料处理申请单

申请部门：_____　_____年____月____日

项次	废料名称	废料规格	单位	数量	存放地点	原因	账面价值		鉴定意见
							单价	总价	
合计									

批准：_____　主管：_____　申请：_____

备注：1. 遵守每月一次申请的原则。
　　　2. 对部门内的呆料、废料提出处理。

五十九、原料耗用分析表

原材料名称：_____　　　分析日期：_____

生产部门	日期	制造单号	生产数		原材料用量				原材料超用量	
			计划生产	实际生产	领用量	退库量	标准用量	实际用量	超用量	超用率(%)
合计										

合计超用金额 = 单价 × 合计超用量

厂长：_____　　　主管：_____　　　分析员：_____

说明：

1. 领料单用量与特别领料单用量之和就是实际用量。
2. 原材料耗用分析表是用来计算直接材料成本。

六十、年度材料耗用预算表

年度：

材料名称									
1 月									
2 月									
3 月									
4 月									
5 月									
6 月									
7 月									
8 月									
9 月									
10 月									
11 月									
12 月									
合计									

备注：1. 为便于资金预算，先预算贵重材料的耗用。
　　　2. 依据年度销售计划预算。

六十一、物料分析表

客户名称	物料名称	制单号码	订单号码	数量	交期	型号	分析员	分析日期
材料使用日				用料分析				

项目名称	1	2	3	4	5	6	7
材料单位							
每一个用料量							
备用率（％）							
标准用量							
库存数							
订购方式	订单订购			存货订购			
预定的进料日							
时定进料日							

说明：

1. 1.2×（工程不良率＋进料不良率）＝备用率。

2. 分析用料要依据订单及 BOM 表。

参考文献

［1］黄杰：《您为谁打工》，中国国际广播音像出版社，2007 年。

［2］黄杰培训咨询网，www.huangjie.cn。

［3］黄杰：《如何做一名出色的现场主管》，世图音像电子出版社，2005 年。

［4］班组长培训网，www.banzuzhang.com。

［5］汤晓华：《采购腐败猛于虎》，中国国际广播音像出版社，2007 年。

［6］肖智军：《卓越班组长领导力篇》，广东经济出版社，2006 年。

［7］柳萍、张屹编：《生产计划与管理运筹》，广东经济出版社，2003 年。

［8］管理百科，www.glbk.cc。

［9］聂兴凯：《如何进行成本管理》，北京大学出版社，2004 年。

［10］贺南轩：《生产费用核算与产品成本计算的定额法》，新知识出版社，1996 年。

［11］魏法杰、张人千：《面向作业过程的企业生产理论与成本理论》，北京航空航天大学出版社，2007 年。

［12］胡国强：《先进生产方式下成本工程应用研究》，西南财经大学出版社，2008 年。

［13］张传湘：《制造企业成本核算实务》，经济管理出版社，2009 年。

［14］王林芳：《成本费用岗位实务》，山西经济出版社，2009 年。

［15］于天鹏：《全面降低成本的 34 个细节》，中国纺织出版社，2007 年。

［16］杨靖编：《生产成本管理操作手册》，人民邮电出版社，2008 年。

［17］祖林：《全面生产成本削减实战》，广东经济出版社，2009 年。

［18］罗云：《安全生产成本管理》，煤炭工业出版社，2008 年。

［19］刘红霞：《企业成本管理前沿问题研究》，中国工商出版社，2009 年。

［20］高立法、曹云虎、殷子谦：《现代企业成本控制实务》，中国经济出版

社，2008 年。

    [21] 王广宇、丁华明：《作业成本管理》，清华大学出版社，2005 年。

    [22] 万寿义：《现代企业成本管理研究》，东北财经大学出版社，2004 年。

    [23] 财政部企业司：《企业成本管理》，经济科学出版社，2004 年。

    [24] 陈明珠、赵永伟：《企业并购：成本收益与价值评估》，经济管理出版社，2004 年。

    [25] 陈义仁：《现代企业成本核算》，广东经济出版社，2003 年。

    [26] 刘本仁、张异军：《现代企业成本管理模式探索》，湖北人民出版社，1998 年。

    [27] 陆永炜：《企业成本控制学》，上海社会科学出版社，1992 年。

    [28] 徐丰利、胡建忠：《企业成本核算、管理和分析》，石油工业出版社，2005 年。

    [29] 冯雪莲：《高新技术企业的成本管理机制研究》，中国农业大学出版社，2006 年。

    [30] 丁庭选、郭玲玲：《现代企业成本管理研究》，河南大学出版社，2008 年。

    [31] 张易编：《节流：企业成本的削减》，中华工商联合出版社，2006 年。

    [32] 王伟、麦强盛：《企业成本控制实务》，广东经济出版社，2003 年。

    [33] 刘本仁：《质量效益型企业成本管理》，中国财政经济出版社，2001 年。

    [34] 陈胜群：《企业成本管理战略》，立信会计出版社，2000 年。

后　记

当即将完成本书第二版写作时，我除了心怀欣喜外，还多出一份担忧："班组长如何控成本"这个命题还有更多有待于我们去发现和解决的问题，这本书能不能帮助广大的生产基层干部们发现更多隐藏的生产管理忧患呢？

十多年的职业培训师和企业管理顾问工作，万余人次的培训、讲座，特别是近年来对国内许多企业运营系统的改善和成本压缩项目，使我对生产干部的素质和现实的要求有了更深层次的理解和认识。于是，便想与生产基层干部们一起分享自己对企业生产运营管理的一些新感悟。最终，便有了这本书的再版。

丰田人曾说过，他们的第一管理者是其企业的班组长。的确如此，在生产现场，班组长须时刻督促员工；班组长须时刻控制产品质量；班组长须时刻关注生产成本、生产进度、生产安全。除此之外，班组长还要时刻留意生产现场其他关乎生产管理的细枝末节。

如果班组长不负责任，如果班组长思维方式错了，如果班组长不会管理……那么，消费者、竞争对手、媒体一刻都不会停止对你的攻击，员工一天都不会停止抱怨。所以说，一般企业看高层队伍，优秀企业看中层队伍，卓越企业看基层队伍！

由此可见，班组长不仅是生产现场的监督者，而且对生产现场的状况和生产活动的结果负有直接责任。但是，班组长的位置却处在一个夹层中。既要传达上级的任务目标，又要让下级认可企业文化及其发展观。所以，班组长如何认真执行上级指令，并将生产指令传达下去，监督作业员如期、如质、如量、安全地完成生产任务，是班组长时时需要考虑的问题。

班组长在生产现场无疑需要直面每天都可能发生的不良品、货物混装、工伤事故以及交期延误等一系列问题。这些已经是生产管理中的难题了，如何处理这一系列问题是班组长的管理难点。对于制造大国的企业而言，塑造一流的现场管理队伍势在必行。否则，中国的制造业在世界中必将缺乏有效的竞争力。

为了给中国企业增添一分力量，希望此书的出版能给部分企业的生产干部一些参考、一些启示、一些思路及一些收获。

精益生产现场管理系列丛书并不意味着看完就成了生产管理专家，重要的是把工具、方法和思维运用到生活和工作中，多练多想多用，真正做到知行合一。同时，还要通过自身的言行影响和引导员工，培育员工素质，促使员工投入到生产运营和改善中来，进而形成整体的工作能力，降低成本、提高效率，推动企业和员工实现发展上的"双赢"，真正做到在共同建设和谐企业中共同享有，在共同享有和谐企业中共同建设。

总之，希望现场生产干部运用书中的思路、工具和方法打造一个赚钱的生产现场。

写到这里，充盈我内心的，还有感谢。

感谢父母对我的养育和教导，感谢在我成长过程中各阶段的领导对我的关怀和支持，感谢同事们对我的关照和帮助。

感谢朋友们对我的鞭策和激励，感谢广大学员和企业为我搭建了平台，使我真切感受到了生命的意义。感谢我所有的合作伙伴和培训咨询公司，也感谢所有接受过我服务和培训辅导的学员朋友们，感谢您们一直的支持与鼓励。

特别要感谢的是经济管理出版社的领导和勇生编辑。对本书的再版，他们提出了很多中肯的建议，使我受益匪浅。也特别要感谢四方华文的罗总及其公司其他同仁给予的帮助和支持。

我还要感谢我的妻子饶玉娥和家人。这是默默地，无需过多语言的欣赏和感动。

本书在写作过程中，参考了国内外同行们一些管理和生产运营方面的想法、案例和故事，在此一并表示感谢。

可以说，我再次倾尽全力地编写这本书，但是，不能回避的是，限于能力和水平，本书确实还有一些不当之处，还望广大读者不吝赐教。

我相信，成长是自然的。真诚地希望我们一起成长、进步，这也许是我们点燃生产运营管理火把的又一个开始。

期待广大读者的交流与分享。